创新与实践

本科人才培养与教育教学改革论文集 2014

对外经济贸易大学教务处 编

对外经济贸易大学出版社
中国·北京

图书在版编目（CIP）数据

创新与实践：本科人才培养与教育教学改革论文集. 2014／对外经济贸易大学教务处编. —北京：对外经济贸易大学出版社，2014
ISBN 978-7-5663-1199-3

Ⅰ. ①创… Ⅱ. ①对… Ⅲ. ①高等学校-人才培养-中国-文集②高等学校-教学改革-中国-文集 Ⅳ. ①G649. 2-53

中国版本图书馆 CIP 数据核字（2014）第 231389 号

创新与实践

本科人才培养与教育教学改革论文集 2014

对外经济贸易大学教务处 **编**
责任编辑： 王 煜 强晓洁

对外经济贸易大学出版社
北京市朝阳区惠新东街 10 号 邮政编码：100029
邮购电话：010-64492338 发行部电话：010-64492342
网址：http://www.uibep.com E-mail：uibep@ 126.com

北京京华虎彩印刷有限公司印装 新华书店北京发行所发行
成品尺寸：185mm×260mm 14. 75 印张 331 千字
2014 年 9 月北京第 1 版 2014 年 9 月第 1 次印刷

ISBN 978-7-5663-1199-3
定价：45. 00 元

序言

春华秋实，硕果累累。《创新与实践——本科人才培养与教育教学改革论文集》第二次丰收“智果”，飘香惠园。

从2012年起，学校为了更好地总结与推广本科教育教学实践经验，分享改革成果，全面推进人才培养质量的提高，每年组织一次面向全体教师、教学管理人员和关心学校教育事业发展的各界人士的征文活动。经过筛选、相似性系统检测、校内外专家评审、评议、修改等多个环节公开出版这本论文集。一方面记录和梳理教学或教学管理岗位的工作成果，推广改革经验；另一方面通过论文集的定期出版吸引更多的教育工作者关注、关心教育教学工作，不断把人才培养质量推上新的台阶。

教育是百年大计。贸大建校六十多年来，一直以培养具有跨文化交流能力和国际竞争力的高素质复合型人才为目标。学校采取精品教育的培养方式，求精求善，走内涵式发展道路。推行集精英人才、拔尖创新人才和通用人才“三位一体”的多元人才培养模式。长期实践证明，该培养模式取得了卓越的成绩，学校“精英人才、国际化人才、复合型人才”的人才培养战略得到了社会的广泛认可和尊重。

近年来，随着MOOC的迅猛崛起和发展，对传统人才培养模式带来了巨大的冲击和崭新的改革思路。贸大作为全国经贸人才培养的排头兵，进行MOOC背景下的教育教学模式改革，探寻MOOC所带来的挑战转化为机遇的路径，不惧艰难，破浪前行，努力在全球范围内提升贸大声誉和增加国际影响力。

过去的一年是不平凡的一年。MOOCs在全国高校遍地开花，“翻转课堂”与混合式教学被广泛应用和推广，小班教学在我校先行先试。传统的教学理念已悄然向“以学生为主体”和“以学生发展为本”转变，教育教学改革也围绕着“以学生为中心”展开。目前，教师的教学重心正逐渐转向传授学生学习方法和提供学习思路，努力培养学生的学习和研究能力，即在注重“授之以鱼”的同时也向“授之以渔”倾斜。

高校是人才培养的重要基地，教书育人是教师的神圣职责，教学改革是实现人才培养的重要手段。高校教师都有着各自的“拿手绝活”，凝聚着大量的艰辛和智慧。“蜡炬成灰泪始干”，辛勤耕耘，桃李芬芳。孔子曰：“言以足志，文以足言。言之无文，行而不远。”教师们应该明白，“言传”更须有“文”，教学还须有“艺”，而育人技艺与经验的结晶，诉诸文字，形成文章，必会大放异彩，流芳后世。

教海无涯，学无止境。只有不断地探索和创新，不断地实践和总结，广采他山之石，博取众家之长，方能创造出适合时代发展需要的育人之方，使我们的教育教学改革不断深化，使我们人才培养的质量始终保持在较高水平。

让我们以勤勉和智慧，镌刻华章，共同铸造贸大的辉煌明天，创行教育的美好未来！

2014 年 10 月于惠园

目录

对我校学历留学生实施“趋同教学管理”模式的探讨

（对外经济贸易大学国际经济贸易学院）

白树强　赵忠秀

摘　要：本文以我校学历留学生的教学管理模式作为研究对象，通过对我校学历留学生教学管理工作的现状和存在的问题进行分析，着力推荐实施“趋同教学管理”模式，目的在于加强我校学历留学生的教学管理，提高我校学历留学生的培养质量，探索适合我校学历留学生教学管理的规范化模式，进一步推进我校学历留学生教育与国际接轨，深化我校的国际化进程。

关键词：学历留学生　“趋同教学管理”　培养质量　教学模式　国际化

一、引言

我校来华留学生规模和质量稳居全国高校前列，学生规模从“十五”末的1530人发展到“十一五”末的2 836人，其中学历生占留学生总规模的71.2%。目前，学校学历留学生已占全日制学生的14.9%，这一指标已经达到或接近世界一流大学的国际化水平。[①] “学校坚持本科生、研究生、留学生培养并重，不断深化教育教学改革，保持了人才培养的高质量。我校留学生教育在为本校学生创造更多国际交流机会的同时，也为世界培养大批熟悉我国经济、法律、文化和教育的人才，为中国融入经济全球化作出了贡献”。[②]

我校的留学生教育工作能够取得这样令人瞩目的成绩，是学校深入贯彻科学发展观，以学科建设为龙头，积极推进学校跨越式发展战略的结果。面对这样的成绩，在受到鼓舞和欣喜之余，我们更要保持清醒的头脑，认真总结学校留学生教育工作的成功经验，全面提高我校留学生教育水平，力争使学校留学生教育工作在“十二五”期间得到更大的发展。正如《对外经济贸易大学“十二五”事业发展规划》所指出的那样，“继续保持我校留学生教育在总体规模、学生结构、办学层次、教学和管理水平等方面在全国高校中的相对领先地位。”

本文认为，为了实现学校“十二五”发展规划提出的留学生教育的发展目标，学

① 引自《对外经济贸易大学“十二五”事业发展规划》（征求意见稿）。

② 引自《对外经济贸易大学来华留学生教育工作报告》，经贸大学新闻网（http：//news. uibe. edu. cn/uibenews/article. php？/1552）。

校应在继续注重"量"的发展的同时，更要下大的气力狠抓"质"的提高。全面提高学校留学生教育质量，特别是学历留学生的培养质量，才是我校留学生教育工作实现可持续发展的根本途径。因而，建议学校首先以学历留学生的规范化教学管理为抓手，逐步实现学历留学生与本校全日制学历生在教学管理方面并轨，力争未来学校用同一标准和尺度来衡量学历留学生的培养质量。对于这个问题，我们一定要以学校发展长远和战略的眼光来认识。可以说，我校学历留学生教育管理质量的规范化不仅涉及留学生培养质量的问题，更涉及对我校高等教育的评价问题，因此有必要建立教育管理质量评估体系，制定教育管理质量规范化标准，加强留学生日常教育和管理，以培养出符合规范化标准的外经贸人才。通过这些途径，逐渐把培养合格人才的传统观念，转变为按照"国际标准"培养基本功扎实、适应性强、具有国际竞争力的人才这一新标准上来。为此，建议学校对学历留学生的教学管理工作，逐步实施"趋同教学管理"模式，以进一步推进我校学历留学生教育与国际接轨，深化我校的国际化进程。

所谓"趋同教学管理"（Convergence of teaching management），是指对外国学历留学生在教学环节上趋向于与本国学生相同的管理，是比照教育本身的含义和国际上对留学生教育所采用的方式而提出的一种对留学生管理的模式。"趋同管理"模式一直是世界各国招收学历留学生的主要培养方式，也是提高学历留学生教学质量的基本措施。

在我国，对来华学历留学生实施"趋同教学管理"，即按照学校本科全日制学生的培养计划与教学大纲进行培养，采取与本校全日制学生趋同管理的模式，已成为当今来华留学生教育领域的共识，它将是我国学历留学生教学管理的一个大趋势。①

从国际上看，进入 21 世纪以来，欧洲高校在美国高校改革的影响下，为了适应全球化带来的挑战，加快了发展的步伐，办学理念发生了重大变化，开始向"资金自筹、体制高效、适应市场竞争"的方向转型。具体讲，欧洲高校的改革出现了以下几大趋势：国际化、竞争导向的市场化、公共管理和战略计划新技术的普及化、质量和可信度的逐步强化。② 从欧洲高校改革的经验上看，为了适应激烈的市场竞争，传统的教育管理模式已经不太适应当今全球化带来的挑战，高校的教学管理模式必须实现创新。其中，教学和科研的质量则是高校改革是否成功的关键因素。对于学历留学生的教育来说，只有提高教学质量，才能培养出"基本功扎实、适应性强、具有国际竞争力的人才"，只有这样，才能提高学校的信誉，吸引更多的优秀留学生来本校自觉自愿地接受教育。

本文认为，对我校学历留学生实施"趋同教学管理"，是提高学历留学生教育质量的重要保证。在实践中，针对目前我校学历留学生的实际情况，对于学历留学生的教学管理，在坚持"趋同化"的前提下，兼顾"个性化"。因而，如何加强对我校学历留学生的教学管理，探索新的教学管理模式，是探讨进一步与国际留学生教育体制接轨，如何实现我校高等教育国际化的重要课题之一，具有重要的现实和长远意义。

---

① 夏青. 对来华学历留学生实施"趋同教学管理"模式的思考. 教育探索，2010（9）.

② Sporn，Barbara."Convergence or Divergence in International Higher Education Policy—Lessons from Europe".

二、目前我校学历留学生教学管理所具备的优势

令人欣慰的是，我校学历留学生教育管理事实上已经在实施“趋同教学管理”模式，这也是我校学历留学生教育得以快速发展的一个重要原因。归纳起来，这些优势具体表现在以下几个方面：

1. 学籍管理。我校已经建立起比较健全和完善的学历留学生学籍管理制度，而这也是实行“趋同教学管理”的基础。合理而科学的学籍管理制度，是保证学校正常的教学秩序，推进留学生工作不断发展的前提。目前，我校较为规范的学历留学生学籍管理，已经在坚持规范和制度的前提下，对于引导学历留学生主动适应和遵守学校的规章制度发挥着重要的作用。当然，对于学历留学生的学籍管理，既要坚持原则，严格按规定办事，又要考虑到留学生的实际情况，针对留学生在语言文化方面基础较为薄弱的特点，采取适当灵活的措施。

2. 学分制成绩管理。实践证明，在我校学历留学生培养中实行学分制，能够充分调动留学生的学习主动性与积极性。现在我校国际经贸学院已经有一些优秀学历留学生因学习成绩突出而提前毕业的范例。

与此同时，还应该认识到，学分制具有因材施教、奖优汰劣的特点。因而，学分制能够满足对学历留学生的教学管理实现“趋同化”目标的同时，兼顾“个性化”的目标。客观地讲，留学生在高校属于特殊群体，他们的学习基础和全日制中国学生相比存在着很大的差异，采用学分制、实施弹性教学能够较好地解决在趋同的前提下实施因材施教的问题。由学分制衍生出的绩点评定制，更能科学地反映学生的成绩与知识掌握程度。

3. 教学网络管理。以往的来华留学生教学管理，往往存在与学校管理脱节、信息封闭、人才培养水平较低的状况。而教学网络管理大大提高了高校的教学管理效率，并为学历留学生的“趋同教学管理”提供了实施平台。目前我校对于学历留学生已经实行了教学网络管理。教学网络管理系统在大大提高教学管理效率的同时，能及时地了解留学生学习的动态，也给留学生奖学金评定工作提供了客观的依据。留学生也可以根据个人的培养计划，自由地选择限选课程，合理地安排自己的学习进度，并通过随时登录网站查阅自己的成绩及了解教学动向，真正融入学校的大教学环境中。

三、目前我校学历留学生教学管理中存在的问题

我校留学生教育快速发展，留学生教育工作已经办出了自己的特色，这是有目共睹的事实。然而，我校留学生教育工作中也的确存在一些问题。在这些问题中，有些是我国教育体制在留学生教育方面长期以来普遍存在的共性问题，如留学生管理方面存在的体制不顺、责权利关系不清的问题，留学生培养模式缺乏统一的入学评价体系，高校趋同教育管理经验不足而产生的种种弊端。有些问题则属于我校留学生教育工作中存在的

个性问题。总之，这些问题如果不能及时有效地解决，有可能演变成为制约我校留学生教育发展的负面因素，进而影响我校留学生教育的健康发展。

1. 从学科结构的角度看，参与留学生教育的校内院系发展不平衡。目前，我校的留学生学历教育涵盖了博士、硕士和本科层次，专业涉及国际贸易、国际金融、国际经济法和企业管理等学校重点学科。虽然接收院系已发展到 8 个（国际经济贸易学院、商学院、法学院、人文与行政学院、金融学院、英语学院、外语学院、WTO 研究院），但招收留学生的本科、硕研、博研专业只有 19 个，且有 65.56% 的学生集中在国际经济贸易学院，发展严重失衡。此外，目前约 80% 的教学工作由国际经贸学院承担。

2. 从评价体系角度来看，缺乏统一的入学评价体系和完善的学生评定机制。由于地域、经济、文化、教育等综合因素的差异，使得来我国留学的生源综合素质参差不齐。具体表现在以下三个方面：语言障碍、文化差异以及专业基础知识薄弱。“虽然报考我校学历教育的留学生的淘汰率在北京高校中已非常高了，但依然在整体水平上与中国学生有较大差距。如果我们不能正确认识、客观面对这一现实，就无法在我校营造良好的留学氛围，也就不可能形成吸纳优秀生源、不断提高我校留学生教育整体水平的良性循环”。

3. 从教学方案的角度看，留学生教学方案基本是沿用国内本科生的教学方案，缺乏全面针对留学生教育的专项教学方案。此外，有些招收留学生的专业还没有针对留学生教育的培养方案，现有的培养方案也亟待根据留学生教育发展的实际情况做进一步完善。

4. 从教学质量角度看，学历留学生的教学质量亟待提高。目前，国际学院已经形成了较为完善的留学生非学历教育的质量评估与质量监控体系，对提升非学历教育的培养质量起到了积极的促进作用。

5. 从教学管理的角度看，存在着校内留学生教学资源使用瓶颈的问题，以及资源亟待整合等问题。校内沟通协调、实现留学生教学资源共享、打通教学课程，负责留学生教学、服务管理的部门应针对留学生管理的特殊性，实现人性化管理，实现留学生管理、教学的专人负责。

四、关于我校学历留学生教学管理改革的建议

“趋同管理”不能视为等同培养，趋同的“趋”指的就是因为有所不同所以要向相同的方向靠拢。我校留学生教育工作包括两部分的内容：一方面，是来华国际学生的教育。对于这一工作，目前我校已经达成共识，即用国际标准要求今后的教学，从而提升我校来华国际学生的整体水平；另一方面，是中国全日制学生“走出去”接受国际教育。这也是我校国际化工程的一个重要组成部分，是我校按照国际标准办学理念的“趋同”。目前，我校正在为推进这一工作而进行着不懈的努力。为了学校的学历留学生教育工作能够再上一个新的台阶，本文大力推荐目前阶段在我校实施“趋同教学管理”模式。为此，特提出以下建议：

1. 规范入学评价体系。提高学校来华学历留学生的生源质量，是提高我校学历留学生培养质量的重要保障，也是保证“趋同教学管理”的基本前提条件。从欧美高校留学生教育的经验上看，除了对攻读本科学历的留学生有语言要求外，还都有一套成熟的入学考试和评价体系。我校应指定专门机构，总结我校这些年来学历留学生入学考试的经验，并参照国外的留学生入学考试形式和评价体系原则，制定出我校统一的本科学历留学生入学考试标准。当然，入学标准在“趋同化”的同时，还要注重“个性化”。在制定我校统一的本科学历留学生入学考试时，可以借鉴我国高校在体育特招生与少数民族学生的成绩评定标准方面的成功经验。本文认为，在现阶段，参照高校体育特招生与少数民族学生的成绩评定标准来评价学历留学生的学业水平应该是合理和可行的。

2. 建立学历留学生预科教育制度。这一预科教育制度，可以参照政府奖学金生预科教育制度来建立。对来华自费本科留学生实行学历预科教育制，是保证学校学历留学生整体教学质量的一项重要举措。通过预科教育制度，可以加强学校对这些预科留学生的语言和公共基础课的补习和辅导工作。这样，可以在一定程度上弥补学历留学生与本校全日制本科生在专业基础课上的差距，有利于学校对学历留学生实施“趋同教学管理”。

3. 深化课程体系和教学内容的改革。在改革中必须考虑到课程国际化因素，要多借鉴国外相同专业的课程设置和教学内容。这不仅是学历留学生教育的需要，也是高等教育国际化的一个指标。我校国际经贸学院为本科生开设的“荣誉班”，对于专业基础课和专业课基本上都采用了国外较为成熟和经典的原版教材，在国际化方面进行了大胆的实验，实践已经证明了“荣誉班”的办学思路是正确的。现在我校高年级的学历留学生已经在相当多的专业课程上与全日制的本科生实现了教学及管理上的并轨。

4. 引入“导师制”。本文认为，在我校应该继续完善留学生辅导员建制，积极推行学历教育的“导师制”，强化留学生的特色管理。导师制是我国大学本科学生规范化教育的一个重要组成部分，而留学生“导师制”是现有大学本科生导师制在留学生教育中的一种延伸，它将导师制的管理模式引入留学生管理中。“导师制”的引入不仅能改变以往本科留学生教育管理中的“真空”状态，也是来华学历留学生“趋同教学管理”的一个重要组成部分。我们认为，留学生的导师更应该在教学和科研方面发挥作用，帮助学历留学生制定适合自己学习基础和特点的有个性的培养计划。此外，还要加强留学生心理教育与咨询，充分发挥留学生会和留学生干部的带头示范作用。

5. 整合校内教学资源。留学生工作的发展要有战略眼光，实现长远发展的目标。因此，针对来华留学生工作，校内要进行资源整合、打破资源瓶颈、实现资源共享、提高资源的利用率；在留学生服务管理上要实现“以人为本”的管理理念；在趋同管理的大体系下，在新生入学手续办理、住宿安排、入学教育、日常管理、校园文化活动、班主任制度、心理咨询、学籍管理、课程设置等方面进行统一协调处理。

总之，尽管现阶段对我校学历留学生实施“趋同教学管理”还有各种各样的困难，在教学中往往也很难做到和本校全日制学生完全相同，但是不能因此而寻求捷径，一味降低培养标准。“从长远发展角度来看，教学质量是实现我校来华留学生教育可持续发展的关键。多年来，我校留学生教育良性发展的事实也印证了我校强调‘以质量求生存’的办学理念的正确性。”因而，我校应始终遵循教育规律并借鉴国外留学生培养经验，采取措施，采取适度的趋同原则，不断探索留学生趋同教学管理的新思路、新方法和新措施，尽可能地缩短学历留学生与本校全日制学生的差距，由趋同管理逐渐走向相同管理，最终与国际留学生教育接轨，着力提高我校的国际化水平。

参考文献

[1]《对外经济贸易大学“十二五”发展规划纲要》(2011-2015). 经贸大学新闻网.

[2]《对外经济贸易大学来华留学生教育工作报告》. 经贸大学新闻网, 2005-11-25.

[3] 夏青. 对来华学历留学生实施“趋同教学管理”模式的思考. 教育探索, 2010(9).

[4] Sporn, Barbara. “Convergence or Divergence in International Higher Education Policy—Lessons from Europe”.

[5] BOUCKAERT, Geert. “Teaching Public Administration: Some Trends in Europe”.

经济与金融特设专业建设及课程体系设计研究①

（对外经济贸易大学国际经济贸易学院）

蒋先玲　于　瑾　李　莉

摘　要：2012年教育部公布的《普通高等学校本科专业目录》中，在金融学下设立了一个特设专业——“经济与金融”专业（专业代码020307T），对外经济贸易大学从2013级本科生中首批招生。作为一个新设专业，我们在设计课程体系时，除了考虑与原有金融学专业的共性外，更重要的是强调其特殊性，即从经济学与量化投资两方面突出其特性，以培养出“经济与金融学理论基础扎实，实践应用能力强的国际化、复合型、高素质拔尖创新人才”。本论文的研究成果将对全国“经济与金融专业”的人才培养具有重要的现实指导意义。

关键词：经济与金融专业　课程体系　研究

一、问题的提出

《普通高等学校本科专业目录（2012年）》已于2012年9月正式公布。其中新公布的专业名称：经济与金融；门类：金融学类；学科：经济学；修业年限：4年；授予学位：经济学学士。我校于2013年首批招收经济与金融专业本科生，规模30人。之所以申报并招收此专业，主要是由于通过调查分析，我们感到现有普通高等院校在金融人才培养上或多或少存在一些缺陷。比如，（1）经济学基础不扎实。过于重视学生的实际操作技能的培养，甚至只局限于银行业或证券业流程式的技术，这样毕业的学生后劲不足。（2）金融创新基础工具掌握不扎实，这主要是由于过去金融学专业一直被视为文科专业，主要以文科专业课程为主，在量化投资技术方面设计的课程较少，而量化投资已成为全球金融业的大趋势。以上不足造成了金融专业大学生毕业后很难适应不断进步并完善的金融市场的变化。因此，我校设立经济与金融本科专业，是对原有金融学专业的补充。而如何设计科学合理的、全新的经济与金融专业课程体系，以实现最初制定的培养目标就成为一个紧迫的、重要的课题。

二、经济与金融专业建设的基础

不同于一般的金融学专业，经济与金融专业的特色体现在“复合型”与“高水

①　本文属“北京市人才培养共建项目——教育改革立项——经济与金融特设专业课程体系设计的探索”的阶段性成果。

平”，而这两个特征在该专业所在的国际经济贸易学院都有着雄厚的基础。

（一）复合型学系设置为经济与金融专业建设提供了强有力的师资队伍

国际经济贸易学院是一个复合型学院，下设金融学系、经济学系和计量经济学系，形成了有助于培养经济与金融专业人才的学系结构。在师资力量方面，学院经过多年建设，具有一支业务素质过硬、学源结构、年龄结构合理的师资队伍。截止到 2014 年 3 月，学院拥有专职教师 108 名，其中已获博士学位的 91 名，占教师比例的 84.3%，共有长江学者 2 名，教授 37 名，副教授 45 名，博士生导师 27 名，享受国务院政府特殊津贴专家 5 名，教育部新（跨）世纪优秀人才 9 名。学院从 1999 年开始引进海外获得博士学位的教师，到目前为止共引进 45 名，近 90% 以上的教师有国外进修、攻读学位、教学和科研的经历。学院拥有中文和全英文的完整先进的本科、硕士、博士课程体系。我院现有国内学生 2 700 余名（含本硕博），留学生 1 000 余名。多年来，我院毕业生活跃在中国全面融入世界、建设开放型经济体系的最前沿。近年来，金融学系教师先后申请到了国家社科基金、国家自科基金及教育部课题达 10 多项，几近人均一项，在国外 SSCI 期刊和国内权威期刊，如《经济研究》、《管理世界》和《金融研究》杂志发表文集数十篇，在国际化特色上，金融学系 17 名教师中仅“海归”就达 6 人，达到 35%。这样的学系设置为经济与金融专业人才的培养提供了强有力的师资保障。

（二）经济与金融学荣誉实验班建设的经验为经济与金融学专业建设打下了良好的基础

国际经济贸易学院从 2005 年 9 月起，在一年级本科生中选拔优秀学生，组建经济学荣誉学士实验班，进行学术型创新拔尖人才培养的改革与实践。经过 4 年的运行，通过对学生去向的信息收集分析，同时结合当代社会对金融学高端人才的紧迫需求，实验班于 2010 年 9 月改革为“经济学（经济与金融）”荣誉学士实验班。到目前为止，实验班已经进行了 9 年的改革与实践，取得了丰硕的成果。

1. 培养出一批学术水平高、学术兴趣浓厚的优秀人才

截止到 2009 级，该实验班共培养了 200 名毕业生。这些学生不管是公共基础课，还是专业课，优良率明显高于学校普通本科班水平，每年入选奖学金、保送研究生的比例也明显高于全校其他班级。2009 级学生雷雯被评为对外经济贸易大学“十大杰出学生”，并取得清华大学保送研究生的资格。2010 届学生赵昕在国际经济领域最好的杂志之一——Review of International Economics 上发表了论文“International R&D Networks”。在 2010 届实验班 38 名毕业生中，15 名学生被国外著名大学录取继续深造，如加州理工学院（California Institute of Technology）、纽约大学（New York University）、美国卡内基梅隆大学（Carnegie Mellon University）等；有 13 名学生分别被国内著名大学录取继续攻读研究生；另外 10 名学生则选择了高端就业，其中包括中联油、中纺、中棉、国

投贸易、毕马威等著名企业，实验班教学成果得到进一步验证。[①]

2. 打造出一支具有团队合作精神、综合素质高的优秀班集体队伍

实验班的人才培养并不仅仅注重知识的传授，还注重人文素质的教育，包括团队合作精神、创新意识和竞争意识等，这些综合素质的培养使学生在竞争激烈的金融市场中具有更强的竞争力。经过这样全方位素质的培养，在课外实现自我价值的能力方面，实验班从集体到个人都取得了优异的成绩。实验班先后获得了“全国先进班集体”、“北京市先进班集体”、“北京市优秀团支部”等一系列荣誉；实验班的多名学生荣获全美建模大赛一等奖、二等奖、三等奖，全国数学建模一等奖、二等奖，全国数学竞赛一等奖，全国英语竞赛一等奖等。

三、经济与金融专业的培养目标及专业要求

（一）培养目标

经济与金融专业建设基础的高起点决定了该专业的培养目标也是高层次的，即旨在培养经济与金融专业方面的知识及理论，能应用所学知识进行相关工作的能力，能在经济和金融活动中进行实际工作的复合型、高层次的国际化金融人才。与金融学专业相比，本专业培养的学生应能掌握扎实的经济学、金融学科的基本理论知识以及本学科理论前沿和发展动态，尤其掌握金融量化投资技术，并且熟悉国家有关金融政策和法规，具有处理银行、证券与保险等业务的基本能力，可在综合经济管理部门、银行和非银行金融机构及相关企业从事经济分析、理财规划和投融资等工作。

（二）专业要求

本专业学生主要学习经济与金融专业的理论知识，接受经济与金融专业方面的基本技能训练，以具有从事实际工作的能力。为了实现这个目标，本专业招生仅限于理科生。具体来说，本专业毕业生应达到的要求如下：

（1）具有较宽的知识面，对于政治、历史、文化和自然科学等方面有较深刻的了解；

（2）具备深厚的数学、统计学和外语基础，熟练掌握计算机应用与分析技能；

（3）掌握现代经济学分析方法，拥有扎实的经济学与金融学专业知识、理论基础和专业技能，并具有较强的向经济学相关领域扩展渗透的能力；

（4）熟悉我国经济方面有关方针政策、法律法规；

（5）具有较强的解决实际问题的基本能力；

（6）具有较强的语言与文字表达能力和人际沟通能力；

---

① 蒋先玲，杨伟勇．经贸学院经济与金融学荣誉学士实验班建设的创新与实践//创新与实践——本科人才培养与教育教学改革论文集．北京：对外经济贸易大学出版社，2013：201．

（7）具有收集信息并对其进行分析研究、开发利用的基本能力；

（8）掌握文献查询的基本方法和从事实际工作的初步能力。

总体而言，经济与金融专业对于本科生的数学、信息技术和英语有比较高的要求。数学学习的难度远高于经济数学，它要求学习数学分析。信息技术强化其高级编程语言的学习，英语方面，该专业定位与国际接轨，所以对英语有较高的要求，多数专业课都使用英文教材，进行英文授课，目的就是希望能够培养出具有国际视野与涉外能力的学生。

四、经济与金融专业课程设计探讨

（一）金融学科的发展与定位

在对经济与金融专业课程设计之前，有必要先梳理一下金融学科的发展演变，并对现代金融学科进行准确定位。

从我国金融学科的教学与研究来看，对金融学科的理解有两种解释：

一种是“传统金融学”，其主要教学内容是货币经济学（包含货币起源、职能、货币供求理论、货币政策理论与操作）、商业银行及其管理（其中最主要的是银行的运作和管理，包括银行的计划、财务、人事等方面）以及金融市场的运作（多强调金融市场的功能性因素，忽视其对微观主体如公司和个人投资者的作用）。这些内容基本可以划分为两大部分：金融理论的宏观分析层面和金融理论的微观分析层面。

另一种是“海归”学者对于金融学内容的概括——“现代金融学”，“海归”学者对于金融学科内容的概括实际上代表欧美大学商学院（其中以美国大学商学院为主）的看法。他们把传统金融学的宏观层面内容归纳为货币经济学（Money Economics），认为它是属于宏观经济学的一部分，应该把这一部分抽离出来，放在经济学院讲授。真正的金融学应是金融或财务（Finance），或金融经济学（Financial Economics），这一部分内容应该放到商学院、工商管理学院或管理学院。目前我国理工类大学的金融学科课程体系就是这样设置的。对于“金融学”、“现代金融学”，学者通常把它的方法论概括为“微观规范分析”。其基本内容大略是“价值评估”、“风险管理”、“资产组合”、“资产定价”等等，实用的领域是公司理财、个人理财，扩展地说，是一切经济行为主体理财的理论和模型。

但是，中国高校培养出来的人才更多的还是服务于中国经济，因此，完全以微观金融视角去培养金融人才缺乏市场基础，而完全按传统金融课程体系培养人才又与现实存在差距，作为一个折中方案，经济与金融专业可以说是将宏观金融与微观金融较好地结合在一起的一个特设专业，是国家在金融人才培养上的一种创新。在国内一流高校中，最早开设经济与金融专业的是清华大学经济管理学院，清华大学从 2008 年开始为本专业三年级学生量身定制了优秀人才培养规划，分为学术、创业和领导力三个方向。其制定的专业课程类别非常广泛，不仅有本专业的知识，而且可以选修中高级会计课程、编程语言（金融工具应用）、心理学课程、人文课程等。因此，可以看出，清华大学虽然在国家教育部公布的《普通高等学校本科专业目录》（2012年）之前开办了此专业，但却体现出了与原金融学专业不同的培养课程。从字面上分析，经济与金融的“专业”如此“不专”，但正是得益于这种课程设置，才让清华大学经济与金融专业的本科生能在专业百花丛中傲视群芳。①

党的十八大以来，随着我国在金融体系的改革步伐加快，利率市场化、优先股试点、注册发行制度改革等等，反映出未来我国资本市场新的金融资产会层出不穷，由于资本市场的发展最能代表一国金融领域甚至经济领域最先进的生产力，因此，重点研究资本市场理论的新金融学或现代金融学将成为今后我国金融学科的重点发展方向，这同时也成为我们对经济与金融专业人才培养的基本要求。

（二）经济与金融专业课程设计原则

2008年金融危机及其在全球的蔓延表明，金融流通工具空前国际化，全球性的高速化、系统化、电子化、网络化的资金融通系统逐步建立。因此，世界经济的发展将越来越表现出金融特征，特别是使用多样化金融工具的国际金融经济，已成为世界经济的新特征。多种融资形式，包括金融期货、期权等金融衍生工具在国际范围内普遍推行说明在现代经济活动中，金融运动所涌现出的形式之多、规律之复杂，是其他经济活动所无法比及的。这对现代的金融学高等教育提出了更高的要求。因此，在设计经济与金融专业课程时，我们认为应遵循以下基本原则：

1. 开放性原则

既然金融学所要研究的对象是当前市场经济中最活跃的部分，那么金融学必然就是一个正在发展中的开放性学科，在设计经济与金融课程体系时就要坚持开放性原则。面对新的经济和科技形势，经济与金融专业应当重新强化对一些基础性的金融及经济的理论研究，不仅要加强对开放性金融经济运行过程中产生的一些问题的研究，而且要强化对一些新型金融产品、金融市场和金融制度的研究。只有通过这些前沿的金融学研究成果，才能不断充实处于探索中的经济与金融专业课程体系。如此，经济与金融专业的建设才能对整个金融学高等教育提供正能量，从而完善金融学科的建设，加速金融学科的发展。

2. 综合性原则

当前的教学改革注重“宽口径、厚基础”，经济与金融专业也不例外。尽管学校也倡导宽口径、厚基础，但是在就业形势日益严峻的背景下，确实有些学校和学生功利性较强，热衷于热门课程，如一些金融专业课，而忽视了基础课程，如经济学与数学。因此，为了完成该专业的培养目标，在设计课程体系时，应具有综合性和长期性，给予经济学与数学应有的重视，提高其学时与学分，以必修课形式提高学习效果。

3. 技术化原则

随着互联网金融的崛起，信息技术越来越深地融入到金融活动之中。各种互联网金

① 陈铁骏．经济与金融专业：最“人文”的经济．高校招生，2012.

融产品如雨后春笋般崛起，这就需要我们在设计经济与金融课程体系时融入信息化这一技术。有人说“未来的金融业是一个高科技行业”，虽然与真正的高新技术不能相提并论，但是，这也表明金融业与信息技术的高度融合已经不能不引起高等教育金融学人才培养的警惕了。因此，在课程设计中要融入对金融电子化、金融创新和金融衍生工具等新兴课题的最新研究成果，这样的人才培养改革才可能保持应有的前瞻性，也容易保持与金融经济发展的同步性。所以，现在的经济与金融专业的本科招生中，限定为理科生，未来教育部取消高中文理科后，将限定为数理考生。

4. 国际化原则

在全球经济一体的背景下，金融人才的全球流动、资金的全球流动、金融业务的全球化等等都要求新的经济与金融专业的课程体系设计时能够体现国际化特色。国际化表现在两个方面：一方面，增加广泛应用于国际金融市场上的微观市场结构、资产定价、量化投资等课程的嵌入；另一方面，强调课程的国际学分的替换，例如，国际交流和在校内参加国际暑期学校取得学分。

（三）课程模块设计

我们在构建经济与金融课程体系时，将其划分为四个模块，即公共基础课、学科基础课、专业方向课和学科基础选修课模块。如图 1 所示：

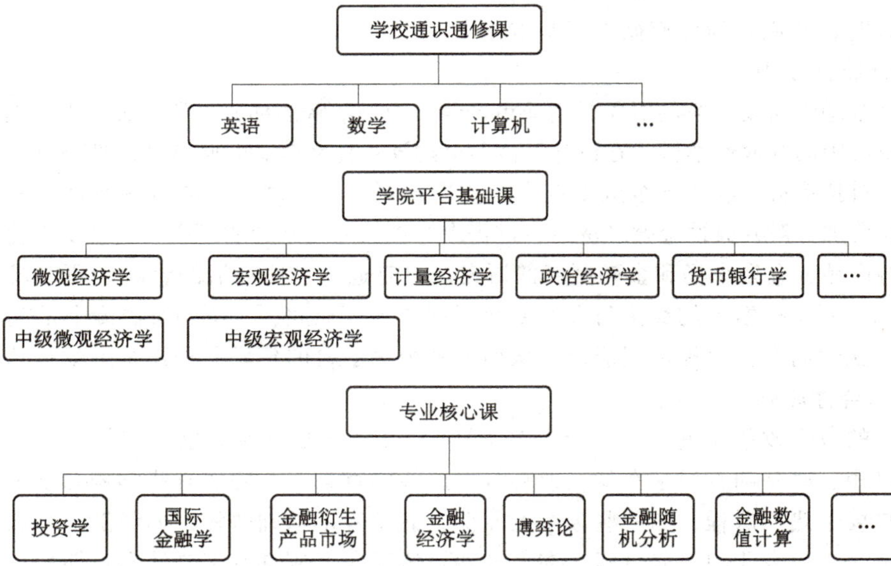

图 1　经济与金融专业课程设置架构

1. 公共基础课模块

公共基础课的设计基础是执行“宽口径、厚基础”的通识教育理念，具体包括：政治理论与思想品德类课程（15 学分）、英语类课程（16 学分）、体育与健康类课程

（4 学分）、中文写作类课程（2 学分）、艺术类课程（2 学分）、人文基础类课程（8 学分）、数学类课程（20 学分）、信息技术基础类课程（7 学分）和经济管理法学基础类课程（15 学分）。

以上课程设计与金融学专业的区别在于：（1）强化数学课程的学习。金融学专业数学学分为 16 学分，包括高等数学（一）、高等数学（二）、线性代数和概率论与数理统计四门课，而本特设专业的数学学习不仅学分增加了 4 学分，而且，在难题上也大大提高，包括数学分析（一）、数学分析（二）、线性代数和概率论与数理统计。这一数学水平达到了工科数学的层次，为本专业的"高技术性"提供了扎实的基础。（2）减少了英语学分，为学生选修其他人文基础类课程、信息类课程及其他专业课程提供了可能。我校英语学分十几年来一直是 26 学分，随着我院"海归"人才的不断加入，教学活动的国际化程度越来越高，各种双语课、全英文课不断涌现，加之学生课外学习英语的机会非常之多，在此背景下，我校学生一直有强烈的愿望减少英语学分，以增加其他专业课程的学习。（3）在信息技术类课程中增加了 C++、实变函数、随机过程、数据库系统、面向对象程序设计等课程的选读。主要是因为在调查中我们发现，在没有限定学生对信息类课程选修范围的情况下，大部分学生会选修一些很好取得学分的课程，对专业课学习的实质意义不大。而在金融领域，随着互联网金融的崛起，金融对信息技术的依赖越来越大，因此，在大一、大二的公共基础课学习中，我们通过限定信息类选修范围，以提高学生对信息类课程学习的重视程度。

2. 学科基础必修课模块

由于经济与金融是金融学门类下属的一个专业，因此，尽管它是一个特设专业，我们认为只应在专业方向课上体现其特殊性，而在学科基础上应与金融学专业一致。但是，我们并没有简单重复、照搬照抄以往的课程，而是借开设经济与金融这么一个新专业的契机对金融学的学科基础课进行了改革与完善，2012 级金融学专业的学科基础课包括以下 7 门：经济学导论、政治经济学原理、财政学、国际经济学、货币银行学、经贸研究与论文写作和计量经济学，这样的学科基础课设计没有体现金融学科的特性，这与过去我院在本科生中采取经济学类大类招生有关，从 2013 级开始，学院总结过去经验和教训，开始恢复分专业招生，这就需要对金融学专业的学科基础课进行重新整合。为此，我们在大量调研国内外同类高校金融学专业课程设计的基础上，结合我院学生的特点，设计出了新的学科基础课组合，仍然包括 7 门课，它们是：政治经济学原理、微观经济学、宏观经济学、财政学、货币银行学、中级微观经济学、中级宏观经济学。这样的课程设计中吸取了国外高校金融专业的成功经验，在公共基础课中强化数学及信息类课程，在学科基础课中再强化经济学基础课程，这样的课程设计为培养高层次金融人才提供了坚实的基础。

3. 专业方向课模块

专业方向课是体现一个专业与其他专业区别的重要课程模块，作为经济与金融专业，一方面，它不是一个经济专业，另一方面，它又不同于作为基本专业的金融学专业。它的专业特点是更好地融合了经济学与金融学的教学，将学生对金融学的分析技能和操作方法的掌握，建立在更加全面和扎实的经济学基础之上，使之更加深入和灵活，而金融学专业知识与技能的训练，也为经济学的学习提供了用武之地，达到理论与实践的结合。因此，在专业方向课程设置上，既包括经济学类的高级课程，如金融经济学和博弈论，也包括金融学领域的基础和高级课程，如投资学、国际金融学、金融衍生产品市场、金融随机分析和金融数值计算。之所以嵌入数学分析、金融随机分析及金融数值计算等课程到本专业培养方案中，是因为随着社会科技的不断进步与发展，数学在金融领域的运用越来越广泛，尤其是在我国金融改革深化的背景下，利率市场化、汇率波动市场化、各种金融衍生产品的推出等情况下，越来越需要借助数学进行资产定价及数据分析与处理等工作。

4. 学科基础选修课模块

为了拓宽经济与金融专业学生的知识，并引导学生进行模块化选修，本专业在制订培养方案时，将学科基础选修课归纳为三个模块，即数学与信息技术类课程、金融类课程、经济学类课程和商务类课程。其主要考虑是本专业的学生未来深造前景，有出国、读研和工作，出国读研可以申请经济学硕士或金融硕士，工作方面选择更宽泛，如投行、咨询、基金证券、实业、会计事务所、国有企业等等。因此，在选修模块上加进了商务类模块。

总之，经济与金融专业培养出来的学生，应具有比较宽厚扎实的经济金融理论和从事具体金融业务工作的能力，熟悉金融相关专业的原理性知识，有较高的外语和计算机运用水平，具有较强的市场经济意识和社会适应能力。本文通过对经济与金融专业建设及课程体系设计的研究，对于促进我校经济与金融这一新专业的建设将具有重要意义，并在全国同类专业建设中发挥抛砖引玉的作用。

参考文献

[1] 杨乐. 金融信息人才调查分析及培养方案. 西南财经大学硕士论文，2009.

[2] 徐慧贤，金桩. 我国金融工程专业人才培养方式的研究. 内蒙古财经学院学报：综合版，2009.

[3] 刘永辉，方勇，沈春根. 金融数学专业人才培养模式的改革与探索. 上海金融学院学报，2012.

[4] 陈铁骏. 经济与金融专业：最“人文”的经济. 高校招生，2012.

[5] 蒋先玲，杨伟勇. 经贸学院经济与金融学荣誉学士实验班建设的创新与实践//创新与实践——本科人才培养与教育教学改革论文集. 北京：对外经济贸易大学出版社，2013.

工商管理本科层次教育的中外比较研究

（对外经济贸易大学国际商学院）

范黎波　吴剑峰　戚依南

摘　要：在我国管理教育快速发展的今天，如何在吸收、借鉴国外管理教育模式的同时发展高度契合本土需求的管理教育是值得思考的。本文从中外工商管理专业高等院校的实际情况出发，选取中日欧美等国多所高校为研究对象，从培养目标、课程设置、教学方法三个方面进行比较分析，以探索我国工商管理专业本科层次管理教育的改革思路。

关键词：工商管理　本科教育　比较研究

一、问题的提出

20世纪80年代，我国开始从西方引进工商管理教育，并逐渐建立了相应的学位体系，包括学士、硕士、博士、MBA（Master of Business Administration）以及EMBA（Executive Master of Business Administration）等学位。在工商管理教育方面，欧美地区的著名高校主要将重心放在研究生层面（MBA、EMBA）的教育上。MBA和EMBA成为他们的特色和品牌，在整个教学体系中占据着核心地位，并起到决定性作用。而2008年以来的金融危机进一步推动了社会对现代化高级管理人才的需求。相应地，我国的工商管理教育开始逐渐将重心转移到了研究生层次的教育上，学界对工商管理类本科层次教育的关注越来越少。

1998年，国家教育部对我国普通高校本科专业目录进行了修订，在颁布的《普通高等学校本科专业目录和专业介绍》中增设了管理学门类，并在工商管理类一级学科下设置了工商管理、市场营销、会计学、财务管理、人力资源管理和旅游管理等六个专业。每个专业都有自己的核心课程，由于工商管理专业是一级学科，其专业核心课通常也是其二级学科专业的核心课。学生能力的培养也会落实到某个具体的二级学科专业方向，因此在课程体系的安排中，往往会出现“工商管理无专业课”的现象；同时，由于工商管理专业的综合性过强，培养出来的本科毕业生满足不了企业对实践性、专业性人才的需求，最终导致了“工商管理专业学生毕业无岗”的惨剧。[①]

---

① 金高军，金娴．工商管理专业本科层次管理教育研究［J］．边疆经济与文化，2008（11）．

当前，管理教育的国际化集中体现为全球管理教育的“美国化”。不仅欧洲、北美以及亚洲其他一些国家在积极学习美国商学院模式，中国高校商学院也在积极跟进。然而，自20世纪80年代起就不断有人质疑美国的管理教育模式。① 比如，ANTUNES (2007)② 等专门探讨了欧洲商学院相对于美国商学院的竞争优势：（1）相对较小的规模使得他们能灵活地分析、应对本地市场需求；（2）较强的客户关系能力；（3）更多公共管理和政策领域的内容；（4）更多个性化教育；（5）国际化的心智模式。可见，欧洲商学院在吸收美国管理教育模式的同时，已经开始寻找自身国家商学院教育的竞争差异和比较优势。因此，在文化、制度、环境等各方面与美国截然不同的中国，各商学院在学习美国商学院模式的同时必须结合自身情境，为中国市场提供高度契合本土需求的管理教育。

通过以上分析可以看出，在我国工商管理教育走向国际化的进程中，面对本科工商管理教育的“冷宫”待遇和特殊的工商管理专业问题，我们有必要开展工商管理专业本科层次管理教育的研究。通过借助中外管理模式互动的平台，我们可以在积极学习西方管理模式的同时努力发展中国本土教育模式，从而提升我国教育模式的国际竞争力。本文将就工商管理专业本科层次培养目标、课程设置、教学方法三个方面进行中外比较研究，在参照国外教育模式的同时，探索我国工商管理专业本科层次管理教育的改革途径。

二、工商管理专业本科层次教育的中外比较

（一）培养目标

我国大学对培养目标的阐述比较重视，在培养计划中一般都包括培养目标，并置于首项，但在培养目标的设计方面却与国外存在显著差别。见表1：

表1 工商管理专业本科层次培养目标的中外比较③

国家（地区）	高校	培养目标
美国	宾夕法尼亚大学 Wharton（沃顿）商学院	提供成为未来领导者的基础，并为学生提供把商务与自由相结合的艺术（business and liberal arts），从而有助于获得人生的成功。

① 彭贺．西方管理教育的审视与借鉴［J］．管理学报，2010（8）．

② ANTUNES D, THOMAS H. The Competitive（Dis）Advantages of European Business Schools［J］. Long Range Planning, 2007, 40（3）：382-404.

③ 资料来源：根据国外相关高校网站资料。涉及网站包括：http：//www. wharton. upenn. edu/，http：//www. mccombs. utexas. edu/bba，http：//coursecatalog. web. cmu. edu/tepper/，http：//www. sbs. ox. ac. uk/Pages/default. aspx，http：//www. kobe - u. ac. jp/，http：//www. acem. sjtu. edu. cn，http：//www. fdsm. fudan. edu. cn/，http：//www. rbs. org. cn/ 等。

续表

国家（地区）	高校	培养目标
美国	德克萨斯大学 McCombs 商学院	发挥学院在领导力和参与性教育方面独一无二的传统（legacy）优势，通过实践和持久性学习，培养学生的责任心、团队意识、领导力以及荣誉道德观，使其行正直之道，成卓越之器。
	卡内基-梅隆大学 Tepper（泰伯）商学院	培养学生在开放的教育背景下解决问题的能力，使学生熟练地运用定量方法和分析技巧来识别问题和发现解决方案，通过驾驭（harness）信息和技术，成为一批具备企业家和持续学习精神的高影响力（high-impact）商界领袖，从而推动经济的持续增长。
欧洲	丹麦奥胡斯商学院	宽泛地介绍工商业界的一些关于经济、法律和组织方面的问题，同时研究经济学和工商管理的相互作用。
	牛津大学 Saïd（赛义德）商学院	培养学生用清晰的思维来透析周围世界的能力，使学生在走向各种不同精彩职业生涯的过程中取得持久成功。
日本	早稻田大学商学部	通过基础理论知识和系统分析工具的学习使学生了解并能够分析现实社会中的管理和组织结构问题等。
	神户大学经营学部	通过教授学生基于科学原理的社会实践知识，为高度商业化的社会培养一批年轻领导人，同时培养能够进一步从事工商管理科研工作的学术带头人。
中国	上海交通大学安泰经济与管理学院	工商管理专业主要为各类工商企业（包括高新技术企业）、金融机构、咨询公司、投资公司、事业单位和政府部门培养懂技术、懂经营、会管理的高级复合型管理人才。
	复旦大学管理学院	工商管理专业主要培养适应现代市场经济要求，具有全球经营视野、管理知识和沟通技能的中高级经营和管理人才。
	中国人民大学商学院	工商管理专业依靠先进的教学设施、科学的教学方法、完备的教学环节、广泛的社会实践，全面提高学生的政治素质和业务素质，为现代工商企业培养理论基础扎实、适应性强、实践能力突出的高级综合管理人才。

通过对本科层次含有工商管理专业的国内外高校培养目标的比较，我们可以发现我国高校在设置本科层次工商管理专业培养目标时所存在的问题。

1. 培养目标过大

通过对比分析（见表1），我们可以发现，在美国，大学工商管理专业本科阶段培养的是一种“毛坯”，通过让学生接受基础广泛的管理和人文教育，为研究生阶段培养其成为高级管理人才进行铺垫；在欧洲，国家众多而高校更多的特点决定了其培养目标的多样性；在日本，本科层次的培养目标是让学生掌握终身受益的原理性知识和处理具体问题的能力。纵观我国高校，工商管理专业本科层次的培养目标大都为“高级专门人才”，这样的培养目标与哈佛商学院的“卓越领导人”，斯隆管理学院的“原则性强、有创新能力的领导人”等相一致，然而殊不知这些国外的商学院都只是研究生院，根本不存在本科层次的工商管理专业。

2. 培养目标过空

我国许多高校的培养目标阐述不具体，相关要求非常空泛，而国外大学的培养目标却相对具体且指导性强，学生甚至能根据目标的说明了解就业去向，设计学习计划。例如，美国巴尔的摩大学工商管理科学学士管理学方向（Management Specialization）的培养目标是“教授学生制定战略目标、激励和领导员工以及合理有效利用资源的一系列管理工具，学生通过学习必要的知识和技能从而在公共、私人或非盈利机构制定有效的商业决策。”管理学方向的工作方向包括综合管理、国际商务以及管理咨询行业。①

（二）课程体系

一个商学院的培养目标决定了其课程体系，表2是著名商学院工商管理专业本科层次课程体系设计的国际比较。

表2 工商管理专业本科层次课程体系的中外比较②

国家	美国	美国	英国	日本	中国	中国
学校	宾夕法尼亚大学 Wharton（沃顿）商学院	卡内基-梅隆大学 Tepper（泰伯）商学院	牛津大学 Saïd（赛义德）商学院	神户大学经营学部	上海交通大学安泰经济与管理学院	复旦管理学院

① 资料来源：美国巴尔的摩大学官方网站 http：//www. ubalt. edu/merrick/undergraduate-programs/business-administration/.

② 资料来源：根据国外相关高校网站资料。涉及网站包括：http：//www. wharton. upenn. edu/, http：//coursecatalog. web. cmu. edu/tepper/, http：//www. sbs. ox. ac. uk/Pages/default. aspx, http：//www. kobe - u. ac. jp/, http：//www. acem. sjtu. edu. cn, http：//www. fdsm. fudan. edu. cn/, http：//www. rbs. org. cn/ 等。

续表

国家	美国	美国	英国	日本	中国	中国
公共基础课（通识课程）	大一	大一	大一	大一	大一~大二	大一~大三
	必修 经济与数学、领导力、写作、社会环境、组织环境	必修 解释和论证、世界历史	学制为三年每周六小时的讲座报告（lecture）、写作能力培养、阅读课、两到三人的辅导班（tutorial）	必修 英语、第二外国语、教养原论、情报科目	必修 思想政治理论、军事理论、大学英语、计算机应用基础、体育、自然科学、大学物理、数学、生命科学	必修 思想政治理论、军事理论、大学英语、计算机应用基础、体育
	选修 社会结构、语言、艺术和文化、科学和技术等	选修 科学和技术、选择行为学、社会和政府机构、文化分析等		选修 心理学、政府机构组织、文化人类学等	选修 逻辑学、材料科学、人文等	选修 人文、艺术、科学等
学科基础课	大二~大三上	大二~大三上	大一	大一	大一~大三	大一~大二
	经济学： 宏微观经济学、公共政策分析、美国资本论、劳动经济学等 商业公共政策： 社会政策经济学、金融管理政府机构等 运营和信息管理： 数据分析工具、管理信息系统、服务运营管理等 统计学和市场营销： 市场营销导论、预测与决策等	商业功能课： 全球商业、会计学入门、组织行为学等 经济学： 经济学原理、宏微观经济学 数学和计算机： 计算机原理、回归分析等	综合管理类： 管理学、统计学、组织行为等入门课程 经济学入门： 宏微观经济学、线性代数和微积分 财务管理： 金融报表、金融分析工具	学科入门课： 经营学、市场经济、经营数学入门等 基础理论课： 经营学基础论、会计基础论等	必修： 管理学原理、宏微观经济学、管理信息系统、会计学等 选修： 发展经济学、择业与就业、电子商务、英语口语等	数学分析、线性代数、政治经济学、会计学、宏观经济学、微观经济学、人文类法政类基础课程

续表

国家	美国	美国	英国	日本	中国	中国
专业课	大三下~大四	大三下~大四	大二~大三（学制三年）	大二~大四	大三~大四	大三~大四
	课程集中营 Concentrations □ 会计 □ 金融 □ 零售 □ 房地产 □ 商业公关 □ 全球分析 □ 电子商务 □ 金融风险管理 □ 保险管理和政策 □ 市场营销和运营管理	商业轨道 BusinessTracks □ 制造学 □ 市场营销 □ 国际管理 □ 综合管理 □ 企业家精神 □ 图像传媒管理 □ 制造管理和咨询 □ 计算机和信息技术管理	课程模块 CoursesOptions □ 会计 □ 金融 □ 组织行为 □ 市场营销 □ 战略管理 □ 运营技术管理 □ 员工关系或组织行为分析	专业综合课 经营管理、战略、统计等外国读物	专业必修课 财务管理、经济法、人力资源管理、质量风险管理等	管理学院人文法政类课程 各国政体比较、商业伦理学、国学与社会
				专业分流 divisions □ 会计领域 □ 经营管理领域 □ 市场科学领域	专业方向课 □ 营销方向（销售渠道管理、公共关系管理、广告学等） □ 项目管理 □ 会计学 □ 人力资源管理等	专业必修课（全英） 管理学、财务营销管理、运筹学、组织行为、管理信息系统、战略管理等 专业选修 数理基础课、管理综合课
备注	欧美日高校大都鼓励甚至要求学生另修一门非商业专业（双学位）或进行短暂的出国交流学习。					

通过比较分析（见表2），我们可以发现，我国工商管理专业本科层次课程体系设计与国外主要存在以下三个方面的差异：

1. 专业核心课程

目前我国工商管理专业的核心课程设置存在两种方式：一种是最近几年从西方引入的模块化教学方式，但采取这种教学方式的只有上海交通大学安泰经济与管理学院、北京大学光华管理学院等几所高校，而剩余的高校基本上采取的都是类似复旦大学管理学院“面面俱到、泛而不精”的教学模式。这种将工商管理类一级学科下的所有专业知识“一锅粥”地全部灌输给学生的教学方式，导致工商管理专业丢失了自身的专业特色，缺乏专业核心课程，因此出现了“工商管理专业无专业课”的说法。与中国大学工商管理专业不同，国外大学通过设置专业模块，很好地发挥了工商管理专业学生能够综合掌握企业管理知识的优势。以加拿大蒙特利尔大学高等商学院（HEC Montréal）为例，学生第一、二学年学习通识课和入门课，到第三学年根据个人兴趣，在指导教师的指导下，选择主修和辅修专业。主修专业方向有：会计学、应用经济学、企业管理、财务管理、人力资源管理、管理信息系统、国际商务管理、市场营销、生产作业管理和定量管理方法；辅修专业方向有：小企业管理、公共事业管理、企业法规专业等，学生可根据自身情况进行主辅专业搭配。① 在美国，加州大学允许学生自己设计课程体系，有特别兴趣与才能的学生如果从课程中选择一些形成一个围绕特定知识领域的课程计划，经一个特定委员会讨论通过后开始学习，完成计划便可授予特别专业的本科学位，这类专业被称为非固定专业或个人专业。

2. 课程总体结构

韩玉志（2004）对中外工商管理类本科生培养模式比较后发现：美国大学公共基础课（通识课程）和学科基础课一般占总学分的 46% 以上，公共基础课中必修学分一般只占 30% 以下，剩下的由学生根据兴趣自主选择，在专业课的教学方式上，大学普遍以“综合核心课程”（Core Concentration）的形式去要求学生进行一种“并非毫无目的的跨学科界限”的冒险，重视专业课程的整合性、模块化（见图 1-1）；日本的公共基础课占总学分的比例相对来说很少，一般只有 25%，在专业课教育方面，分流性很强，非常强调专业性及处理具体问题的能力（见图 1-2）；我国公共基础课和学科基础课占总学分的 33%，公共基础课中思想政治理论课、英语、计算机等占 71. 45%，在剩下 67% 的专业课程中，我国大学普遍实施的是分科课程（见图 1-3）。②

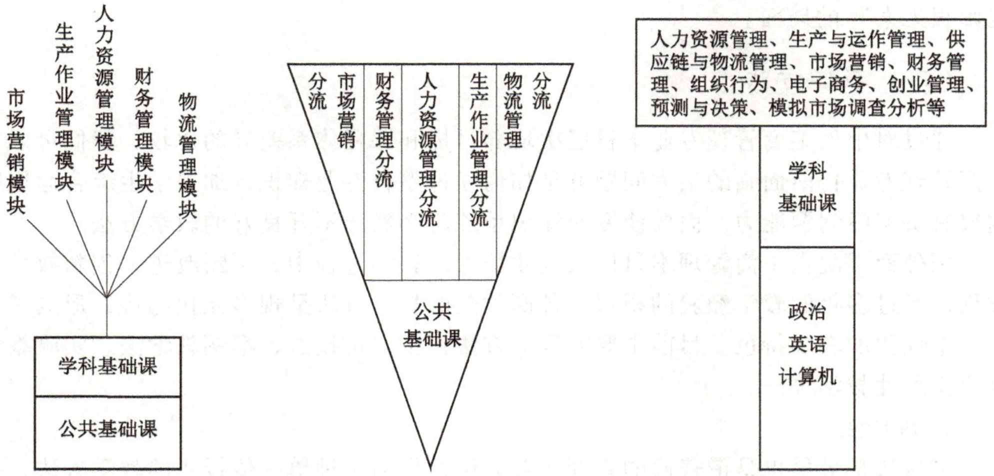

图 1-1 美国　　图 1-2 日本　　图 1-3 中国

图 1 工商管理专业本科层次课程总体结构的中外比较分析

结合表 2 和图 1，从课程设置来看，美国的课程总体结构呈“树状型”——“根底厚，树干精，枝叶多”，这与美国工商管理人才培养目标相吻合，本科生的知识通融面宽，具有个性特色，富有创新活力，为继续进行 MBA 或博士教育奠定了良好的基础；

① 资料来源：加拿大蒙特利尔大学高等商学院（HEC Montréal）官方网站 http：//www. hec. ca/en/.

② 韩玉志．工商管理类本科培养模式的比较研究［J］. 教育发展研究，2004（12）.

日本呈“倒金字塔型”，头重脚轻，注重专业教育，这种模式培养的人才专业技能高，善于技术改造，但缺少原创力，非常符合现阶段日本的人才状况。然而纵观我国的课程结构，在通识课程方面，政治、英语和计算机课程的比例过重，人文教育的缺失以及学生选课的被动，严重违背了工商管理类专业所设定的“宽口径”目标；在专业课程方面，学生接触的知识泛而不精，满足不了企业对人力资源管理人才、财务管理人才、物流管理人才等的需求，导致了“工商管理专业本科生毕业无岗”的现象。[①] 总之，我国的课程结构总体上呈站不稳的“蘑菇型”——顶部花色华而不实，根部色调过于单一。

3. 课程组织

一个优秀的课程体系必然离不开合理的课程组织结构。在欧美商学院，公共基础课一般要求学生在大一学年就完成；大量的专业基础课放在大二学年，通过全方位地对管理知识介绍使学生初步了解管理的各个方面，为下一步对更细的专业学习方向的选择做准备；大三、大四学年，学生在导师（Academic Advisor）的指导下结合自身兴趣选择专业方向（如表 2 中沃顿的 Concentrations，泰伯的 Tracks 以及赛义德的 Options）进行深入学习，同时学校还鼓励学生选择一个非经管类的辅修学科（Minor）或进行国外学习，以提高学生的综合竞争力。与国外比起来，我国高校大一、大二学年的课程大部分为公共基础课，学科基础课和专业课都设置在大三、大四学年。这样的课程组织结构促使上课、考研、公务员考试以及择业之间的矛盾加深，最终导致“学生很累，上课的老师很无奈”的局面。

（三）教学方法

通过对中外工商管理专业本科层次培养目标和课程体系差异的比较，我们可以发现工商管理专业目前面临的最大问题就是如何通过整合专业知识，加强学生综合运用所学内容解决实际问题能力。而要使专业知识系统化必然离不开良好的教学方法。

国外商学院在工商管理本科层次人才培养的教学过程中，不断改进和创新教学组织过程，经过多年的教学经验的积累，各商学院的教学方法呈现多元化趋势，形成了差异化、个性化的教学特色。目前主要的教学方法包括：讲授法、案例教学法、实验教学法以及实践性教学等。

1. 讲授法

讲授法是最早也是最普遍的管理教育方法，作为一种单一传授式的教学方法，每个教师都有自身独特的讲课特色，因此进行中外比较的意义不大。

2. 案例教学法

案例教学法作为一种通过师生互动、团队合作来培养学生分析和解决企业实际问题能力的教学方法，已被欧美商学院普遍使用。作为一种公众高度认可的教学方法，我国高校也在积极引进案例教学法，然而在引进的同时却出现了如下问题：（1）将案例（case）等同于例子（example）；（2）学生的积极性不高，回答问题的往往是固定的几

---

① 张正堂．工商管理专业的发展定位与课程群改革［J］．黑龙江高教研究，2004（3）．

个人；（3）尽管教师已不再是课堂的操纵者，然而却没有真正起到组织者、推动者和启发者的作用。哈佛商学院作为案例教学法的鼻祖，尽管该院从建立之日起就定位于研究生教育，其在案例教学方面的经验仍值得我们借鉴。

（1）管理教育中的案例，是指运用语言和各种视听手段描述的特定管理情景，以便学生能够站在当事人的角度，对相关案例问题进行分析讨论，并提出相应的解决方案。① 因此，所选案例必须矛盾重重，将学生置于虚拟的复杂管理情境中，迫使学生用程序化思维来解决非程序化问题。为了达到此教学目的，将案例与例子区别开来，哈佛商学院大力鼓励教师编写案例，将案例视为教师重要的科研成果，并投入大量经费，目前哈佛大学商学院已收录了约 8 000 个案例（含相关教学手册、录像片等）。由于缺乏结合我国企业实际情况而编写的本土案例库，我国高校教学所引用的案例大都是国外编写的案例，教师对于案例本身的理解深度不够，终将“案例”变成了“例子”甚至只是一个有趣的“小故事”。

（2）针对学生积极性不高的问题，哈佛大学商学院建立了一套完整的“搭便车”防范机制：第一，限定小组讨论的人数为 7~8 人，缺乏准备的学生只能做“哑巴”；第二，与小组代表发言不同，采用教师直接提问，指定发言人；第三，课堂讨论的成绩占总成绩的 50%。

（3）与国内大部分教师只是引用案例解释某个问题不同，哈佛商学院的教师在案例讨论课之前，会做大量的准备。他们对案例讨论的驾驭水平可谓达到了炉火纯青的程度，每个人都称得上是出色的“演员”，他们通过一举一动、一言一行来推动、启发学生对复杂管理情境的思考，从而实现从非程序化决策到程序化决策的转变。

3. 实验教学法

由于欧美等国高校能够通过企业赞助、校友捐资及自身募捐活动来获得运营资金，因此这些高校往往具备比较雄厚的资金基础购买设备进行实验教学。目前普遍存在的教学法包括：角色扮演、博弈、计算机模拟、培训模拟等（见表 3）。

表 3　　管理培训模拟方法的特点及应用②

模拟方法	主要特点	培训应用
角色扮演	强调人际关系及心理因素交互作用	商业沟通、谈判、企业伦理、跨文化沟通、管理行为、组织决策
博弈	体现企业竞争与合作的博弈关系	战略模拟、寡头垄断竞争、市场竞争与合作、市场营销分析
计算机模拟	用计算机对管理系统进行动态仿真	库存系统、排队系统、社会经济系统模拟
培训模拟	人机结合并真实再现企业工作环境	会计模拟实验、企业生产模拟、财务决策训练

① 刘刚．哈佛商学院案例教学作用机制及其启示［J］．中国高教研究，2008（5）．

② 乔志林，万迪昉．管理培训模拟方法的辨析及应用［J］．中国人力资源开发，2004（11）．

与欧美国家相比，我国高校资金来源渠道单一，主要通过国家财政拨款，大部分高校缺乏相应的资金购买教学设备，因此诸如计算机模拟、培训模拟等需要计算机软件的实验方法在我国本科生阶段几乎没有运行的可能性，但国外的角色扮演法和博弈法是非常值得我们借鉴的。其中角色扮演法通过让学习者扮演某一特定情景下的角色来调动学生的积极性；博弈法则将参赛队员分成若干小组并成立虚拟企业，学员通过对财务、生产及市场信息的分析，作出市场、研发、采购及销售渠道建设等战略决策。这种方法为学生将大学期间所学管理知识进行整合提供了一个有效平台，尤其适合工商管理专业学生。

4. 实践性教学

作为一门应用性学科，工商管理专业非常强调理论联系实际的重要性。为更深入理解工商管理这个综合学科，国外大学往往通过与企业、校友建立密切联系为本科生提供实验、应用企业计算机软件以及在校实习等机会。

在校企合作方面，以斯坦福大学商学院为例，斯坦福的师生们通过与公司之间的互动为公司提供培训项目、撰写案例、进行科学研究等；作为回报，这些公司向斯坦福提供资金，到学校发表演讲，招聘毕业生，在学校设立科学研究基金等。① 在校友网络建立方面，以加州大学伯里克分校哈斯商学院为例，学院通过建立校友网络、创办校友会刊、评选年度校友奖、设置全职校友联络主任职位等各种措施为学院毕业生提供专业和周到的服务。② 而校友给学校的回馈之一便是为在校生提供很好的实习岗位并传授给其相应的工作经验。此外，通过校友社区的相互交流，学院可以获得最新的商业信息，而将这些更贴近现实的商业信息引入到课堂教学必然能很好地调动起学生的学习兴趣。与此同时，校友也会为商学院该如何更好发展提供反馈信息。

然而纵观我国高校，校友网络的建立几乎为空白；校企合作方面虽然有进展，但大都集中在北京、上海等一线城市，在二、三线城市很少有企业提供高校在校生固定长久的实习岗位。

三、我国工商管理专业本科层次教育改革新思路

鉴于美国商学院在全球占据着绝对垄断地位，各个国家的商学院纷纷开始模仿美国商学院③，包括历史悠久的欧洲商学院④以及日本的商学院，然而这些商学院的学习效果却不尽相同。

德国商学院主要通过引入市场机制向美国模式靠拢，可惜的是美国商学院以满足

① 吴玉强．中国商学院人才培养目标、理念和模式再探讨［J］．科技信息：科学教研，2008（11）．

② 资料来源：加州大学伯里克分校哈斯商学院官方网站 http：//www. haas. berkeley. edu/.

③ KIPPING M，USDIKEN B，PUIG N. Imitation，Tension，and Hybridization：Multiple Americanizations' of Management Education in Mediterranean Europe［J］. Journal of Management Inquiry，2004，13（2）：98~108.

④ WILLMOTT H. Managing the Academics：Commodification and Control in the Development of University Education in the U. K.［J］. Human Relations，1995，48（9）：993-1027.

“顾客”（学生）需求为目的的市场机制到了德国却出现了“水土不服”，因为美国的本科生教学培养更侧重于实践性，而德国却侧重于理论性，传统力量的过于强大最终导致转型失败。与德国不同，日本商学院学习美国模式的方法并不是靠引入哪一种机制，而是积极研究美国模式及其对应的区域背景，从而结合自身特点发展出独具自身特色的教育模式。其中，日本结合其技术立国的教育背景，设置出有别于美国“树状型”结构的“倒金字塔型”的课程结构就是一个典型的例子。

《中国管理教育报告》① 中明确指出，中国管理教育发展的参照模式是以美国为主的北美模式。中国商学院在向美国商学院工商管理教育模式取经时，一定要积极吸取、借鉴日、德等国的经验及教训，结合本土特色发展适合我国工商管理专业本科教育的培养模式，打造我国自身的差异化竞争优势。具体到工商管理专业本科层次的管理教育，要进行如下改革：

（一）重新定位培养目标

通过对工商管理专业本科层次培养目标的中外对比，我们可以发现无论是欧美还是日本，其培养目标与课程设置、本科生发展方向以及社会分工大致吻合，因此培养出来的人才能够满足国家的需要，从而可多层次推动其经济的发展。下面将结合我国具体国情、本科生发展方向及社会分工对我国高校工商管理专业本科层次培养目标进行重新定位。

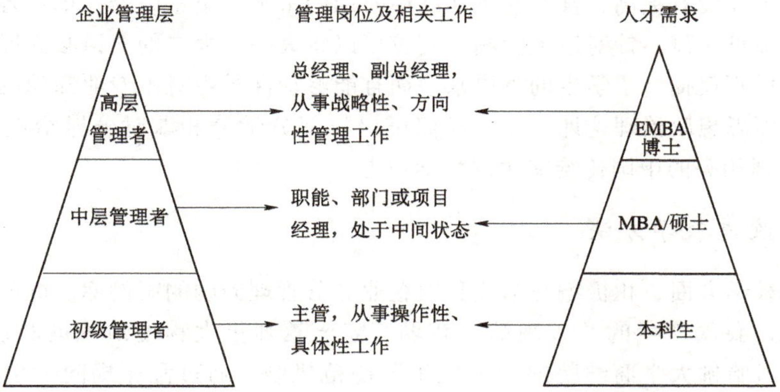

图 2　企业管理岗位需求与人才需求的对应关系

由图 2 可以看出，越高层次的管理人才所需越多的是具备先进的管理理念和方法，越低层次的管理人才则越关注对相关业务技能等具体操作的掌握。我国本科生人数持续增加，而能够继续进行硕博和 MBA 教育的学生毕竟只占少数，大部分本科毕业生的职业轨道一般为初、中级管理者。显然，若将我国工商管理专业本科层次培养目标定位为“高级专门人才”，不仅违背了长期形成的独具中国特色的社会分工体系，而且本科毕

① John Chen, Steven Wheelwright, Carin-Isabel Knoop. 中国管理教育报告［J］. 经理人，2006（6）.

业生的素质也达不到企业对现实管理岗位的实际需求标准。相比之下，把工商管理本科专业培养目标定位于中高层管理人员但偏向于中层管理者（如企业主管等）更符合企业的需要。

（二）完善课程体系设计

中外工商管理专业本科层次课程体系设计的比较研究显示，我国的课程体系设计所面临的最大问题是如何发挥出工商管理专业作为一门综合性学科所独具的专业优势。借鉴美国的“树状型”、日本的“倒金字塔型”课程结构，我国需对现阶段扭曲的“蘑菇型”课程结构进行“治疗”。

1. 针对蘑菇伞部专业课华而不实的“症状”，我们可以借鉴美国商学院的做法进行“模块化”教学配以相应的指导老师（academic advisor）并进行合理的课程组织设计。具体方法为：学校将工商管理专业细分为市场营销、人力资源管理、财务管理、物流管理、战略管理等模块，学生在大一、大二时期统一学习学科基础课程，到大三上学期，学生根据对工商管理专业的了解，结合自身兴趣特长在老师的指导下，选择其中的两个模块进行深入学习。

2. 蘑菇柄部过于单一的病因主要出在通识课程的比例分布上。我国高校由于受政府的影响，课程设置中政治、英语和计算机所占比重过高，然而高比重并不一定意味着高效果。大学英语四六级的考试成绩就“吐出”了这样一个残酷的事实：大部分学生的英语水平不仅没有提高，甚至还不如高中时期的水平；至于政治，单从各高校的出勤率方面便可窥见一斑。针对以上问题，高校可以将大一、大二的英语必修课转换成专业英语课，这样不仅提高了学生的英语水平而且能够加深学生对本专业知识的了解甚至走向国际化。而思想政治理论课方面，我们可以将部分学分和课时分摊给例如《孙子兵法》等与管理相关的中国传统文化课程学习上。

（三）改进教学方法

在案例教学方面，积极编写描述我国企业经营管理问题的案例库。此外，鉴于与欧美国家相比，我国学生的“表现欲”较弱，需要教师更大程度地推动和启发，因此，我们可以参考哈佛大学商学院的“搭便车”防范机制，通过乱序提问学生的方式“强制”学生进行案例讨论和思考。在实验教学方面，考虑到角色扮演法和博弈法能够很好地将工商管理专业的所有课程知识综合起来，高校不应仅仅将其安排在接触了大部分专业课的大三学年，在大一、大二学年同样要加大开展次数，因为尽管学生接触的专业知识很少，但这样的仿真模拟场景能够很好地调动学生的积极性，为后续学习提供动力。最后，我国高校应积极引入实践教学法，通过校企合作、建立校友网络等方式为学生提供实践机会，通过理论结合实际，提高对工商管理专业所学知识的“悟”性，同时掌握相关操作技能以满足企业需求。

参考文献

[1] 金高军，金娴．工商管理专业本科层次管理教育研究［J］．边疆经济与文化，2008（11）．

[2] 彭贺．西方管理教育的审视与借鉴［J］．管理学报，2010（8）．

[3] ANTUNES D，THOMAS H. The Competitive（Dis）Advantages of European Business Schools［J］. Long Range Planning，2007，40（3）：382~404.

[4] 姚正海．关于工商管理类本科人才培养模式的思考［J］．南京航空航天大学学报：社会科学版，2005.

[5] 资料来源：美国巴尔的摩大学官方网站 http：//www. ubalt. edu/merrick/.

[6] 资料来源：加拿大蒙特利尔大学高等商学院（HEC Montréal）官方网站 http：//www. hec. ca/en/.

[7] 韩玉志．工商管理类本科培养模式的比较研究［J］．教育发展研究，2004（12）．

[8] 张正堂．工商管理专业的发展定位与课程群改革［J］．黑龙江高教研究，2004（3）．

[9] 刘刚．哈佛商学院案例教学作用机制及其启示［J］．中国高教研究，2008（5）．

[10] 乔志林，万迪昉．管理培训模拟方法的辨析及应用［J］．中国人力资源开发，2004（11）．

[11] 吴玉强．中国商学院人才培养目标、理念和模式再探讨［J］．科技信息：科学教研．2008（11）．

[12] 资料来源：加州大学伯里克分校哈斯商学院官方网站 http：//www. haas. berkeley. edu/.

[13] KIPPING M，USDIKEN B，PUIG N. Imitation，Tension，and Hybridization：Multiple Americanizations' of Management Education in Mediterranean Europe［J］. Journal of Management Inquiry，2004，13（2）：98-108.

[14] WILLMOTT H. Managing the Academics：Commodification and Control in the Development of University Education in the U. K.［J］. Human Relations，1995，48（9）：993-1027.

[15] John Chen，Steven Wheelwright，Carin-Isabel Knoop. 中国管理教育报告［J］．经理人，2006（6）．

IT时代复合型人才培养模式研究[①]

——以对外经济贸易大学电子商务专业为例

（对外经济贸易大学信息学院）

曹淑艳　陈　进　殷国鹏　巩喜云

摘　要： 以电子商务领域人才培养为例，探讨IT技术与经济管理复合的商务人才能力培养的教学模式改革。面向我国开放型经济发展，研究建立科研与实践互动融合的教学模式与培养机制，以培养现代复合型商务人才的创新能力、实践能力以及综合问题解决能力。项目研究内容主要分为相互联系的三大方面：创新专业设置与特色系列课程建设；科研与实践互动的教学模式；开放式实践平台建设。

关键词： 复合型商务人才培养　教学模式研究　现代服务业

以信息技术与知识密集型为特征的现代服务业已经成为我国经济发展的绿色引擎。科技服务、金融服务、信息咨询、物流中介等生产性服务业已经发展成为当今现代服务业的核心和产业升级的重要推动力。产业发展使IT技术与经济管理复合型商务人才成为现代服务业发展中急需的专门人才，人才的创新精神、实践能力以及综合问题解决能力的培养被提到议事日程。高等院校的一些新兴专业——电子商务、信息管理、网络营销、物流管理等均是为现代服务业发展培养专门人才的典型专业。新兴专业的教学模式必须要进行深入研究与大胆改革，以满足我国以服务经济为主导的产业发展需求。

我校IT复合型人才培养模式改革就是顺应当前经济社会发展潮流，在信息技术广泛应用于经济、社会、生产、生活过程中而应运而生的。改革以社会对商务管理人才需求为抓手，在探索IT复合型人才培养目标的基础上，进行了专业设置创新、特色系列课程建设、开放式实践平台建设，打造了科研与实践互动的教学模式，取得了丰硕的改革成果。

一、按照复合型商务人才培养模式实施教学实践方案

按照复合型商务人才培养目标与教学模式设计实施了教学改革与实践方案，我们进

---

① 该论文由2012年北京市教学成果奖总结整理而成，是2008年北京市教学改革项目研究成果，项目组成员还有：谢怀军、黄健青、李兵等。

行的工作和取得的成果如下：

1. 创新专业设置，注重精品课程建设。随着金融机构后台业务不断被独立出去，金融服务外包的迅猛发展，以及外包服务规模的不断扩大，市场对复合型相关人才的需求量明显增加。课题组于 2010 年 1 月对电子商务专业新设金融服务外包方向做了可行性论证，在电子商务本科专业中设立“金融服务外包”方向，来促进这一新兴、交叉领域的学科建设与人才培养等工作，课程设置强调信息技术与经济管理的交叉复合，此专业方向设置会大大促进我国金融服务外包与现代金融产业的国际化发展；同时开展了精品课程建设，如《电子金融》和《电子商务》分别成为国家级、北京市级精品课程，教学效果良好。为实施互动式教学，我们对《数字经济学》、《商务智能》等课程进行了教学改革，通过学生参与实际经济建设课题、运用课程知识探索解决方案、进行课堂演示演讲等多种灵活方式，提高学生的参与度和成就感。

2. 科研与实践相融合，探索人才培养新模式。科研与实践相融合培养模式是该项目的最大特色，也是提升现代复合型商务人才竞争力的最有效手段之一。我们以任务导向学习为中心，结合学生暑期调研、教师科研项目、本科科研立项等活动，通过有效设计与教师指导，采取学科竞赛方式将技术与经济管理有机结合，进而锻炼学生的分析与研究能力。

根据教师承担的学校、北京市、各部委的课题，我们对课题进行规划，根据需要，列出学生参与的数量、技能要求等。由学院将科研需求信息通知到全体学生，同学们根据自身情况报名参加。据统计，2009 年有 260 人次报名参与，其中 120 多名同学参与到教师的 23 项科研项目当中，占我院学生总数的四分之一。2010～2011 年有近 400 名学生报名，经选拔后 200 多名学生实际参与各类项目。

在教师带动学生参与国家、部委和院级课题研究工作的同时，还实施了学生调查研究工作（调研对象为技术与知识密集型企业），学院于 2009 年暑期举行服务外包专题调研活动，十几支队伍赴全国各大服务外包城市实地调研，实践成果丰硕。同年我院举办了“金融服务外包调研竞赛”，考察分析调研成果。2010 年开展大宗商品交易市场调研，2011 年开展了战略性新兴产业调研，都取得了很好的效果。2011～2012 年先后派出 11 名学生到澳大利亚进行为期三周的实习调研。通过调研活动进一步提高了学生的学术科研能力，增进了学生对社会的认识、对专业的热爱，展现并巩固了实践成果。

为了增强跨学科专业间的交流互动，培养学生的探索精神，激发学生的学习热情，学院于 2010 年 4 月组织了“2010 年对外经济贸易大学产业经济学科竞赛”。学生调研的领域涉及移动商务、旅游电子商务、银行与证券服务、信息咨询、网络游戏服务、物流服务等多个方面，经过近半年的调研，以产业经济学科竞赛作为平台，将调研的成果进行了精彩的汇报。此次竞赛经过精心的计划和准备，涉及专业基础、跨学科热点等多个方面的知识，对培养学生全面发展具有非常重要的引导性作用。

3. 借助项目，创新开放式实践平台建设和实施。我们通过与商务部及国际电子商务中心共同建设现代服务业人才培养实验教学中心，在做好政府服务与社会服务工作的同时，充分利用这个平台，为大学的人才培养、教学科研发展服务。其特色是创新开放式实践平台建设，综合考虑政府、企业和学校的需求，创新了学生实践活动模式。

对外经济贸易大学现代服务业人才培养实验中心于 2012 年被评为“国家级高等学校实验教学示范中心”，是为现代服务业培养人才的，集教学、科研与实践教学为一体的重要基地。目前已经与 SAP 公司、IBM 公司建立大学联盟合作关系，为教师授课、学生实践提供了一系列培训课程、案例素材、实践模拟等，并提供学生充分的开放与学习时间，极大地促进学生实践活动。

中心先后与中国国际电子商务中心、银联商务、众人网络签订协议就学生实习、联合实验室建设等开展合作，从而为学生实践提供更为广阔的空间。

作为开放式实践平台的载体，我们以现代服务业人才培养实验教学中心为基础，建设包括学校、政府与企业多方合作的开放式实践平台，给学生创造了自主探索的环境和条件，累计为近千名学生提供了校内实习的机会。增强了学生的实际工作能力，提升了学生的综合素质。

4. 分享成果，服务全社会人才培养。成果第一完成人陈进教授担任 2007~2012 年教育部电子商务教学指导委员会副主任委员，分工负责电子商务实践教学改革，在全国电子商务专业建设会议上，多次就现代复合型人才培养模式做主题演讲，以电子商务教学指导委员会为平台，将本项目研究成果向全国推广。

整个项目的实施过程中，先后召开了四次复合型人才培养教学研讨会：如第一、二届中国服务外包产业发展与人才培养高峰论坛，现代服务业人才培养实验教学创新论坛、金融服务外包与学校发展教师论坛。在广州、昆山、北京等地举办的电子商务、现代服务业发展等全国性会议上演讲建设经验三次，取得了良好的社会效果。

此外参与项目的课题组成员发表教学论文七篇，推广交流经验十二次，培训人员达一千二百余名。

二、通过三个环节全方位培养学生的创新能力

1. 通过课堂教学渗透创新能力的培养。教师采用启发互动式教学方式，引导学生掌握提出问题、分析问题和解决问题的研究思路，让学生提高创新意识，掌握创新方法。同时使本科生在大学求学阶段就能将所学知识应用于实践，极大地激发学生学习的热情，提高教师教学效果。

2. 通过实践环节强化创新能力的培养。提供更多学生参与学术科研的机会，了解前沿科学技术文化信息。通过实践教学、开放实验、参与项目等多种形式的科研实践平台，支持学生的创新性实践活动，还有毕业设计、本科生科技创新平台等多种综合性实践过程，培养学生获取新知识的综合能力，为本科生创新性活动提供舞台，提高学生创新能力和综合素质。

3. 通过科技活动推动学生创新能力的培养。培养兴趣，加强教师对学生的指导。鼓励学生参加国家、部委、学校组织的多种课外科研活动、各类大学生竞赛等，同时，学院开展各种类型的研究，吸收本科生参与到教师的科研活动中，因材施教，为学生量

身制订相应的研究计划，这些支持和鼓励对于培养学生的创新能力起到了很好的催化作用。

三、通过四个时期系统培养学生的创新能力

在这一模式下，我们将把学生创新能力的培养分为新生入学时期、基础训练时期、项目参与时期、创新实践时期，这四个时期的计划依据学生的认知规律以及创新能力的培养周期而制订，具有一定的系统性和连续性。

1. 新生入学时期。通过这一时期的宣传教育，引导学生热爱本专业，激发学生参与科研工作的热情，使学生萌发浓厚的参与科研工作的兴趣，培养学生的创新精神。

2. 基础训练时期。这一时期是学生自身业务能力提高的关键时期，他们要学习扎实的基本功和专业理论知识，为进一步开展科研工作奠定良好的基础。同时，鼓励学生参与科研工作，听取高年级学生和研究生的课题汇报以及项目汇报，激发学生对于某一领域的兴趣。这一时期重在培养学生的创新意识。

3. 项目参与时期。这一时期学生在教师的帮助下，结合自身的条件，选择适合学生自己的研究领域，全面参与科研工作。这一时期充分体现教师角色，为学生选择合适的研究课题，制订合理的研究计划。教师本着循序渐进的原则，给学生选择难易适中、方向明确、要求具体的课题，采取鼓励和激励相结合的手段，激发学生主观能动性。在科研过程中，引导学生本着提出问题、分析问题、解决问题的研究思路开展科研工作，逐步培养学生的创新思维。

4. 创新实践时期。这一时期是体现学生综合素质以及综合能力的时期，应结合毕业设计、各类科技竞赛以及学校各类科研项目的申请，全面提升学生的创新能力，引导学生掌握正确的创新方法，培养学生自己分析问题解决问题的能力。这一时期，应是收获期，本科生活跃的思维结合研究生深厚的理论功底，人才分层次分布，为圆满完成科研工作奠定了基础。同时，学生经过几年的锻炼，基本上可以掌握创新方法，独立完成科研工作，为进一步走向工作岗位奠定基础。

四、学生竞赛获奖、质量工程立项、出版教材及论文成果情况

项目成果应用到现有人才培养实践过程之中，师生共同受益，成效显著。

1. 学生竞赛等工作获奖

（1）2009 年，学生组成十余个团队，参加各类学科竞赛获奖百余人，其中取得“电子商务三创赛”北京市特等奖、全国二等奖的好成绩；

（2）2010 年“挑战杯”首都高校大学生创业计划大赛，学院 7 支代表队参加北京市角逐，4 支队伍获铜奖；参加“2010 年全国大学生数学建模竞赛”，有 14 位同学分别取得了全国二等奖，北京市二等奖；2 位同学参加美国大学生数学建模竞赛获得一等奖；

(3) 2011 年，学生参加各类学科竞赛获奖 129 人，占学生总数的 28%。其中参加数学建模竞赛获奖 15 人，分别获得国家二等奖 5 人，北京市一等奖 4 人，二等奖 6 人；

(4) 学生工作获得表彰。2007～2009 年连续 3 年，学院暑期社会实践团被北京团市委、市教工委评为“暑期高校优秀社会实践团队”；2009～2011 年被评为校级“优秀实习组织奖”、“学术优秀组织奖”和“就业先进集体奖”。

2. 省部级以上质量工程建设立项全面展开

本项目实施过程中促进了学院质量工程建设立项。如表 1 所示：

表 1　质量工程立项

质量工程项目	级别	主持人
电子商务特色专业	国家级，北京市	陈进
现代服务业人才实验教学示范中心	国家级	陈进
电子金融精品课程	国家级	陈进
中国国际电子商务中心校外人才培养基地	北京市	陈进
优秀教学名师	北京市	陈进
电子商务精品课程	北京市	曹淑艳

3. 教师出版教材、发表教学论文

近年来，先后出版了《计算机应用基础》、《商务智能》、《电子金融服务》、《网络金融服务》、《电子商务应用基础》、《电子商务教程》等教材，其中《电子金融》和《数字经济学》获得北京市精品教材建设立项，《商务智能》、《计算机应用基础》、《电子商务教程》等获北京市精品教材，《电子金融》和《电子商务应用基础》获“十一五”规划教材。

此外，项目还发表了《面向国家公共信息服务的现代商务实践体系建设》、《部校合作构建现代商务实践教学体系》、《财经类院校电子商务课程体系研究与建设》、《金融服务外包人才需求及培养研究》等 7 篇教学研究论文。

五、结论

本项目成果表明，现代复合型商务人才需要采取合理的培养模式，激发学生的主观能动性，倡导他们积极参与科研、实践活动，努力提高综合素质。同时，对于大学生创新能力的培养要采用系统的培训方法、行之有效的培养模式、因材施教的培养理念，使学生获得最大的价值储备，从而为国家科技创新发展提供积极的、新鲜的源动力，为社会经济持续发展提供后备人才。

参考文献

[1] 陈进，黄健青，刘瑞林，李兵，黄浩．面向国家公共信息服务的现代商务实践体系建设［A］//刘亚．改革与探索—对外经济贸易大学本科教育教学成果集［C］．北京：对外经济贸易大学出版社，2011.

[2] 曹淑艳，殷国鹏．面向国际化的高等学校创新人才培养路径探索［A］//对外经济贸易大学信息学院．现代服务业人才培养探索与实践［C］．北京：对外经济贸易大学出版社，2013.

[3] 华迎，黄健青．基于专业建设的现代信息服务业（电子商务）人才培养模式探索［A］//对外经济贸易大学信息学院．现代服务业人才培养探索与实践［C］．北京：对外经济贸易大学出版社，2011.

信息化时代素质教育培养模式探究

——基于二三课堂校园活动创新体系建设

（对外经济贸易大学团委）

陶好飞　陈　玲

摘　要： 本文通过对外经济贸易大学的二三课堂实践，立足校园活动体系，结合具体措施，转变培养模式，提出以“菜单式”二三课堂体系为载体的素质教育创新思路，以及应用信息化手段的成效。最后，提出高校人才培养和素质教育工作结合的新思路。

关键词： 二三课堂　信息化　素质教育　人才培养

《国家中长期教育改革和发展规划纲要（2010-2020年）》指出：“坚持以人为本，全面实施素质教育是教育改革发展的战略主题，是贯彻党的教育方针的时代要求。”① 当前我国高等教育强调内涵式发展、强调不断提高人才培养质量，大学教育对于培养“人”的定位回归使得在过去一段时期内单纯重视“知识学习”的培养模式必须打破②，培养德才兼备、全面发展的完整的“人”要通过深入开展素质教育得以实现。对外经济贸易大学借助当前丰富的信息化手段，创新学生二三课堂素质培养模式，形成了多平台、操作性强、扩展空间大的新体系，为进一步增强学生素质培养的可靠性和有效性提供了实践经验。

一、问题的提出

目前高校在推进素质教育时普遍面临着评价标准唯一化、教学手段单一化的问题。③ 评价标准固化唯一，无法对学生的综合素质进行全面深入的评价；教学手段落后，已有信息化基础无法满足学生的需求。

为深入推进大学生素质教育，全国高校从多个方面开展工作，包括开展大学生素质

① 国务院2010年7月印发。

② 陈淑兰，杨家富．建立创新型人才培养模式 推进大学生素质教育［J］．情报科学，2001，19（12）：1267-1268.

③ 王伟廉．提高教育质量的关键：深化人才培养模式改革［J］．教育研究，2009（12）：30-34.

拓展活动，从思想政治与道德素养、社会实践与志愿服务、科技学术与创新创业、文体艺术与身心发展、社团活动与社会工作、技能培训等六个方面服务和促进高等学校素质教育，旨在使大学生不断提升个人综合竞争力，显示人才培养成果。例如，北京科技大学将素质拓展项目和共青团组织建设结合起来，开展包括对素质拓展活动学分化、加强素质拓展工作的信息化创新、建立多元素质拓展评价体系、规范认证流程等工作；武汉大学素质教育培养大学生为主体的开放性创新素质教育的第二课堂课程项目，完善的第二课堂项目体系和健全的网络平台系统是其最大特色；浙江大学在开展大学生素质拓展活动时，发挥在项目化管理、网络建设方面的突出优势。

但是，目前高校的素质拓展开展工作仍存在以下三个主要问题：

1. 大学生素质拓展活动尚未发挥其主要功效

大学生素质拓展活动旨在主动适应经济社会发展对人力资源开发尤其是青年人力资源开发的迫切需要，适应广大青年学生成长成才的迫切需求，更好地服务和促进高等学校素质教育的重要活动。① 但多数高校仅在校内范围孤立地推动活动开展，将素质拓展活动简单理解为校园活动，使学生素质拓展成果的最终记录仅仅成为描述性的记录文本，没有成为功能性的竞争力参考，使得素质拓展活动没有真正的接续发展动力，不能更好发挥实际功效。

2. 大学生素质拓展活动缺乏本校特色

很多高校对本校素质拓展活动进行生硬分类，忽略了本校人才培养特色。仅开展发扬学校特色的素质拓展活动会使学生专而不全，只注重基本类活动会使学生泛而不精。同时，素质拓展活动在许多高校主要由共青团组织开展，借助的主要平台也是共青团系统的已有活动，没有将学校的各个相关部门都纳入计划的支持角色行列，因此整体计划有时得不到学校其他部门的认同、支持及响应，使得活动开展在校内没有形成助推合力。

3. 素质拓展活动实施效果欠佳

大学生素质拓展活动在大部分高校推行过程中主要采用纸质模式，活动事后申报、学分事后认定成为活动开展的主要形式，所以不可避免产生部分项目随意申报、学分拼凑的情况，使得素质拓展活动流于形式，学校师生逐渐丧失实施动力。

二、对外经济贸易大学以原二三课堂体系为载体的素质教育工作面临的问题

对外经济贸易大学高度重视大学生素质教育工作，认真开展大学生素质拓展活动，旨在通过周密严谨的二三课堂活动设计，创新校园文化活动形式，优化校园文化活动质量，打造出一套适合在校学生成长需要的素质拓展计划，然而，在推进以原二三课堂体系为载体的素质教育工作时主要存在以下三方面的问题：

① 苏君阳．全面实施素质教育：高等学校的行动策略［J］．中国高等教育，2013（3）：42-44.

1. 活动体系缺乏系统的设计和管理

校园文化活动具有重要的育人功能，是二三课堂的主要活动形式和内容，丰富多彩的校园文化活动有助于高校进行良好的校园文化建设，进一步推进素质教育，促进学生的全面发展。[①] 然而，在对外经济贸易大学原二三课堂体系中，由于缺乏对校园活动的设计和管理，导致大量“重复性、同质性”的校园活动“蜂拥而入”，一时间充斥学生的业余生活，同时由于活动“数量过多、质量不高”，很多学生认真选择活动，但亲自参加后却感觉收获不大，从而对校园文化活动感到困惑与失望。在对外经济贸易大学原二三课堂体系中，校园文化活动没有经过系统地设计与筛选，失去了引导校园文化建设的功能和意义。

2. 活动评价方式无法全面评价学生

在高校素质教育体系中，应对学生在二三课堂的表现进行科学评估，并把评估成绩作为德育分的重要依据。但是，在对外经济贸易大学原二三课堂体系中，由于在校园活动供给上存在着“快餐式”、“娱乐化”、“路径依赖式”的倾向，使校园文化活动存在着过弱的人文陶冶，过强的功利导向，十分不利于对学生综合素质的评价。此外，在活动中学生追星现象明显，许多活动是为了办活动而办活动，缺乏与学科特色的结合，缺乏人文素养的培育，缺乏应有的学术品位，活动存在着“结构失衡，创新不够”的现象，即使学生大量参与这些活动，也无法有效提高其综合素质，造成培养学生综合素质方面的短板，最终导致活动设置无法对学生进行全面深入的评价。

3. 管理方式缺少新技术支持

进入信息时代后，新技术新媒体的移动应用与日俱增，与之相应的是学生对创新管理方式的需求。在管理手段上，落后繁冗的操作规则已经明显无法完成对学生参与二三课堂情况的全面管理。[②] 在对外经济贸易大学原二三课堂体系中，学校一年内会举办1 000余场次校园文化活动，然而，活动从申请到管理、举办、反馈等环节，依然采取最原始的手工操作手段，一场活动办下来，完成以上所有环节耗时耗力，即使这样也无法保证全面完成对所有活动每一环节的管理。由于缺乏对信息技术手段的有效运用，活动存在着“管理粗放，效率低下”的现象，导致活动无法进入精细化操作以及对学生的个性化培养过程的付出和产出明显不成正比。

三、对外经济贸易大学以“菜单式”二三课堂体系为载体的素质教育工作实施情况及效果

基于全面实施素质教育的背景、人的全面和谐发展和高校的人才培养方案，为解决相对落后的原二三课堂活动体系现状与日益增长的多元化和个性化的学生成长需求，对外经济贸易大学在前期调研基础上，组建专门团队构架一种集思想引导、通识教育、国

① 李华，张旭东．充分发挥第二课堂作用拓展大学生素质教育渠道［J］．高等理科教育，2004（3）：122-125.

② 魏昌东．第二课堂：以建构主义为指导的创新人才培养体系［J］．江苏高教，2010（6）：58-60.

际培养、校园文化、社团活动、实践育人、学术科研、志愿服务、就业创业、菁英成长等平台于一体的“菜单式”二三课堂教育模式并将其融入人才培养方案之中。

这里的“菜单”有两个方面的意义，一方面，对学校的“二三课堂”教育而言，它是“培养方案”；另一方面，对学生而言，它是可供选择的“节目单”。以学校“二三课堂”的教育内容设计作为研究的核心内容，进一步整合校内外教育资源，针对不同的学生设计相关的教育内容，通过“主题教育”、“文化活动”、“科研竞赛”、“技能训练”、“课外实践”等形式，将“二三课堂”教育所涉及的内容整合成四个年级学生学习的“菜单”，以补充和进一步完善学校的人才培养方案。

1.“菜单式”二三课堂体系实施情况

（1）建立开放式活动课程化平台体系

一是搭建课程框架。对外经济贸易大学“菜单式”二三课堂活动体系模拟“学科——专业——课程”的逻辑，从宏观层面，对职责范围的所有活动进行分类梳理，形成了十大活动平台体系，具体包括：强调学生政治素质的思想引导平台、完善学生知识构成的通识教育平台、强化学生国际化素养的国际培养平台、丰富学生文化生活的校园文化平台、鼓励学生自我实现的社团活动平台、引导学生理论联系实际的实践育人平台、帮助学生专业运用的学术科研平台、倡导学生服务社会的志愿服务平台、协助学生增长实干的就业创业平台、激发学生领袖潜质的菁英成长平台。每一平台下，对应3~8个数量不等的类别扩展，总计包括47个类别，每一类别下再由具体活动为支撑，总计100余个活动项目，然后对项目进行课程化设计。

二是多渠道引导。与活动系统相配合的“素质养成分类引导说明”和“素质养成分年级引导说明”对学生提出明确引导。“分类引导说明”以霍兰德职业兴趣理论为基础，针对组织领导型、学术研究型、沟通服务型、文化创新型、技术操作型、常规事务型的学生提出了二三课堂学习建议。“分年级引导说明”则将大学四年进行四年四段式划分，对学生在每个时期的活动参与重点提出建议。通过这样一个体系设计，让学生清楚地知道二三课堂“是什么”、“有什么”，为学生参与二三课堂活动提供了一个明确的行动指南。

三是开放式设计。课程体系是开放式的，在新平台体系下，学校各部门、学院、学生组织，老师、学生都可以通过账号进行课程申报。其中40%左右课程都是由学生自发组织、自主设计、自由参与，虽然部分课程参与人数不多，形成一个微课堂，但是在这种“自我创设课程”的过程中，学生都很有收获。通过这样的制度设计，对“校园文化活动是什么”进行课程化数字型的呈现。通过宣传推广，校园文化建设工作在校内教师学生中影响得到强化。

（2）建立纵横交叉式学分评价体系

一是隐性考量变显性评价。学生参与课程活动的评价标准如何设定？在对外经济贸易大学“菜单式”二三课堂体系中，对所有活动课程进行学分化评估，设立学生在课堂专业学分外的创新实践学分，纳入学校人才培养方案，成为对学生的硬性约束。使针对学生个性化成长需求的学分评价体系与十大平台课程体系呈现纵横交叉式状态。

二是合理规划学分设置。对外经济贸易大学二三课堂学分由 8 学分必修课和 2 学分选修课构成。其中必修课分为校园活动类、社会实践类、志愿服务类三大项目，选修课分为学术科研类、学生竞赛类以及学干培养类三大项目，每一类别中都有详细的学分评定体系，说明了各类学分的判定依据和评定标准，构成完整的学分考核系统。必修课重在评价学生的基本素质，引导全体学生均衡参与各类活动，学分采用主办方评价给分制。选修课重在借助公共评价手段衡量部分学生的特色发展水平，学分采用学生自主申报审核制。

三是运用“造峰填谷”的引导策略增强人才培养效度。在学分制定导向上，采取学生二三课堂培养“造峰填谷”的引导策略，加大了对学生处于短板的人文素质类、通识教育类活动的学分引导力度，强化了对学生处于相对优势地位的国际素养的学分引导力度。对学生优势做乘法，对学生“短板”做加法，加大以科研创新实践为主体的课程体系引导，提升学生的差异化和可持续发展能力。

（3）建立可操作性网络认证体系

一是加强学生培养的信息化管理。搭建“成长惠园”的 EA 平台系统，并分三条线进行了网络流程设计：对于参与学生，流程设计为学生自主选课、现场刷卡、课程评价、学分认定；对于开课组织，流程设计成提交课程、通过审核、挂网浏览、活动反馈；对于管理机构，流程设计为一级论证、二级批复、课程管理、记录服务。这些流程都可以实现线上的实时办理，形成学生“主体性、互动式”的参与。

二是增强学生自主培养体验。贴合当前学生的移动服务需求，对外经济贸易大学联合腾讯研发了专门针对这个系统的综合性微信服务平台，平台实现了课程信息查询、学分修习提醒、朋友圈比拼等功能，还可以通过专门设计的学分蛛网图及时调整选课安排。同时辅助校园信息推送、生活助手、在线派票等实用功能，进一步增强了学生的使用黏性。围绕平台系统，还构建了人人圈、微信圈、微博圈三大社交互动圈，增进学生的朋辈成长交流。

2. “菜单式”二三课堂体系取得成绩

（1）信息化网站用户黏性效果凸显

自“成长惠园”EA 网站 2012 年 10 月正式投入使用以来，多个学校职能部门和校、院级学生组织注册使用开课功能，截至 2014 年 7 月，系统总计提供 831 节有效课程，课程总报名数近 20 万人次。在网站的使用上，除了学生日常选课外，还为学生提供各类资讯及团学工作资料下载，并结合由团委牵头的如学生社会实践等重大项目的网络管理培养学生的信息化网站使用习惯。

（2）规范性经验总结教材出版

对外经济贸易大学对二三课堂系统建设总结经验编写《大学生二三课堂成长指导教程》，并由光明日报出版社正式出版，其中分为“立论篇”，主要探讨我国大学生素质教育实施背景、全国部分高校素质拓展探索实践及对外经济贸易大学调研工作报告；“平台篇”，明确提出“大学生素质养成行动框架”及“对外经济贸易大学本科生二三课堂素质养成分类、分年级引导说明”，并对十大平台内容进行详细介绍；“学分篇”

梳理介绍了具体学分规则；“网络篇”详细说明了信息化平台使用说明。

（3）辅助性功能增强使用体验

对外经济贸易大学与腾讯公司联合开发的“成长惠园微信服务平台”正式上线后，微信的绑定量与关注量达有效使用学生人数的80%以上，有效增强了学生移动式体验，可以利用微信时时查看二三课堂活动课表，进行选课、评价，微信也会为学生订制各类选课及评价提醒。同时，微信与网站的同步对接也使得学生可以通过微信查看各类新闻、公告、空余教室信息以及校内各单位的联系方式。

（4）实现了二三课堂体系建设工作的三个转变

转变一，在工作指向上，实现由过去更多地追求规模、较为粗放的活动方式到追求效果注重效益，向学生提供个性化服务的方式转变；

转变二，在主体参与上，从过去的组织方单主体活动，向组织方、学生双主体模式转变，提升学生参与积极性和兴趣度，增强活动的实际效果；

转变三，在实施效果上，使第一课堂与二三课堂之间的关系从“相互影响，物理结合”向“彼此促进，有机融合”转变，实现“知识、素质和能力”的相互转化，使人才培养的系统性更加优化。

四、全面深化以二三课堂信息化平台为载体的素质教育工作经验与思考

对外经济贸易大学“菜单式”二三课堂体系实施以来，通过使用反馈，管理团队不断优化工作流程、改进管理漏洞、积累经验，总结出以下几个方面关于未来深化以二三课堂体系为载体的素质教育工作的思考。

1. 加快信息化进程，加强网络手段支撑

当前信息技术发展潮流是信息系统扁平化，贴合学生使用需求的二三课堂移动用户端已经完全覆盖实际使用的二三课堂群体，但客户端以及载体网站的功能还有较大进步空间，因此在未来的工作中将加强网络手段支撑。

一是改变网页风格设计。采用最受学生喜欢的“轻简”风格，将原有网站风格变成高透明度、轻色块风格，增加图片框，采用当前网站流行的大图编辑模式，定期上精品新闻图片。

二是改变功能模块布局。增加“发现频道”和“贸大MOOC课堂”，形成介于校外社交网站人人网、校内社交论坛BBS之间的新型校内社交平台，通过鼓励学生分享校园点滴、转载正能量内容、定期选优置顶等方式增强学生对于新系统的使用黏性。

三是建成新型二三课堂体系窗口。建设以EA网站为核心的贸大二三课堂体系建设工作的媒体影响辐射平台，通过各类新闻和信息输出，将EA平台做成各类新旧媒体的信息大本营和中转站，并最终建设成新型二三课堂体系窗口。

2. 科学化课程结构，升级系统功能管理

一是均衡化供给活动课程。目前对外经济贸易大学二三课堂体系从内容均衡性上来

讲还有提升空间，一方面各类校园文化活动供给量仍过高，另外一方面体现学校特色的菁英成长类活动量仍较低，因此未来将进一步均衡活动课程供给。

二是放宽课程申请人范围。为更好提升学生主体性，未来将探索以学生社团以及学生学习、兴趣小组为载体的认证式课程申请模式，适当放宽课程申请人范围，增强学生研发课程、组织课程的积极性。

三是全面对接其他功能网站。对外经济贸易大学将与北京市志愿者联合会共同协作开放高校数据获取接口，将其数据直接导入 EA 平台，与学生其他素质培养学分形成完整记录。

3. 建立认证反馈系统，完善素质培养体系

根据体系的目标指向规划，学生的培养效力最终体现在向就业市场输出的二三课堂培养成绩单上，未来对外经济贸易大学将结合学生两年来成长情况，试点生成首批素质拓展认证证书。

一是按照课程框架体系，设计出两套成绩单。一套供每学年学生留档使用，详细记录学生二三课堂活动参与情况及质量；一套将匹配学生的课堂成绩单，按照“思想引导与道德素养”、“社会实践与志愿服务”、“学术科研与就业创业”、“文体艺术与社团活动”、“通识教育与国际视野”、“学生工作与菁英培养”六个方面对学生最终修习课程、获得学分予以充分反映，形成具有学校权威效力的素质拓展认证证书。

二是建立用人单位反馈体系，增强社会认同。素质拓展认证证书将是二三课堂培育效果的重要展示方式，二三课堂的最终目标是形成与一课堂成绩单相互呼应的学生成才记录。届时将通过对系统网站信息抓取功能和认证打印流程的优化工作，对学生素质拓展成绩试点认证，并交与相关就业单位征求反馈意见，修改形成最终的素质拓展认证证书。

4. 完成首份评估报告，全面深化研究成果

对外经济贸易大学将于“菜单式”二三课堂体系投入使用两年时，依据系统中学生培养数据，形成首份《二三课堂人才培养质量评估报告》。

一是全面分析课程情况、学生参与情况。报告中，将通过对已有课程的开课情况、学生参与情况、学生针对课程的反馈内容、学生日常其他反馈情况的分析，全面梳理课程供给趋势、学生的喜好倾向，探索发掘不同类型课程与学生类型的内在关联等问题。

二是构建学生能力素质模型、人才培养模型。通过对课程表象情况的梳理以及对学生成长的数据分析，尝试构建针对不同专业大类、不同性别的对外经济贸易大学学生能力素质模型。

三是有效评估学校二三课堂人才培养质量。在数据分析和模型基础上，有效评估新的二三课堂环境下学校的人才培养质量，用以向学校人才培养提供系统化依据。

混合式学习理念下信息技术类课程教学实践

——以《数据库系统》为例[①]

（对外经济贸易大学信息学院）

黄健青　刘瑞林　于芳芳　李降龙　滕　凌

摘　要：混合式学习是一种从企业界扩展到教育界的理论观点，近年来在网络技术不断发展应用中得到了广泛关注。本文首先分析了信息技术类课程目前教学现状及存在的问题，提出应有效推进教学与信息技术双向深度融合。之后介绍了基于混合学习理论开发的“实验课程学习资源开放交流平台”，该平台实现了学习资源、内容、方式和环境的四大混合。最后文章描述了综合利用教学方案设计及教学平台完成《数据库系统》课程教学的实践过程。

关键词：混合学习　信息技术　实验课

一、引言

2010年，我国发布《国家中长期教育改革和发展规划纲要（2010-2020年）》，明确提出“信息技术对教育发展具有革命性影响，必须予以高度重视。”教育部于2012年3月发布了《教育信息化十年发展规划（2011-2020年）》，确立了教育信息化带动教育现代化的我国教育事业发展的战略选择。

一个显而易见的现象是，随着网络及多媒体技术的蓬勃发展，学习内容多元化的呈现方式正日益为学习者提供丰富多彩的教学环境，人们的学习方式和获取知识的途径变得多样化。以信息技术和网络为基础，一个全新的学习环境正在兴起，这种变化将对高校人才培养模式带来巨大的影响。如何合理利用网络上大量的综合性教学资源，同时通过计算机网络方式实施教学活动和创新教学模式，已成为高校教育工作者都应当关注并投入精力加以应用的关键。

---

① 基金支持：2013年北京市高校教改课题“财经类院校信息交互式人才培养模式探索与实践”，对外经贸大学2011年实验教学课题“信息学院实验课程学习资源开放交流平台”。

二、混合式学习

“混合学习”（Blended Learning）这一词汇最早出现在企业培训领域，企业在应用 E-Learning 进行培训的实践中，形成的一种课堂教学、分组讨论、专题研讨及网上远程教学相结合的培训方式。20 世纪 90 年代开始，这种灵活、有效的学习模式开始应用于教育领域，专家学者也对“混合学习”从不同角度给出了定义。

Singh&Reed（2001）认为，混合学习是多种学习方式的结合，具体可以包括在线学习和传统面对面教学的结合、自主学习和协作学习的结合、结构化和非结构化学习的结合、定制内容和非定制内容的混合，以及工作和学习的混合等。Driscoll（2002）较为全面地阐释了混合学习的特点：混合学习模式是一种基于网页的各种技术的结合，是基于各种学习理论的教学方法的结合，是多种教学技术和教师主导的面对面教学的结合，也是教学技术和学生各种学习任务的结合。何克抗（2004）教授认为：“所谓 Blending Learning 就是要把传统学习方式的优势和 E-Learning（即数字化或网络化学习）的优势结合起来，也就是说，既要发挥教师引导、启发、监控教学过程的主导作用，又要充分体现学生作为学习过程主体的主动性、积极性与创造性。”

可见，混合学习理论的核心是在“适当的”时间为“适当的”人采用“适当的”学习技术和为适应“适当的”学习风格而传递“适当的”技能来优化与学习目标对应的学业成就。它实现了各种学习方式、学习内容、学习策略、学习模式、学习媒体、学习资源、学习活动和学习环境的混合。满足了不同学生的学习风格和学习需求，使学习成本和学习效果达到最优化（黄荣怀等 2009）。

三、信息技术类课程教学现状

首先，从教学对象看，目前进入高校的学生大多在很小的时候就开始接触互联网，对网络环境及应用十分熟悉，网络世界对学生思维方式、行为模式、价值取向等产生了深远的影响。网站、QQ 群、社区论坛、微信等新交流渠道占据了学生大量的时间，互联网也已成为学生求解问题的首选渠道。

其次，从教学模式和教学组织来看，绝大多数课堂教学还是采用传统的满堂讲、满堂灌的授课方法，教学模式僵化。尽管“以学生为中心”的口号已提出多年，但并没有得到真正落实，单纯知识灌输使得学生无法获得知识的情景化、社会化应用能力，教学模式的创新和实践远远落后于实际需求。

第三，从信息技术应用程度看，虽然“信息技术与课程整合”的提法已有十多年，但大多数的应用仍在课堂多媒体课件和互联网资料收集等初级应用阶段。即使是信息技术类课程，除了比其他类课程多了实验室授课环境，让学生跟着老师进行操作之外，真正地将现代信息技术充分应用于教学活动、实现教学模式的变革还远远没有达到。

可见，有效推进教学与信息技术双向深度融合，真正实现“以学生为中心”的教学改革，是提升教育信息化水平，提高教学质量，创新人才培养模式的关键。

四、“实验课程学习资源开放交流平台”下的混合学习

信息技术类课程不同于一般知识传授型课程，具有专业性、系统性、探究性和实践性等特点。从理论上看，知识的专业性和抽象性较强，需要学生辨识理论知识中概念的相似性和关联性。从实践上看，信息技术类课程通常需要学生更多地操作和亲身体验，掌握信息技术技能，形成信息技术相关思想与方法，才能理解和掌握并将理论知识应用于实践。信息技术类课程的特点决定了培养学生应用信息技术解决实际问题的能力是课程的重要目标。学生应通过系列课程的学习，在大学四年中，有步骤地培养对各类信息资源的采集、处理、存储、管理、使用及展现等综合能力。然而，虽然在教学中教师较多地采用任务驱动法、小组合作学习法等教学方法，但学生获取信息渠道相对单一、主动性发挥不充分、整体学习目标不明确以及教学设计上只见树木、不见森林的现象依然十分突出，为此，基于混合学习的理论基础，我们设计开发了“实验课程学习资源开放交流平台”（图 1），从四个方面实现混合学习的目标：

图 1　“实验课程学习资源开放交流平台”首页

（1）学习资源的混合。按照建构主义的学习观，学习不是由教师把知识简单地传递给学生，而是由学生自己建构知识的过程。学生不是简单被动地接收信息，而是主动地建构知识的意义，这种建构是无法由他人来代替的。因此，提供给学生多种来源的与课程相关的资源，让学生据此构建自己的知识体系是平台建设的首要目标。在“实验课程学习资源开放交流平台”上构建的资源主要包括：网上资源、教师电子教案、校园网资源、专业课程体系介绍、往届学生课程设计文档资源等，形成了立体化的综合资源库。其中，往届学生课程设计文档（包括程序代码、典型案例等）能较好地通过该平台提供给低年级同学或其他同学在相关课程学习中使用，延续其生命力，在教师教学、学生自学过程中继续完善，对学生的学习效果起到积极的促进作用。通过分享平台中的各类学习资源，方便学生在学习过程中解决遇到的各类问题，构建课程的知识体系和应用经验，实现知识的纵向交流。

（2）学习内容的混合。“实验课程学习资源开放交流平台”的设计目标是将培养方案中所有实验类课程，即实验为主的课程或课程中相对独立的实验环节纳入，包含每门课程的实验内容等，使学生能较好地形成专业实验的整体框架体系，并且在学习过程

中，能相互借鉴、比较，培养综合运用所学知识解决实际问题的能力，实现知识的横向交流。

（3）学习方式的混合。信息技术类课程的特点决定了教师的教学方法也需要更加灵活多样，除部分基本理论仍可采用面对面课堂传授的方法外，基于任务的教学组织、课后小组讨论、个人意见发布等交互式的学习十分重要。平台设计中考虑了在线学习方式的多样性，提供技术问答、技术分享、个人博客等多种利用网络进行交互学习的方式。

（4）学习环境的混合。学习是教学相长的过程，平台设计的目标是将信息技术相关实验课程的教师和学生都纳入到相对集中的环境，同时通过管理员设置、管理栏目设置和会员设置，实现老师负责课程相对独立，又能和其他课程互动的较为灵活的运行模式。此外，平台设计了实验课程体系图（图 2），使学生对大学四年的整体实验架构有清晰的理解。

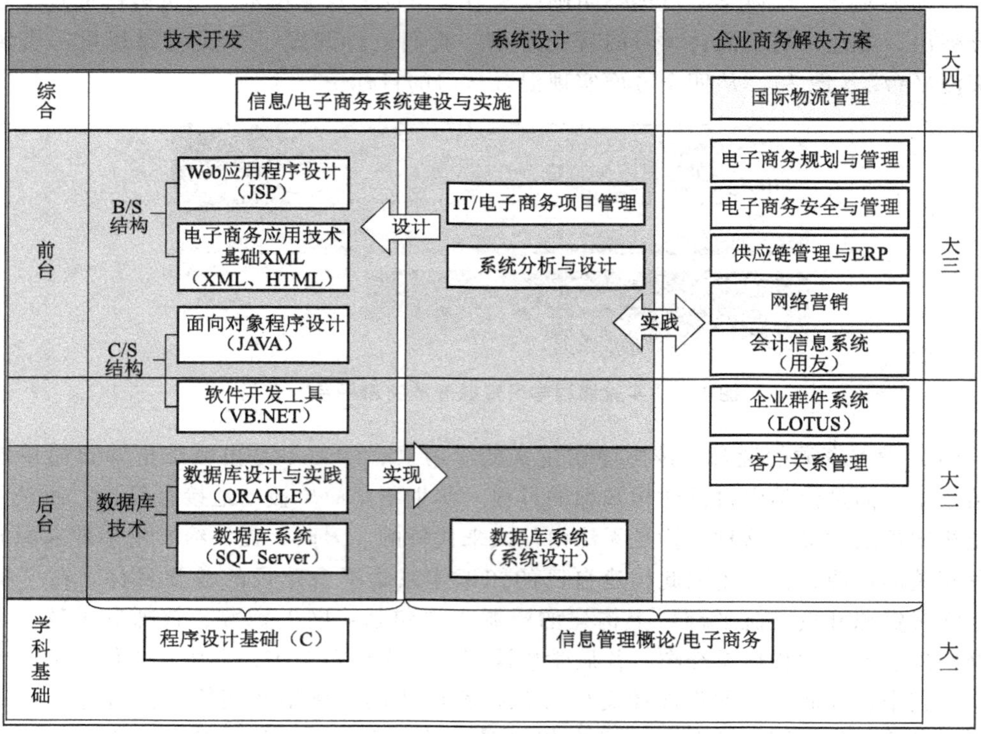

图 2　实验课程体系图

五、《数据库系统》课程的教学实践

《数据库系统》是信息类专业的核心课程，其教学目标是让学生了解计算机数据管理技术发展及数据库系统的基本理论、核心思想、开发设计和实现的全过程。和其他信息技术类课程类似，一方面，需要学生掌握所学内容的基本理论和基本方法，了解课程在专业知识结构体系中的地位和作用，另一方面，通过完整的教学过程，学会将其作为今后解决实际应用问题的方法和工具。在实际教学实践中，教学组通过将网络教学平台与课堂教学相结合，将混合学习思想贯穿整个教学过程，让学生在具体应用中体会信息技术的理念和方法，同时变被动学习为主动探索，使学生在掌握知识的同时培养和提高信息技术应用能力、知识总结与反思能力、表达能力和协作能力，取得了良好的教学效果。

根据《数据库系统》课程的教学目标，教学组设计了 4 大教学内容及相应的教学方式：

（1）专业理论。专业理论的学习主要通过教师课堂讲授完成，这个环节重在培养学生的全局观和系统观，强调课程各知识点的特点及内在联系，同时尽可能与其他课程比较关联，使学生在把握本课程知识的同时，也能够联系相关课程，形成一个完整的专业知识体系。图 2 实验课程体系图即通过大学四年实验课程体系的关联，让学生一目了然。

（2）应用系统。本环节主要采取自主性学习的方法。教师通过提供安装在学校、学院服务器上的有效资源，从课程开始阶段有意识地培养学生利用互联网获取所需的专业知识和解决问题的能力，同时，不断发现和交流学生在系统安装和使用过程中的问题，让技术程度较好的同学及时总结，与大家分享，这其中还包括往届学生的经验，使得学生尽早形成良好的自主学习习惯。

（3）实验环节。这个环节的任务相对独立，涉及知识点较集中，采取的主要方法是将学习内容融入研究性学习的过程中，将需要学生完成的实验和研究问题结合，启发学生利用所学知识尝试分析和解决问题，并通过系统加以验证，让学生充分体会学习、思考的乐趣和成就感。实验环节设计上遵循由浅入深，由单一到综合的原则，注意设计一些实验预习项目，采取随堂抽查或讨论的方式检查，最后在课堂上讲解关键要点。本环节还将课程设计中可能遇到的问题提前拆分，为最后分组课程设计打好基础。

（4）课程设计。本环节通过将学生分组，完成一个完整的数据库系统设计任务，是实现协作性学习和自主性学习的重要方法。首先，将全体学生分组，以问题为导向，完成既定目标的任务，实现协作性学习。选题方面充分尊重学生的意愿，定位在学生可以感知的水平上，最大限度地提高学习者学习的效率。在完成任务过程中，一方面每位学习者构造自己的知识库，另一方面，通过与其他学习者的交流，培养合作精神。其次，学生小组都会有不同分工，利用“实验课程学习资源开放交流平台”构建的交流环境和共享资源，可以建立自主学习模式，即学生按照自己的方式不断完成各种目标和任务，在此过程中，教师的指导交流及学生的互助分享十分重要，有利于培养学生的创新能力和综合素质。

六、结语

通过精心设计课堂教学环节，有效地提高了学生参与学习、构建知识、培养能力的主动性和积极性，而基于混合学习理念开发的“实验课程学习资源开放交流平台”，则实现了传统课堂在网络方式下的课后延伸。大学教育中，自主探究和协作式教学模式能很好地培养学生分析问题和解决问题的能力，激发学生的创新意识，使学生获得综合素质和能力的提升。

按照专家学者的观点，从形式上看，混合学习是在线学习和面对面学习的混合；从更深层次来说，包括基于各种理论的教学模式的混合、教师主导活动和学生主体参与的混合、各种网络工具技术和教学媒体的混合、课本教材和网上资源的混合、课堂讲授和虚拟教室的混合等。可见，混合学习的目的就是将各种教学方法和资源有机整合，优势互补，达到最佳的学习效果。“实验课程学习资源开放交流平台”的开发正是基于混合学习理论的一种尝试，目前正在实际应用中，希望为教育界同行提供参考借鉴。

参考文献

[1] 何克抗．从 Blending Learning 看教育技术理论的新发展 [J]．电化教育研究，2004 (3).

[2] 黄荣怀，马丁，郑兰琴，张海森．混合式学习的课程设计理论 [J]．电化教育研究，2009 (1)：9-14.

[3] 李克东，赵建华．混合学习的理论原理与应用模式 [J]．电化教育研究，2004 (7)：1-6.

[4] Singh, H. & Reed, C. A White Paper: Achieving Success with Blended Learning [DB/OL]. http://www.centra.com/download/whitepapers/blendedlearing.pdf, 2001.

[5] Valiathanp. BlendedLearningModels [DB/OL]. http://www.learningeireuits.org/2002/augZOOZ/valiathan.html. 2002.

[6] 胡志金，论混合学习设计的适配原则和定位策略 [J]．中国远程教育，2009 (3)：36-40.

[7] 韦云凯，马立香，杨宁，彭美娥．信息技术类课程教学法综合探讨．实验科学与技术，2012.

金融实验室建设思路探析①

（对外经济贸易大学国际经济贸易学院）

许亦平

摘　要：本文总结了文献中各高校金融实验室的主要模式和存在的问题，提出了金融实验室的建设应以培养学生的数据处理能力为核心目标的建设思想，并从培养方案、金融实验室的配置、教学的安排、教师的激励几个方面来讨论金融实验室的实施路径。

关键词：金融实验室　大数据

一、引言

近年来，国内各财经院校正在逐步认识到金融实验教学活动在金融专业教育中的重要地位，都开始重视金融实验室建设并积极探索试行新的金融实验教学模式，在金融实验室建设上投入了大量的人力、物力、财力，金融实验室建设取得了长足的发展，这在文献中可见一斑：

元如林（2011）阐述了智慧金融的理念和上海金融学院金融实验室的建设情况，吴文忠（2004）、林伟君（2007）和许桂芳（2008）介绍了广东金融学院金融实验室的建设情况，周艳丽和王秀丽（2008）通过对上海财经大学、上海交通大学、北京理工大学、北京工商大学金融实验室的调研，阐述了内蒙古工业大学金融实验室的建设思想，杨宜与赵睿（2005）从人才培养定位、实践课程体系与金融实验室的设置三个方面介绍了北京联合大学建设金融实验室的经验，叶志强（2012）介绍了华东理工大学金融实验室的设计方案，向东（2010）介绍了重庆大学金融实验室的建设经验，施慧洪（2008）通过总结首都经济贸易大学金融实验室运作的经验，给出了金融实验室建设的建议，刘大鹏（2011）则深入分析了金融实验室教学存在的问题与改进建议，柴红和杨林娟（2013）、杨林和颜金林（2006）等分析了金融实验室教学的现状并提出改革的实施路径。

我校正在筹建金融实验室，本文的目的旨在利用后发优势，总结国内各院校金融实验室发展的经验，发现金融实验室使用中的问题，寻找解决的方案，抛砖引玉，共同探讨金融实验室的建设思路。

---

①　本文受对外经济贸易大学研究生教学研究项目资助，项目号 X13005。

二、金融实验室的一般模式

一般来说，国内金融实验室主要由以下几个模块构成：

（1）数据服务平台。金融市场数据主要包括 Bloomberg、Wind、路透所提供的证券市场、期货市场和外汇等市场的即时信息和历史数据；研究型金融数据库包括国内的 CCER Sinofin 数据库、CSMAR 数据库、锐思数据库以及国际上通用的 CRSP 和 Datastream 等。

（2）金融模拟教学平台。主要是通过购买市场上已有的模拟金融实务操作软件，比如智盛信贷业务及风险管理系统、钱龙高校金融教学系统、大智慧高校金融教学系统、智盛商业银行综合业务模拟系统、东方迪格商业银行综合业务系统、锐思教学辅助软件、安硕商业银行实验平台以及国泰安金融实验室教学系统等等。

（3）金融建模分析平台。一般装有 Matlab、Eviews、SAS、SPSS 等软件，可以进行金融实证分析；有些大学还装有结构方程建模软件 Lisrel、Agent，仿真软件 Swarm 等。

国外大学的金融实验室以密歇根大学的金融工程实验室为例，主要由数据服务平台 Compustat 和 Bloomberg，以及金融建模分析平台 Factset 构成，没有金融模拟教学平台，但 Factset 中包含交易策略的回测功能。另外标普的 Clarifi 系统也是一个比较成熟的金融建模平台。

从功能上说，数据服务平台和金融建模分析平台是金融实验室的基本要求，而金融模拟教学平台则更多地取决于某些金融实训的需要或教学管理的需要，比如作业系统、课堂教学系统等。

三、金融实验室使用中存在的问题

从这些文献中我们可以看出当前各高校金融实验室在使用中主要发现了以下几个问题：

第一，金融实验室的投入很大，但是实验室的利用效率不高，学生对金融实验教学课的反应有时并不积极。金融实验教学是一个具有实践意义的课程，金融实验课的教学，可以补充和巩固课堂理论教学的不足，增强学生对金融实际业务的感性认识，提高学生的实际业务动手操作能力。因此按道理应该可以更生动、更具有趣味性，然而，现实的反差是很多学生认为金融实验课教法僵化、刻板，缺少弹性。在有些金融实验教学中，只是给学生一本金融软件配套的金融实验教材，要求学生在教师的指导下，对里面的金融业务进行相应处理，基本上是填鸭式教学。

第二，缺乏拓展思维训练。目前开设的实验类型以验证型实验为主，而应用型、设计型实验较少。例如，“银行模拟实验”和“证券模拟实验”都是验证型实验，实际上是一种操作训练。尽管这种操作训练对于学生来说也是重要的，但是，这些软件更新的速度往往滞后于金融业务的发展，造成模拟与实务的脱节。此外，许多高校实验软件都是从软件开发公司购置的，并不是开源系统。由于这些制式软件只能解决某几类固定的问题，这种机械式的操作很难激发学生的学习兴趣。

第三，实验课程开设得较少，结构不太合理。各高校的金融实验教学主要集中在模拟股票交易和行情分析、模拟外汇交易、模拟商业银行业务等少数课程上，金融工程、数量化交易、风险控制等方面的实验课程开设得较少。

第四，金融实验教学课程地位还处在从属的阶段。目前金融实验课程依附于理论教学，实践仅限于验证理论，或作为巩固理论概念的手段，在教学大纲中实验类课程往往不是核心课，学分所占比例也比较少。

第五，教师参与的积极性不高。这主要是因为实验类的作业，通常需要教师投入大量的时间进行准备和点评。而教师的付出在职称或工作量的考评上并没有特别的体现。

四、建设金融实验室的思路

金融实验室基本上应具备三个方面的功能：

首先，满足教学的需要。教学分为本、硕、博三个层次。对我校来说本科和硕士（包括科硕和专硕）的招生规模要远远大于博士生，因此在教学上首先要满足他们的需要。

其次，满足研究的需要。这里包括学生和教师两个方面。虽然教师的人数要少于学生的人数，但是教师处于金融研究的前沿，而且在研究过程中会有很多学生参与，这是培养学生的创造性和动手能力最有效的手段，因此金融实验室应尽量满足教师科研的需要。

最后，在条件成熟时满足金融机构实训的需要，服务于员工培训和 EDP 项目，这样可以更好地服务于本硕的教学。由于这对软硬件的要求比较高，因此较好的方法是寻找战略合作方。

因此，上一节中所列举的种种问题，要想解决并不是单纯讨论金融实验室本身就可以的，而应该综合考虑学生的培养方案以及相应的教师激励措施。我们需要考虑，金融专业的培养方案本身想要培养学生具备什么样的能力，还有哪些能力的培养需要使用金融实验室，而哪些并不需要；还要考虑如何调动教师的积极性，鼓励教师利用金融实验室进行科研，开设金融实验类课程，或在教学中设计需要使用金融实验室的作业。

对于金融专业的学生，一般来说毕业后会选择就业，但也有人会选择在国内、国外深造甚至转专业。因此本科的培养应该着眼于培养学生的职业能力同时要“厚基础广出口”，为学生未来的发展打下良好的基础。

从金融本身来看，工作职位分为前台、中台和后台，前台是金融机构的创收部门，主要有金融产品部、交易部、销售部、咨询部、投行部、研究部等，而后台部门是为前台服务的，主要包括数据中心、清算中心、技术保障部、行政、人力资源等，而中台则是连接前台和后台的部门，主要由风险控制部和财务部门构成。

这些部门的工作所要求的技能不尽相同，其中有些技能并不是通过大学金融专业的教育所能够获得的，比如说金融产品的销售技能以及和客户的沟通能力。大学教育能够给予学生的是认识、分析、解决问题的方法论以及与此相关的技能。

方法论主要是通过金融的专业课程予以解决，而根据方法论实施的技能则是金融实验室能够彰显其作用的地方。

从笔者的从教经验来看，总的感觉是我们自己培养的学生最弱的一个技能是数据处理能力。他们中的很多人有不错的理论分析能力、文献检索能力，但是在数据处理上往往只会“push button”，也就是只会使用软件上已提供的分析工具，不能够根据理论模型制定算法，并通过编程实现算法。这大大限制了学生解决问题的能力。比如在数量金融的教学中，其中一项作业是让学生根据课堂上给出的对冲的策略，用实际的数据去验证对冲的效果，结果班上的学生大多数都不知道如何通过编程去完成这个作业；有一次在指导学生的论文时，需要比对多维数据的条件相关系数，如果能够写程序，很快就可以完成，但是学生用手工的办法去做，费时费力效果还不好；在一个横向项目中，需要助研分析委托公司的业务发展情况，面对上百个分支机构提供的报表，助研用手工做了很久也没有得出什么结果。

数据的处理需要三个方面的能力：第一是数据整理，包括收集、清理、标准化、储存和管理；第二是数据理解，也就是说在进行分析之前，需要了解你的数据的本质和特征；第三是数据分析，从数据中提炼出有意义的可以作为决策依据使用的信息。具备这些能力可以大大提升学生的市场竞争力。

因此金融实验室的核心建设目标就是提升学生的数据处理能力，特别是提升学生大数据的处理能力。

五、建设金融实验室的实施路径

下面本文将从培养方案、金融实验室的配置、教学的安排、教师的激励几个方面来讨论金融实验室的实施路径。

第一，在培养方案中应强化金融专业学生的信息技术能力，C++程序设计、数据结构、面向对象程序设计、数据库系统、数据仓库与数据挖掘、计算机网络这些课程应作为通识课来安排，为学生打下良好的信息技术基础。不论学生未来的选择如何，都会受益终身。同时在拓展课中加入 Python 和 Hadoop 程序设计，Python 是一种胶合语言，有非常强大的应用库，可以大大简化不同域的数据整理的难度，而 Hadoop 则是专门用来处理大数据的软件，特别适合结构复杂数据的处理，而且它可以把高级投资策略模型和数据库引擎整合到一起，是华尔街投行中非常常用的一种语言。

第二，金融实验室的配置。金融实验室的配置首先是要满足培养方案中所加入的信息技术类课程教学的需要，由于这些课程通常需要上机操作，金融实验室的硬件设置应首先保障金融专业的学生不会因为缺少机位而无法选修上述课程。

在当代个人计算机非常普及的情况下，金融实验室应配备大型计算机系统，用以处理个人计算机难以处理的大型计算问题或大数据问题。金融中的很多分析对计算速度的要求很高。稍微接近于实际问题的数据处理都需要使用大型计算机，比如多资产障碍期权的定价与对冲、高维的蒙特卡洛模拟、高频数据的交易策略等。有些学生为了完成作业或研究不得不到北大、清华去跑程序。

金融实验室的重点配备应该是数据库系统。比如前文提到的那些数据库系统，国际化视野是我校的特色，金融实验室应该和图书馆整合资源，不仅能提供国内的金融数据，也要能提供国际金融市场的数据。金融学生在金融实验室主要提升四个方面的能力：交易策略的设计与验证、金融产品的设计与验证、风险管理技术与实证、金融学术研究。为了实现这些目标，金融实验室的数据库系统应该能够提供方便的，可编程的数据提取接口。

这里需要注意的是金融即时信息并不是金融实验室所必须具备的，这是因为金融实验室中并不进行实盘交易。实验室中可以安装一些市场上免费的股票交易软件以及免费的虚拟账户模拟交易软件，让学生体验一下金融市场交易的感觉。

金融实验室没有必要配置市场上的金融实验室教学软件以及金融机构的业务模拟软件，一方面因为这些软件往往缺乏弹性，不利于学生主观能动性的发挥，从以往的经验看这些软件的使用效果并不好；另一方面，现在金融机构的业务变化很快而且使用的系统不尽相同，业务模拟软件的更新往往跟不上业内的变化。一个比较好的做法是将来为金融实验室找一些金融机构作为战略合作者，为这些机构的员工提供实训，从而引入相应的业务软件和实际接轨。

第三，教学的安排。首先在教学管理方式上要鼓励教师在高年级的学生中采用 Term Project 方式结课的评分要求。Term Project 是充分发挥金融实验室的作用，激发学生创造性和培养动手能力的一个非常好的方式，但是现在的管理规定不尽合理，使得本科课程中采用 Term Project 方式的比例越来越少了。其次对于需要上机的课程应该配备助教，辅导学生上机，助教的报酬应高于先行标准。最后金融实验室的使用上应有弹性，除了上课时间，还应安排另外的上机时间用来完成作业或研究。

第四，教师的激励。安排专项的教改基金，鼓励老师充分利用金融实验室的资源设计相应的 Project，对老师在科研上需要使用金融实验室的要求应该尽量满足。

六、愿景

随着利率市场化、汇率形成机制改革、资本账户开放的迅速推进以及互联网金融的兴起，我国的金融行业正在快速与国际接轨，金融实验室的作用日渐凸显，希望金融实验室的建设能够与培养方案的改革、教育技术与方法的创新形成良性的互动，培养出高素质的金融人才。

参考文献

[1] 许桂芳．构建新型金融实验室，促进金融创新人才培养 [J]．实验科学与技术，2008，6 (1)：138-140.

[2] 周艳明，王秀丽．高校金融专业实验室筹建初探 [J]．实验科学与技术，2008，6 (1)：135-137.

[3] 施慧洪．金融实验室建设的学术性思考 [J]．现代教育技术，2008，18 (2)：125-128.

[4] 郭文旌．金融衍生证券仿真实验建设初探 [J]．实验科学与技术，2009，7 (6)：64-66.

[5] 向东．前瞻性开放金融实验室的建设实践 [J]．实验科学与技术，2010，8 (4)：161-164.

[6] 叶志强．2012，建设金融实验室，提高本科金融实践教学效果．课程教育研究，2012.

[7] 刘大鹏．金融实验室教学存在的问题与改进建议．经济师，2011 (2)：139-140.

精算与风险管理切片式教学的构想①

（对外经济贸易大学保险学院）

谢远涛　孙立娟　陈　茵　蔡学燕

摘　要：世界在变，带给精算与风险管理前所未有的学科领域和知识体系，给教学带来巨大的挑战，本文结合真实世界对精算与风险管理提出的要求，讨论精算与风险管理切片式教学的构想，给出切片式结构思维导图，并结合当前教学总结结论和不足。

关键词：切片式教学　风险管理　教学模块　黑天鹅　龙王

一、引言

风险与保险的复杂性给精算与风险管理教学提出很高的挑战，面对繁杂的知识体系，我们需要使用其他教学模式来理清知识结构，本文主要讨论切片式教学模式。

（一）背景

马航 MH370 牵动了全世界人民的神经，也将风险管理推到一个新的高度。飞机机身和责任险主承保为安联公司，机身险 1 亿美元，责任险最高限额 17.5 亿美元。事故后中保协迅速组织排查，估计超过 170 人次的乘客购买了商业保险，预估赔款限额为 544 万元。另外，按照《蒙特利尔公约》，无论是否恐怖袭击，即使乘客没有购买任何商业保险，按照规定，承运人必须对旅客的人身伤亡承担赔偿 11.3 万的特别提款权（约合人民币 120 万元）。AIG、劳合社、辛迪加、ACE 等公司均有分入。中再集团下再行分保，最后国内保险公司都不同程度受到影响。

作为经营风险的特殊专业，保险学对于量化风险管理（McNeil，Frey 和 Embrechts，2005）提出了更高的要求。随着经济社会的发展，风险越来越极端，风险测定的时间间隔越来越短（Kaas，2008），经营相对稳定性越来越差，标的资产越来越丰富多样，精算定价越来越困难，巨额损失可能性越来越高（例如重大疾病、

① 基金资助：本文获得对外经济贸易大学本科教学实验研究课题《教学实习与创新人才培养实证研究》（项目号：X13512）的资助；为对外经济贸易大学本科教学实验研究课题《本科毕业论文（设计）质量控制与管理研究》（项目号：X12514）、研究生教学研究项目《数学优化方法》（X14134）的资助项目阶段成果。

农业险、地震险），对量化风险管理提出越来越高的要求。从精算的角度来做量化风险管理（Klugman，Panjer 和 Willmot，2008），还要覆盖更多的内容，包括财务分析、保费厘定、责任准备金评估、数据的搜集与整理、核保与理赔分析、再保险安排、提供精算报告、新险种的开发与设计、保险公司的经营业绩评价等等（孟生旺和刘乐平，2007）。因此，精算与风险管理专业的教学任务越来越多，涉猎面越来越广，给教学带来巨大的挑战。

（二）切片式教学现状

切片式教学是一种正在兴起的教学模式，目的是将教学内容按照一定的知识规律分解为若干个片段，对各个知识片段进行精细化教学和研讨，实现学生对教学内容的深刻理解和感悟。切片式教学对教师的知识学养和教学能力有较高的要求，适合于研究性教学模式。这种精细的教学形式有利于教师进行集体合作教学，促进教师教学水准的共同提升。

国内一些教学实体已经引入切片式教学模式，例如新东方中学英语教学，将中学英语的知识点分成了几个清晰的切片，每个切片内的知识点再配上百试不爽的解题技巧。新东方英语的这种教学技巧在实战考试中得到了充分运用，学员分数的大幅提升充分证实了切片式教学的效果。切片式教学过程简单，结果有效，有利于学生对于课程体系的理解。

二、精算与风险管理知识体系

人们的意识形态中，天鹅都是白的，但是进入澳洲后，人们才意识到有一种天鹅是黑天鹅。Nassim Nicholas Taleb（2007）所著的《黑天鹅》一书，从人类的认知、思维方式、哲学思考，以及数学工具等方面探讨了意料之外的极端事件，即“黑天鹅”。马航 MH370 是一起“黑天鹅事件”。“黑天鹅”不一定罕见，但往往是意料之外的事件（Taylor 和 Williams，2008）。

（一）归纳法的陷阱

因为“潘多拉魔盒”（Pandora's Box）里面还有希望，人们总是忍不住进行预测。人类常用归纳法，通过对过去的观察总结而发现规律，预测未来，却无法洞察事物内在的真正规律。

英国哲学家、数学家、逻辑学家伯特兰·罗素（Bertrand Arthur Wiliam Russell，1872-1970）有一篇《火鸡的寓言故事》①，火鸡通过大量观察，得出结论：主人每天都会按时喂食，认为第二年也如此，结果自己被送上餐桌。宰杀行为，无情地推翻了归纳而得到的结论。从鸡的视角看，被宰是“黑天鹅”事件，但从人的视角看，

① 《罗素文集》。

却是十足的因果关系。

然而，被嘲笑的是归纳主义者而不是火鸡。“黑天鹅”因人们常用的归纳法的局限性而存在。道理非常简单，罗素的火鸡是智慧的，因为通过经验知识来指导未来的行动是明智的，而以未知的可能性为依据作出判断，则有可能是愚蠢可笑的。归纳本身没有错，错就错在千万不要采用一个错误的归纳过程或者方法，得出一个错误的经验。随着时间的推移和外部环境的变化，过去归纳的经验总是显得不够牢靠，如果你完全依靠过去归纳的经验去处理新事物，那么，失败的可能性将大大增强。关键是要掌握如何正确的运用过去的经验，而不是简单地盲从。20世纪的石油危机，本世纪初的汶川大地震无不揭示一点，任何一种预测都是不可靠的。

（二）从认识论到统计

“黑天鹅”其实可以从两个角度看：认知误区与分布差异。

1. 认知论的视角

从认知论的视角，可以把意识和知识区别开来。知识是偏客观的东西，但是意识却是主观的。“黑天鹅”是人类的各种认识盲区，没有意识到潜在的危险，即“Unknown① Unknown②”。一方面，“黑天鹅”只是因为人们认知的方式、认识的误区与盲点才变“黑”。认知误区包括人类常用的归纳法的局限性。

我们笑侃“大一学生不知道自己什么都不知道；大二学生知道自己什么都不知道；大三学生不知道自己什么都知道；大四学生知道自己什么都知道。”从人的意识看，我们可以意识到问题，也有些问题意识不到。从认知的角度看，我们对有的问题有认知，而有的没有认知。最大的问题不是没有认识，而是自己意识不到哪些是自己的盲点，哪些问题自己还没有认识。

科学能证明存在，但不能证明不存在。卡尔·波普尔③（2005）指出，“观测——归纳法”具有先天的“真伪不对称性”，容易证伪但很难证真。做了一万件好事，不能证明你是好人，但一件坏事就可以证伪。因此，卡尔·波普尔提倡用证伪的方式去不断试错，不断修正，而不是提出假说，然后到处找支持自己理论的根据。法律中最重要的“疑罪从无”原则（又称“有利被告原则”），统计体系中的假设检验规则，都体现了这种智慧。

世界之复杂，非人类所能穷极，所幸的是人类有了科学这种知识体系。科学始于观察，观察提供科学知识能够赖以确立的基础，而问题在于，科学知识是用归纳法从有限的观察中推导出来的。因为认识存在局限性，我们并不能保证我们现在所认为的真理和必然事物是正确的，所以科学不是终级真理。但其“客观、逻辑、实证、可重复检验”的特点，仍然具有重要意义。这就要求我们必须具备更强的学习和创新能力，从新领域

---

① 这是从意识上讲的。

② 这是从知识上讲的。

③ 《研究的逻辑》，《Logik der Forschung》的译本，维也纳出版，1934年。波普尔. 猜想与反驳：科学知识的增长. 傅季重，译. 上海：上海译文出版社，2005.

当中摸索出一条适合自己发展的道路。

2. 分布的视角

我们也可以变换视角，从危险发生的概率分布来描述黑天鹅事件——黑天鹅指损失金额高，但是概率又远高于经验数据的事件（Chichilnisky，2010）。

Taleb 区分了中庸（Mediocristan）与极端（Extremistan）两种不同分布的世界。在中庸世界，个体回归于中间值太远，个值的偏移不会对整体造成大的影响，例如人的身高。而在极端世界，个体会偏离中间值很远，而且偏移会对整体造成很大的影响，例如个人的收入分布，以及统计分析中的异常值和强影响点。

对于中庸世界，正态分布是一种非常好的描述工具。根据中心极限定理，在一定条件下，统计独立的随机变量均值趋于正态分布，正态分布作为一切分布的极限分布存在。对于产品定价，我们也愿意选择均值推断的结果，以及信度定价。而对于极端世界，幂律分布是更恰当的描述工具。例如，weibull 分布就是一类重要的幂律分布。weibull 分布（皮尔逊 III 型分布）的生存概率是在指数分布的生存概率基础上进行幂变换得到的。由于数学处理的复杂性，幂律分布的使用远不及正态分布。

然而现实世界中，特别是高端风险部分，更像一个极端世界：巨额风险损失概率极高。如果用正态分布的规律来预测极端事件的概率，由于使用了错误的工具，将大大低估自然界与社会经济领域中大量幂律分布中极端事件的概率。

笔者研究了 2004 年~2013 年共 10 年的沪深 300 指数，每日变化的均值约为零，标准差约为 2.015% 左右。如果按照正态分布，下跌 2 个标准差（2 个 Sigma）及以上（也即，股市下跌 4.029% 及以上）的概率为 2.275% 左右，而真实数据表明，这个概率为 2.712% 左右，高于正态分布的估计。下跌 3 个标准差（3 个 Sigma）及以上（也即，股市下跌 6.043% 及以上）的概率为 0. 135% 左右，而真实数据表明，这个概率为 0.826% 左右，高了近 5 倍。下跌 4 个标准差（4 个 Sigma）及以上（也即，股市下跌 8.058% 及以上）的概率为 0.003 2% 左右，而真实数据表明，这个概率为 0.300 6% 左右，高了近 93 倍。但如果按照"立方幂律"分布，这种情况的可能性为 0.3% 左右。"黑天鹅"其实就在这对风险估计的巨大差异之间产生。

（三）从黑天鹅到龙王

无独有偶，Sornette 教授（2009）认为存在比"黑天鹅"的影响更严重的"龙王"事件，但可以预测。极端事件的发生有两个条件：系统的一致性与协同性。当系统的一致性非常强时，黑天鹅式的极端事件容易发生。当系统的一致性和协同性同时加强时，会发生超越"黑天鹅"的更极端的"龙王"事件。股市大跌之前，一致性骤然升高。而大多数投资人使用类似的风险管理方式，增加了系统的协同性。也即，存在正反馈机制，系统协调一致，自我强化而出现"龙王"事件。

精算是为风险管理服务的，准确地说，是通过量化分析来为风险管控提供决策依据。量化风险管理的第一步是实现风险度量。风险定义为随机变量 [WTBX] × [WTBZ]，对于金融而言，风险是一般意义上的风险，但是对于保险而言，研究的是纯粹风险，或者曰危险。对风险的度量，无外乎寻找一种测度ρ（·）。一般来说，我们至少希望是一致性风险度量，有时我们还希望更多，例如优化所需要的凸性。然而遗憾的是，通过对当前理论与业界所用度量工具的检验，会发现，即使是一致性风险度量也很难满足。那么精算风险管理转化为量化风险管理，而量化的关键是风险度量的统计推断问题。现在回头分析前面一节讲述的几个例子。

从认识论角度来分析“黑天鹅”，实际上是一种基于条件概率的推断，可以转化为科学认识论指导下的 Bayes 推断问题。从统计角度来分析“黑天鹅”，实际是厚尾分布的统计推断问题。对于连续分布而言，这种厚尾甚至可以表现为极值、异常值与强影响点；对于离散分布而言，则体现为过离散性。从统计角度来分析“龙王”效应，则可以用系统传染性和依赖性来分析。这里有一套很完整的风险度量模型、方法与应用，这里不再展开。

将“龙王”与“黑天鹅”结合起来，会产生很有意思的研究方法。将风险度量工具与风险识别事项结合起来，会产生很吸引人的研究主题。通过前面的分析可以看出，我们需要掌握的技术包括单变量风险分析与多变量风险分析。既包括风险识别，又包括风险评估；既有中庸世界的分布描述，更有极端世界的风险分析，还要考虑系统依赖性和反馈机制。进行精算风险管理时，用到的知识面很宽，覆盖经济、金融、保险、统计、精算、风险管理、数据挖掘等各科的知识，甚至包括法律与人工智能。

三、切片式教学

（一）学科交叉之现状

学科的划分只是因为人们认识世界的能力受限，实际上并没有这么明确的学科划分。在实际开课中，无论是《寿险精算学》还是《生存分析》，都会讲到生命表；《风险模型》、《非寿险精算学》，都会讲到生存分布、信度理论和聚合风险模型；《风险模型》和《应用统计学》都会讲到多元统计分析；《计量经济学》、《应用统计学》、《保险统计》都会讲到回归模型。有时为了完成教学任务，必须把教学内容拆分成不同的课堂，甚至补课。此外，部分课程可能因为教学内容不足而需补充其他教学素材，这有可能加剧教学内容交叉现象。

教学内容重复造成的影响首先就是学生对教学内容失去兴趣，对教师总体教学水平产生怀疑；而课程之间教学内容交叉重复也浪费了教师宝贵的时间和学校珍贵的教学资源，使教学分配不均匀，达不到预期的教学目标。

为了避免教学内容的交叉重复问题，在教学过程中必须重视理顺课程之间的关系、收缩课程内容覆盖面、强调课程之间的相对独立性，明确每一门课的功能定位和内容界限，依据教学内容的特点，选择科学的教学方式，还可以考虑把实践教学充分利用起来，提高学生解决问题的能力，同时通过转移教学内容减轻课堂教学负担。因此教师授课之间，需要彼此反复沟通协调，突出课程重点，探讨每一门课程的边界，使交易成本极小化，使教学资源利用最大化。

（二）切片式教学设计

教师不是全能的，受专业和研究方向的限制，单个教师很难在每一个关键问题的教学上都做到深入浅出，只是在少数所研究的问题上有足够的理解和深度，因此加强教师之间的协调，采取组合教学，实施专题讲座的形式，不仅能发挥各方面专家的优势，使教学内容有特色，也容易理顺课程之间的关系，实现教学由系统性向深刻性转变，尤其能增加研究性课程的理论深度，增强学生的收获感。

在早期的课程设计中，很多老师已经开始考虑把课程拆分成不同的子课程，甚至是不同的专题或者议题。其实，把这种思路延伸，就得到切片式教学思想。我们在进行精算风险管理教学时可以考虑借鉴切片式教学的构想，把保险经济学、风险管理与保险、微观经济学、宏观经济学、公司财务、金融学、金融衍生产品、生存分布和生命表、利息理论、生存年金与寿险、净保费与均衡保费、准备金、保单现金价值、随机数学方法等课程放在学科基础中开设。

然后开设单变量与多变量风险分析，把损失模型（连续型和离散型）、分布构造理论、聚合风险模型、破产理论、模型选择理论、调整估计与随机模拟、信度理论纳入到传统的风险分析模块来研究。把参数估计、假设检验、相关分析、回归分析、非线性最小二乘和极大似然模型、方差分析和一般线性模型、广义线性模型、主成分分析、因子分析、聚类分析、判别分析、典型相关分析、对应分析、平稳时间序列分析、非平稳时间序列的确定性分析、非平稳时间序列的随机性分析等传统应用统计学分析放在多变量风险分析模块中讲授。

进一步引入依赖风险度量模块，讲授非参数依赖、copula、一致性风险度量、风险度量原理、风险排序、信度定价、广义线性（混合）模型、随机界、积分排序和概率矩阵，作为高级风险度量模块。

其他模型部分，可以讲授层次分析 AHP、模糊分析、分类回归树模型、人工神经网络、关联规则、篮子分析、链接分析，这些在风险评估、信用评级、预警分析中有重要应用。例如，国家质检总局缺陷产品管理中心用到的风险评估模型，已经使用了相关的技术。主题模块是量化风险管理，讲授结构模型、违约率、互换信用风险定价、期权信用定价、比较静态、CreditMetrics、CreditVaR、KMV、CreditRisk +、CreditPortfolioView、信用衍生产品、动态信用风险模型、操作风险模型等内容。

风险管理最终要回到实务应用中来，这部分可以扩展讲授信用评级、寿险产品、养老金与企业年金规划、BMS 与 NCD、分类费率系统与点数计价系统、确定性与随机准备金评估实务、资产份额模型、最优保费、分保和再保设计、动态资产负债管理、偿付能力监管、城投债信评体系与实务、ERM 等等。

具体架构的思维导图见图 1：

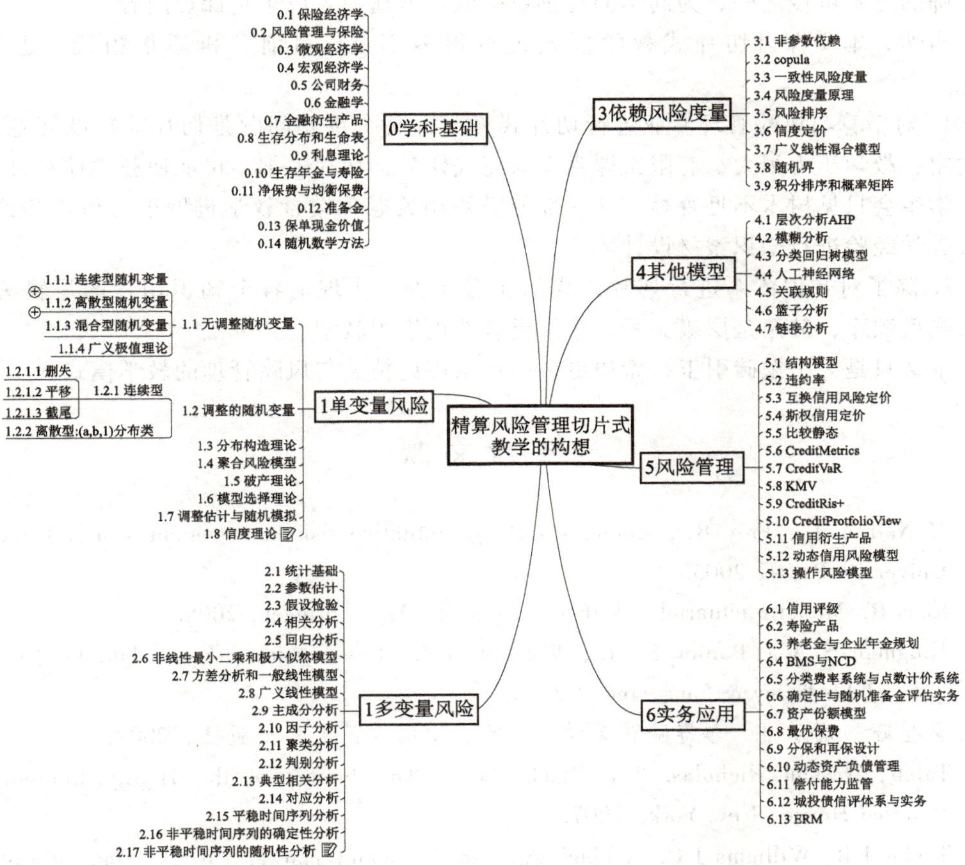

图 1　精算与风险管理切片式教学思维导图

四、结论

从目前学生就业的情况来看，结合各大保险公司、资产负债管理公司以及相关投资部门管理层返回的意见可以看出，学生进入用人单位后，面临重新洗牌的问题，学生学习的内容和业务界脱钩，书本上的方法和实际应用有较大的差距。风险管控单位需要对入职毕业生进行全面重新培养才能委以重任。这引发我们对人才培养的思考。

风险管理抛开风险度量不论，管理本身是偏实务的学科，因此，教学过程中必须考虑纳入实务环节。在我院的相关课程中，例如《保险营销学》和《保险公司经营与管理》，是实务与理论结合的专业选修课。保险学院计划将这两门课培养为实验创新课，聘请保险公司管理层作专题讲座、建立保险公司营销创新案例库、带领学生深入保险公司内部体验具体工作流程、组织学生就某一个重要议题进行思考和辩论等等。希望能够在老师的课堂讲授之外，为同学们提供更多的学习途径，以丰富课程内容。

当然，本文探讨切片式教学模式也有很多不足，目前分析还很粗浅，主要体现在：

1. 对精算与风险管理专业进行切片式教学，一个重要问题是切片的粒度问题，切片太粗，教学压力很大，有限次课堂无法完成任务；切片太细，可能使教学体系过于臃肿，学生会只见树木不见森林。这一部分需要相关老师结合教学进展进行讨论和论证，结合教学经验进行知识素材设计。

2. 除了对知识体系进行切片，我们还需要进一步理清各个知识切片的逻辑关系，理清先后顺序，甚至是层级关系，才能更有效地组织教学。

本文只是为了抛砖引玉，希望更多同行来探讨精算与风险管理的教学模式。

参考文献

[1] McNeil A. J. , Frey R. , Embrechts P. Quantitative risk management [M]. Princeton University Press, 2005.

[2] Kaas R. Modern actuarial risk thoery using R [M]. Springer, 2008.

[3] Klugman S. A. , Panjer H. H. , Willmot G. E. Loss models: From data to decisions [M]. John Wiley & Sons, Inc. , 2008.

[4] 孟生旺，刘乐平．非寿险精算学．北京：中国人民大学出版社，2007.

[5] Taleb, Nassim Nicholas. The Black Swan: The Impact of the Highly Improbable, Random House, New York. 2007.

[6] Taylor J B, Williams J C. A black swan in the money market [R]. National Bureau of Economic Research, 2008.

[7] 吴喜之．统计学：从数据到结论：第 4 版．北京：中国统计出版社，2013.

[8] Nelder, J. A. and Wedderburn, R. W. M. Generalized Linear Models [J]. Journal of the Royal Statistical Society, Ser. A, Vol. 135, 1972: 370-384.

[9] Ohlsson E. , Johansson B. Non-life insurance pricing with generalized linear models [M]. Springer, 2010.

[10] 波普尔．猜想与反驳：科学知识的增长．傅季重，译．上海：上海译文出版社，2005.

[11] Chichilnisky G. The foundations of statistics with black swans [J]. Mathematical Social Sciences, 2010, 59 (2): 184-192.

[12] Sornette D. Dragon-kings, black swans and the prediction of crises [J]. arXiv preprint arXiv: 0907. 4290, 2009.

[13] Artzner, P. , F. , Delbaen, J. -M. , Eber and D. , Heath, "Thinking coherently", Journal of Risk, Vol. 10, Iss. 11, 1997.

[14] Artzner, P. , F. , Delbaen, J. -M. , Eber and D, Heath, "Coherent measures of risk",

Mathematical Finance, Vol. 9, No. 3, 1999.

[15] Sklar A, Fonctions de repartition àn dimensions et leurs marges [J]. Publication de l'Institut de Statistique de l'Université de Paris, 1959, 8: 229-231.

[16] 孙立娟. 风险定量分析：损失模型及其在保险与金融风险管理中的应用. 北京：北京大学出版社，2011.

国内代表性高校国际政治本科专业培养模式比较分析

（对外经济贸易大学国际关系学院）

熊李力*

摘　要： 国内设有国际政治本科专业的高校中，北京大学、中国人民大学、复旦大学、国际关系学院、北京语言大学颇具代表性与可比性。通过对上述五校国际政治本科专业的依托机构、学科布局、培养特色、学生就业进行综合性比较分析，本文指出，一方面，我校应继续推进国际政治学科建设，为国际政治专业本科毕业生继续深造或出国留学打造良好的学科平台；另一方面，我校应充分发挥经济学学科和外语教学的特色优势，让国际政治专业本科毕业生成为专业知识功底扎实、兼具外语技能和经济学素养的“一体两翼”复合型人才，从而在寻求就业和深造机会时具有较强竞争力。

关键词： 高校　国际政治　本科专业　培养模式

北京大学、中国人民大学、复旦大学是国内著名的综合性大学，也是国内最早设立国际政治本科专业的三所高校。他们代表了国内高校国际政治本科专业的最高办学水平，以其强大的综合实力为国际政治本科专业的学生培养奠定了基础，引领着国内高校国际政治本科专业培养模式的发展方向。相比之下，国际关系学院的办学规模较小，作为一所以国际问题研究尤其是国际政治问题研究见长的特色型高校，其国际政治本科专业的培养模式也具有自身独到的优势。鉴于我校与该校同为办学规模较小的特色型高校，国际关系学院国际政治本科专业的办学思路对我校颇具借鉴意义。与前述四所高校不同，北京语言大学的国际政治本科专业设置时间不长，这与我校情况类似。不过，北京语言大学的国际政治学科建设起步较早，该校以联合国研究为突破口，早在 1998 年既已设立国际政治专业硕士点，2000 年开始招收硕士生。本文将对上述五所高校国际政治本科专业的依托机构、学科布局、培养特色、学生就业进行综合性比较分析，从而为我校国际政治本科专业培养模式的未来发展提供参考。

---

* 熊李力：对外经济贸易大学国际关系学院副教授、国际政治学系主任。

一、依托机构

北京大学国际关系学院是国内高校中最早建立的国际关系学院。1960 年，北京大学成立政治学系，后于 1963 年改名为国际政治系。1996 至 1998 年间，原北京大学国际政治系、国际关系研究所和亚非研究所经合并调整，成立北京大学国际关系学院，现由国际政治系、外交学与外事管理系、国际政治经济学系等三个系和国际关系研究所、亚非研究所、世界社会主义研究所等三个研究所组成。

中国人民大学国际关系学院是国内规模最大、层次最全的国际问题和政治学人才培养和高水平科研基地之一。截至 2012 年 12 月，有在校生近千人，博士生 105 人，硕士生 220 人，本科生 450 人，港澳台学生 12 人，其他类型的研究生约 200 人，其中有来自 10 多个国家的近 100 名外国留学生。

复旦大学于 1923 年设立政治学系，于 1964 年成立国际政治系。该系是国内高校最早设立的三个国际政治系之一，积累了数十年人才培养与学术研究的丰富经验。在原国际政治系的基础上，复旦大学于 2000 年组建国际关系和公共事务学院，结束了该校原有国际问题研究的分散状态，实现了学科优势的整合，使该校国际关系与公共事务的学科建设、学术研究和学生培养进入崭新的发展阶段。

国际关系学院国际政治系成立于 1984 年，致力于培养政治素质好，系统掌握政治学、国际关系基础理论方法、国际关系历史与现状以及国际法专门知识的专业人才。截至 2013 年 12 月，国际政治系有专职教师 12 人，其中教授 5 人。

北京语言大学国际政治系设于该校人文学院，招收国际政治专业本科生和硕士生。该院除国际政治系外，还设有对外汉语系、中国语言文学系、艺术系和新闻系。国际政治专业硕士点开设于 1998 年，2000 年正式招生，截至 2012 年 12 月，有硕士生 40 人，其中外籍硕士生 9 人，留学生来源国累计达 20 个。

二、学科布局

北京大学国际关系学院现有 3 个本科专业、7 个硕士专业和 5 个博士专业。本科专业包括国际政治、外交学、国际政治经济学，硕士专业包括国际政治、国际关系、外交学、国际政治经济学、中外政治制度、中共党史、科学社会主义与国际共产主义运动，博士专业包括国际关系、国际政治、外交学、科学社会主义与国际共产主义运动、中外政治制度。其中国际政治、科学社会主义与国际共产主义运动是全国重点学科。学院还与北京大学政府管理学院、马克思主义学院联合设立了政治学博士后科研流动站。

中国人民大学国际关系学院设置本科专业如下：（1）国际政治：培养各级党政机关外交外事部门的涉外工作干部；新闻媒体国际报道和评论的专业人才；高等院校和科研机构国际问题教学与研究的专业人才。（2）外交学：培养各级党政部门从事外交、外事和外宣工作的专业干部；跨国企业从事对外交往和国际公共关系的高级人才；高等学校和科研机关从事外交学教学与研究的专业人才。（3）政治学与行政学：培养各级党政部门从事行政管理和战略管理的专业干部；新闻媒体从事社会政治新闻报道和评论的专业人才；高等院校和科研机构从事政治学与行政学领域教学与研究的专业人才。

复旦大学国际政治系最初仅有国际政治一个本科专业，主要研究方向为西方发达国家政治与对外关系。进入 20 世纪 80 年代后，复旦大学国际政治系逐步增加了专业设置，扩大了招生规模。1980 年，在国内高校中首先设立政治学专业。1984 年，设立思想政治教育专业，后于 1988 年又设立行政管理专业。复旦大学国际关系与公共事务学院现设置本科专业如下：（1）国际政治：依托国际关系这一全国重点学科培养具有国际政治、国际法、政治学方面的基本理论和专门知识，能在党政机关、企事业单位、高校和科研机构从事外交外事、对外宣传、教学科研等工作的专业人才。（2）政治学与行政学：培养具有政治学、行政学方面的基本理论和专门知识，能在党政机关、新闻出版机构、企事业和社会团体从事教学科研、行政管理等工作的专业人才。（3）思想政治：培养掌握马克思主义理论素养和思想政治教育专业知识，能在党政机关、企事业单位、高校和科研机构从事思想政治工作的专业人才。（4）行政管理：培养掌握行政学、管理学、政治学、法学等方面知识，能在党政机关、企事业单位、社会团体从事行政管理及科研工作的专业人才。

国际关系学院国际政治系在国际政治本科专业之下开辟了国际政治理论方向，于 1981 年开始和中国现代国际关系研究所联合培养国际关系硕士生。1990 年，设立国际关系二级学科硕士点。2003 年，设立国际政治二级学科硕士点。2008 年，国际关系学科成为北京市重点学科。2010 年，设立政治学一级学科硕士点。

北京语言大学国际政治硕士点的设立为该校国际政治本科专业的发展开辟了学科平台。该校以国际政治专业硕士点为依托，于 2007 年成立国际政治系，同年 9 月招入国际政治专业首届 29 名本科生。北京语言大学通过成立国际政治系，推动了该校国际政治学科的发展，进一步拓宽了学科领域、完善了学科体系，有利于该校实现建设国际化高水平大学的目标。

三、培养特色

尽管北京大学国际关系学院经过多年发展，办学规模与当年的国际政治系已不可同日而语，但国际政治专业作为该院最早设立的本科专业，在学科体系中仍居于核心地位。该院国际政治专业的课程设置充分利用了综合性大学的跨学科优势，经济学与社会学课程设置较多，国际政治类课程几乎涵盖该学科所有领域。①

北京大学国际关系学院国际政治本科专业的培养模式兼具“专”和“博”的特点。

① 北京大学教务部. 北京大学本科生教学手册：2009 年版. 2009：372-376.

所谓“专”，在于培养目标为塑造在国际政治理论领域和对外交往实践领域具有专长的专业型人才。所谓“博”，在于国际政治是一门交叉学科，作为独立学科的存在历史尚不足百年，理论框架和学术谱系分别源自政治学、法学、社会学、历史学、经济学、心理学等历史悠久、积淀深厚、体系健全的传统学科。北京大学国际关系学院在为国际政治专业本科生设置专业课程时十分注意各相关学科的基础理论训练，学生经过四年训练后，既是国际政治理论和对外交往实践领域的专业型人才，更是人文与社会科学领域的全面型人才。

北京大学国际关系学院在以国际政治为本科主导学科的同时，认识到国际政治经济的相互渗透是当今国际关系的现实，国际政治学科必须适应这种现实的发展。该院为巩固在国际政治经济学等前沿理论研究领域的国内领先地位，力争在国际政治与世界经济的交叉研究领域取得进一步发展，于 2003 年由国际政治系划出 4 名教师单独成立国内高校首个国际政治经济学系，并于同年 9 月开始招收本科生。[①]

经过多年发展，中国人民大学国际关系学院的国际政治本科专业已与该院的外交学、政治学与行政学本科专业互成掎角之势，在学生培养上相互提供必要的支持和补充。该院在国际政治专业本科生的培养模式上也充分依托各专业之间的这种互补优势，具体表现为两点：（1）坚持以政治学理论和方法作为国际政治本科专业的学科基础，从而保障国际政治教学研究的学术水平和理论功底。为保证教学研究的深入和扎实，将国际政治学科建设建立在政治学的基本理论和方法之上。（2）强调保持国际关系基本理论的教学研究的优势地位，认为基础理论研究是高校的优势所在，必须扬长避短，以基础理论为重点，带动学科建设的发展。

中国人民大学国际关系学院国际政治本科专业的课程设置（见附表 1）依托该院的政治学学科领先优势，基本涵盖了政治学学科各研究领域，同时对政治学与国际关系理论的教学颇为重视。相比北京大学国际关系学院与稍后述及的复旦大学国际关系与公共事务学院，中国人民大学国际政治本科专业的政治学学科特色更为明显。

与前述两校不同，复旦大学国际关系与公共事务学院在国际政治本科专业的基础上分辟的专业为政治学与行政管理。对公共事务管理的重视是复旦大学国际关系与公共事务学院国际政治本科专业办学的鲜明特色。该院国际政治本科专业的课程设置（见附表 2）也体现了这一特色，法学和社会学类课程较北大和人大更多。同时，该院在国外享有较高的学术声誉，与许多著名大学和研究机构建立了学生双向交流关系。该院是复旦大学接收外国留学生最多的学院之一。该院比较重视学生的全面发展，第二课堂活动开展得有声有色，创建了诸如“国际问题研究会”、“新半月谈”等学生社团，每学期都举行学院内部的辩论赛。

国际关系学院国际政治系在学生培养方面在坚持突出专业特色的同时，发挥该院优势，专业和外语并重，致力于培养国际化、复合型和实用型的外交外事专业人才。学生必须通过英语专业八级考试，必修的英语基础课程和技能课程（占总学分的三

---

① 北京大学教务部. 北京大学本科生教学手册：2009 年版. 2009：382-386.

分之一）全部由英语系专职教师承担。在国际政治专业课程设置上，中文授课、中英文结合授课和英文授课的比例各占约三分之一。[1]高年级设置经济类和实践性课程的比例较高，重视外交案例教学。国际政治专业本科生毕业时除获得国务院学位办颁发的法学学士学位外，还可获得学校授予的法学和文学双学士学位证书。通过下列几类课程的学习，即政治学、国际关系基础理论与方法、国际关系历史与现状、地区研究和国际法，并借助实践实习课程的锻炼，学生接受了国际关系专业分析和外交外事实践的基本训练，具备运用国际关系理论和方法分析国际关系现象、解决外交外事实际问题的能力。

国际关系学院国际政治系比较重视对学生实践能力的培养。该校国际政治专业学生多次在全国外交、外事礼仪大赛、模拟联合国及各种学术和论文评选大赛中获奖，凭借流利的英文和扎实的专业知识，国际政治专业学生还多次参加国际会议的筹备、会务和翻译工作。为培养学生的国际化视野，国际关系学院也比较重视面向国外一流大学的短期学生交流项目开发。2012 年 7 月，该校国际政治专业学生参加了加州大学伯克利分校和弗吉尼亚联邦大学的学生暑期交流项目。

北京语言大学为国际政治本科专业制定的培养目标为，依托该校作为“小联合国”所具有的留学生众多、国际性色彩突出的独特人文环境，面向外交外事、新闻宣传、国际问题研究与教学等部门，培养具有较高政治素质和较强分析判断能力，掌握扎实的国际政治理论和国际关系专业知识，精通英语，视野开阔的复合型专门人才。

四、学生就业

从就业形势来看，北京大学国际政治专业本科生也兼具“专”和“博”的特点。相比哲学类和历史学类等理论性极强的专业，国际政治专业本科毕业生就业更具“专”的特点。相比管理学类和经济学类等应用性极强的专业，国际政治专业本科生就业更具“博”的特点。一方面，国际政治专业本科生在国际政治理论和对外交往实践上具有较强的专业优势；另一方面，国际政治专业本科生大多对相关的人文与社会科学学科有广泛的涉猎和较多的了解。同时，由于国际政治专业的国际化趋势越来越明显，北京大学国际政治专业本科生大多具有扎实的外语功底。因此，北京大学国际政治专业本科生既是专业型人才也是复合型人才。

根据北京大学国际关系学院学生科提供的数据，该院 2011 届国际政治本科专业毕业生直接就业的人数比例接近 40%。该院每年都为国际政治专业本科毕业生举办就业座谈会，邀请在外工作的往届院友返校为毕业生做就业指导与咨询。同时，由于综合性大学享有的学科优势和信息优势，该院 2011 年选择出国留学和继续深造的毕业生占总人数近三分之二。

即使中国人民大学国际关系学院对国际政治专业本科生的政治学学科素养训练颇为

① 参见国际关系学院国际政治系网站：http：//duirap75. uir. cn/plus/view. php？ aid＝40.

重视，但就业形势也颇显“博”的一面。根据中国人民大学国际关系学院学生科提供的数据，该院国际政治本科专业2011届毕业生直接就业者占毕业总人数的27%。就业去向分别为政府公务员（13%）、各类企业（10%）和新闻媒体（4%）。由于该校对国际政治专业本科生理论功底的训练比较重视，因此73%的毕业生选择继续深造，其中出国留学者占毕业总人数的29%。

国际关系学院国际政治系在学生就业方面已建立起一套较为完善的指导体系。在本科三年级为学生提供“实习基地”（如中国足协、联合国协会）等社会实践平台。同时，致力于建立开放型的人才交流机制和人才培养模式，已与墨尔本大学、诺丁汉大学、加州大学伯克利分校达成合作意向，为学生的进一步深造提供有利条件。得益于有力的机制和措施，国际政治本科专业不仅有相当数量的学生考取北大、清华和人大等国内名校的硕士生，而且不乏被牛津大学、剑桥大学、康奈尔大学、哥伦比亚大学和伦敦政治经济学院等世界一流大学录取者。

30年来，国际关系学院国际政治系坚持外语加专业的复合培养模式，培养了近千名本科毕业生。经过系统的专业学习，国际关系学院国际政治系本科毕业生普遍具备较强的国际关系综合分析能力、扎实的英语语言基础和较强的英语交流能力，许多人成为我国外交外事战线和国际关系研究领域的骨干。近年来，该校国际政治专业本科生就业率一直保持在90%以上，除进一步深造外，就业去向多为京、沪、广、深等地的政府部门及事业单位、跨国企业、大中型国企、新闻媒体、高等院校。

五、结论

通过对上述五所高校的分析，不难看出，各校都试图将国际政治专业本科生培养成立足政治学而兼顾经济学、法学、社会学等相关学科的复合型人才。从北京大学和中国人民大学2011届国际政治本科毕业生的就业情况来看，该专业本科毕业生的就业前景较为广阔。

我校作为一所办学规模相对较小的以经济学科和外语教学见长的特色型大学，国际政治专业的综合实力和学科基础与北大、人大、复旦存在较大差距，与国际关系学院相比也不占明显优势。北京语言大学则在联合国研究上独具特色。尽管如此，我校自人文与社会科学学院更名为国际关系学院以来，国际政治专业充分利用学院更名产生的综合效用，获得了加速发展，在师资队伍建设和学生招收培养上都取得了长足进步。相比之下，北京语言大学的国际政治专业设于该校人文学院，而该院的前身是中国语言文学系以及在此基础上成立的文化学院，国际政治并非该院主流学科，对该专业的发展造成了一定限制。

在国际政治专业本科生的培养模式上，我校敢为人先、扬长避短，为突出经济学学科和英语教学的特色优势，在国际政治本科专业之下开辟了经济外交和公共外交两个方向，这在国内高校中是前无古人的创举。我校国际政治本科专业培养模式在课程设置上不断提高英语教学比例、增加国际政治经济学类课程设置，力争将国际政治专业本科生培养成精通英语的政治经济复合型人才，从而使我校国际政治本科专业早日跻身国内一流行列。

从北大与人大国际政治本科专业 2011 届毕业生的就业情况来看，国际政治本科专业毕业生的就业面较广。值得注意的是，由于北大与人大在综合实力和学科基础上享有很大优势，两校国际政治专业本科毕业生中选择继续深造的比例很大。虽然我校的综合实力和学科基础相对弱于上述两校，但近年来国际政治专业本科生继续深造的机会也不断增多，2014 届毕业生继续深造的比例超过三分之一。这得益于我校于 2011 年成功申报政治学一级学科硕士点，同时也充分证明了我校国际政治本科专业培养模式的成功。

有鉴于此，一方面，我校应继续推进国际政治学科建设，为国际政治专业本科毕业生继续深造或出国留学打造良好的学科平台；另一方面，我校应充分发挥经济学学科和外语教学的特色优势，让国际政治专业本科毕业生成为专业知识功底扎实、兼具外语技能和经济学素养的“一体两翼”复合型人才，从而在寻求就业和深造机会时均具较强竞争力。

附录：

附表 1　　中国人民大学国际政治本科专业课程设置①

课程类别	课程名称	开设学期	学分
专业必修	中国政治概论	1	3
	政治学理论	2	3
	国际关系与国际法	2	3
	近现代国际关系史	3	3
	中华人民共和国对外关系	3	3
	外交学	4	3
	国际政治概论	4	3
	国际组织与国际制度	5	3
	比较政治制度	5	3
	国际政治经济学	6	3
	世界社会主义理论与实践	7	3

① 资料来源：中国人民大学国际关系学院教务科。

续表

课程类别	课程名称	开设学期	学分
专业选修（16 学分）	中国近现代对外关系	2	2
	香港与世界事务	2	2
	西方政治思想史	3	2
	世界格局与国家战略	3	2
	欧洲联盟概论	3	2
	外交决策理论与实践	4	2
	中国边疆概论	4	2
	冷战后国际关系	4	2
	美国政治与外交	5	2
	俄罗斯政治与外交	5	2
	日本政治与外交	5	2
	中亚各国政治与外交	6	2
	非洲政治与外交	6	2
	世界政治中的民族问题	6	2
	中美关系史	7	2
	国际裁军与军备控制	7	2
	环境与国际关系	7	2

附表 2　　　　复旦大学国际政治本科专业基础与必修课程设置①

课程类别	课程名称	开设学期	学分
学科基础	政治学原理	1	3
	国际法	1	3
	法学基础理论	2	3
	社会学导论	2	3
	国际关系导论	2	3
	当代中国政治制度	2	3

① 参见复旦大学国际关系与公共事务学院网站：http://www.sirpa.fudan.edu.cn/s/56/t/134/60/04/info24580.htm.

续表

课程类别	课程名称	开设学期	学分
基础选修（12学分）	公共行政学	1	3
	心理学导论	1	3
	高等数学	2	4
	宪法	2	3
	行政法	2	3
	民法	2	3
	刑法	2	3
	社会工作导论	2	3
	社会研究方法	2	3
专业必修	近现代中国对外关系	3	3
	近现代国际关系	3	3
	西方政治学说史	3	3
	西方经济学基础	3	3
	西方国际关系理论	4	2
	比较政治制度	4	3
	专业英语（一、二、三、四）	4-7	8
	外交学	5	2

成效为本教学法在金融时间序列模型课程建设中的应用

（对外经济贸易大学国际经济贸易学院）

潘红宇

摘　要：本文结合“成效为本”教学法在《金融时间序列模型》课程建设中的经验，对“成效为本”教学法进行分析和总结。按照“成效为本”的思路，明确《金融时间序列模型》课程目标，根据对学生不同层次能力的要求，教学目标包括了解基本概念，运用概念分析经济问题，软件操作能力和转移能力。围绕最终目标采用课堂讲授、学生阅读文献、上机分析数据多种教学手段，以学习为主，教学为辅，实现培养目标。通过卷面考试、文献阅读报告、小组合作完成论文等方式评价学生学习效果。《金融时间序列模型》在“成效为本”设计下，知识点脉络清晰，教学和评价手段多样，学生学习目的明确，兴趣高涨，多方面能力得到训练和提高，教学效果超过传统教学方法。

关键词：“成效为本”教学法　金融时间序列模型　课程建设

一、“成效为本”教学法

目前高等教育方面出现一些发展趋势（Huang，2014），一是强调教学，重视教学的价值；二是教学的重点从“如何教”转向“如何学”；三是在教育中寻求更透明与可评价。“成效为本”教学法就是符合这些趋势的新型教学方法。它改变了传统的“以教师为中心，以教材为中心，以知识为中心”的教学模式，以最终成果为中心，倡导学生“自主学习，合作学习，探究学习”（龚本刚，2011）。该教学方法20世纪90年代在北美发展起来，目前已经在澳大利亚、新西兰、英国、南非等一些国家实施并取得了较好的反馈（姜波，2003，龚本刚等，2011）。香港教育资助委员会所辖的8所高等院校从2005年起逐步采用成效为本的教学方法（刘旸等，2009）。我国内地部分高校近年从我国香港地区高校借鉴了这种教学方法并应用到一些课程当中，例如吴晓宏（2009）介绍了“成效为本”在高职数学中的应用，胡明祥（2012）介绍了模拟电子技术与“成效为本”的结合，龚本刚等（2011）探讨该教学方法在《物流管理》课程教学中应用，代伟（2012）等分析了“成效为本”与市场营销课程的结合，李峰等（2013）对“成效为本”教学法培养高技能应用型人才的几点经验和做法进行了梳理和归纳。

“成效为本”教学法（Outcomes Based Teaching and Learning，简记为 OBTL）顾名思义就是以成效为基础的教与学。这种教学方法目的不是教了什么，而是学了什么（Huang，2014），它的核心是学习成效（或者成果、结果）。围绕最终成果，设计教学活动，并对教学成果进行评估。具体包括以下三个阶段：

（1）明确教学目标即预期学习成果。传统的教学目标是让学生掌握一些知识点，而“成效为本”的学习目标是学生拥有应用知识的能力。学习目标不只包括知识点，还包括分析问题、实际应用与其他一些转移能力，例如合作能力。教学目标作为第一阶段是最重要的阶段，目标需分不同层面并且要求详细明确。

（2）设计教与学活动。教学活动必须以促进学生达到学习成效的要求来设计，包括教与学资源、环境以及对活动做必要的备注等。OBTL 教学活动有两个主要特点：一是强调学习是构建知识的主动过程，改变过去以教为主的方式，倡导学生“自主学习，合作学习，探究学习”。二是课程设计逆向性，根据最终目标逆向设计基本的知识与能力模块，有利于保证学生有清楚的路径到达最终的结果。

（3）制定评估指标与标准体系。要求指标体系具体量化、清晰易懂、可操作性强。根据评估指标，学生可以判断实现学习目标的进展，并根据评估结果进一步调整学习方案、改进学习方法（龚本刚等，2011）。

总之，在 OBTL 方法中，预期的学习目标、具体清晰的学习内容、多样化的教学方式以及多层次的考核手段构成了以“成效”为核心的有机整体，有助于学生更加清晰地理解课程要求，更加广泛地发展自己的能力，更加准确地体现学习的结果。

“成效为本”教学法不单纯只是一种教学方法，而是一种教学理念、一个系统工程，可以运用在大学、专业学院、系和每个课程不同层次上（刘旸等，2009）。第一步，大学确定育人目标。第二步，每个学院、系根据大学的培养使命，结合本学科的专业特点和人才市场的要求，来确定本学院的专业人才培养标准与学生需要掌握的能力。第三步，各个院系的目标进一步明确到每门课程，并将课程目标与院系、大学的目标统一规划。李峰等（2013）以香港理工大学机械工程专业为例，展示了大学、学院、课程、学生各层次目标之间的密切联系。“成效为本”教学法可以贯穿大学的各个层面，各要素间环环相扣，不同层次的目标与要求相互契合，并且明确各自的贡献度，在培养学生方面透明度高，便于操作，易于检验培养效果。

二、金融时间序列模型课程特点

《金融时间序列模型》面向大学三年级金融专业学生开设，要求学生能对金融时间序列数据进行定量分析。课程内容包括 ARMA 模型、ARCH 模型、向量自回归模型、非平稳时间序列模型等。课程建设最终成果包括：课程大纲、课程进度表、讲义、PPT、上机实验资料、习题库、试卷库。对金融时间序列进行定量分析的计量方法不断有新的进展，课程每年都会滚动更新。根据最新进展，结合实际热点替换课堂案例，并且根据上一学期授课情况，微调教学大纲。课程进度表详细到每周教学要点，便于学生自主学习。PPT 概括了知识要点，对主要术语给出英文标注，有利于学生阅读英文文献和将来出国留学。对 ARCH、ARMA、自回归模型、非平稳回归模型各整理了两个上机实验案例，共 8 个实验设计。每个上机实验设计都包括上机要求、EVIEWS 操作指南、数据和英文文献。四个主要模型分别有配套的习题及答案，便于学生自我检测，评判对基础知识的掌握程度。除此之外，整理了几百道习题，构成习题库，学生可以选择练习，从多个角度加深对知识的理解。教师整理多年的试卷，共建立 18 套试卷库。

《金融时间序列模型》课程有两个特点：一是实践性强，对于课程介绍的四类模型，不仅要求学生理解相关概念和理论，还要求学生具备操作能力，可以熟练使用数据库查找数据，应用 EVIEWS 软件实现模型分析结果。二是理论与实际问题紧密结合，要求学生能够读懂学术文献，可以独立定量分析现实中的金融问题。李峰等指出技能应用型课程特别适合“成效为本”教学法。由《金融时间序列模型》课程特点可知这门课程恰好属于这一类别，因此在课程建设中采用“成效为本”的思路对课程进行建设。

三、“成效为本”教学法在金融时间序列模型课程中的应用

（一）金融时间序列模型“成效为本”课程设计

在课程建设中，我们引入“成效为本”教学法。“成效为本”教学法如前所述主要分为三个阶段：第一阶段明确教学目标。我们把教学目标分成四个层面：（1）理解基本概念；（2）运用基本概念分析问题；（3）培养实践操作能力；（4）培养转移能力，即合作能力和融会贯通的能力。第二阶段教学设计，针对四个目标设计不同的教学方式，设计方案见表 1：

表 1　　成效教学法教学设计

教学目标	教与学的设计
基本概念	通过课堂讲授，用 PPT 和板书的手段传授基本概念。通过计算和证明题了解基本概念。
分析问题	在课堂上介绍学术期刊发表的论文，让学生了解如何使用所学模型对现实金融问题进行实证分析。课后要求学生阅读使用所学模型进行实证分析的论文，写阅读报告，指出论文缺陷。
实践操作能力	课堂演示，专门的上机课，学会 EVIEWS 操作，从数据库下载数据。
转移能力	选择自己感兴趣的主题，模仿已有文献（有创新更好），分小组收集数据，把理论与模型相结合，用软件操作完成定量分析，最终以小论文的形式提交作业。这项设计可以培养学生综合能力，例如如何解决实际问题，提高写作能力、查找文献能力、查找整理数据能力，学会时间安排，合作分工等。

教学设计包括“教”与“学”两个方面，两者相辅相成。教学时不仅介绍基本概念，还介绍模型发展背景，介绍相关模型创始人的研究趣闻，调动学生学习兴趣。介绍模型是什么之后会给出模型的推导过程，让学生不仅知其然而且知其所以然。每个模型学习结束后，提供 2~3 个案例，让学生理解模型是如何使用的。案例全部来自正式发表的学术论文，让学生了解所学模型是如何解决实际问题的，实践表明学生对模型解决实际问题非常有兴趣，对培养学生解决问题能力的作用显著。而编制虚假数据，人为虚构案例，只能对模型本身的理解起一定作用，不能解决如何使用模型的问题。在软件操作方面，在课堂上教师进行演示，在专门的上机课上提供数据和操作指南让学生自己练习，可以一对一地指导软件的操作。

金融时间序列模型这门课程是经济学、统计学、数学相结合的一门课程，只靠课上听远远不够。数学类课程经常需要课上一小时，课下三小时的学习，才能理解课程内容。因此教师在促进学生“学”方面需把握以下要点：每次课后留几道习题促进学生对基础知识的理解和掌握，每周固定时间答疑，及时解决学生疑问。上机课上三分之二的时间留给学生自己操作学习软件，随时指导。上机练习前要学生阅读论文原文，提前收集数据，仿照原文重现论文实证结果，重复实现论文的结果会给学生满足感，学习有动力，学习目标明确，能够比较迅速学会操作，增加处理实践问题的信心。课后作业要求学生自己找问题，收集数据，自组小组合理分配工作内容和时间，用学过的模型进行实证分析，合作完成小论文。这项设计可以培养学生的综合能力，例如如何解决实际问题，提高写作能力、查找文献能力、查找整理数据能力，学会时间安排，合作分工等。

第三阶段成果评价。对四个教学目标有不同的评价方法，评价见表 2：

表 2　　成效教学法教学效果评价

教学目标	评价方法
基本概念	课堂习题、课后习题、期末闭卷考试
分析问题	分析题、阅读文献报告、写论文
实践操作能力	上机课操作结果
转移能力	分组写论文

对基本概念的评价相对容易和客观，通过课后习题和期末闭卷考试来考核。习题类型分为判断题、选择题、简答题、计算题、分析题等，从各方面考察学生对基础知识的掌握情况。对分析问题能力的评价可以通过分析题、阅读报告、提交论文等来考察。分析题考查学生是否了解对模型中哪些参数检验才能得出相关经济结论；阅读报告可以考查学生对论文的总结能力，并且通过报告判断学生是否了解如何选择正确的模型；通过学生提交的论文可以全面考查学生如何用模型来分析实际问题的。实践操作能力通过上机课后提交的操作结果来判断掌握程度，最后转移能力通过小组撰写的论文来评价。小论文要求分组撰写，小组人数老师可以控制，人数太多容易造成“搭便车”的情况。一般有一两个主要学生完成论文，经常来找老师讨论的一般是起主动作用的学生，其他

同学就属于“搭便车”的，“搭便车”的学生不能得到任何锻炼。人数少，例如单独完成，可以确保每个学生都参与进来，但是会导致教师工作量太大，并且无法锻炼学生合作互助的能力。目前一个比较好的解决办法是两个人或者三个人一组完成论文。

（二）“成效为本”课程建设效果

通过“成效为本”课程设计的建设，对教材内容进行了彻底的重新编排，按照教学目标进行分解，讲课更加有的放矢。以 ARMA 模型为例，基础知识目标包括基本概念白噪声、平稳随机过程、自相关函数、偏自相关函数、ARMA 模型的表达式。分析能力目标，包括建立 ARMA 模型，对 ARMA 模型的检验修正。实践能力目标包括向软件导入数据、在 EVIEWS 中表示 ARMA 模型、估计模型、进行预测等一系列操作。转移能力方面主要是设计小组论文，收集金融数据，对未来收益率进行预测，提供相关数据、操作指南、参考文献等。整个课程的脉络层次非常清晰，教师教和学生学都有了明确的目标。

传统教学方式下课程重视计量方法的理论方面，重点是学术概念、数值计算和系数估计参数检验的理论推导。习题是对计量方法的统计性质的练习，课堂例题只讲模型部分，不介绍模型可以解决什么经济问题，模型如何与问题联系在一起。经济类学生普遍统计、数学基础差，学习难度比较大，学生兴趣不高，对知识采取死记硬背的方法。学完也不会使用，不会软件操作，不知道如何解决实际问题。在“成效为本”设计下教学重点是对模型的应用，是对学生多方面能力的培养，课程增加了实践应用的例子、EVIEWS 软件上机操作、分组讨论写作实证论文等设计。学生从解决实际问题出发，以问题为学习导向，对涉及的基础知识不再抵触，主动理解基础概念，不再死记硬背。课上课下与教师的互动明显增加，每次课间休息都在回答问题中度过。学生在其他课程上要解决的经济问题开始练习用本课程学习的模型去解决，主动参加一些教师的科研项目，咨询进一步学习可以阅读的书籍等。确实达到了学生自主学习的初衷，并且能够学以致用，课程在学校本科教学效果评价中达到前 10% 的成绩。

四、课程建设总结

《金融时间序列模型》课程按照“成效为本”教学思路，通过一个学期的建设，成果丰硕：整理了丰富完备的教学资料，包括教学大纲、教学进度表、讲义、PPT、习题库、试卷库、上机资料等。传统教学方式是把知识点进行归纳和总结，例如要教什么内容，哪些是基础知识，哪些是难点，哪些是重点等。在“成效为本”理念下，课程设计核心不是教什么，而是希望学生达到什么能力。通过“成效为本”的课程建设，我们首次明确了《金融时间序列分析》课程希望学生达到的最终目标，并围绕要达到的目标设计了教学方案和评价方法。在“成效为本”教学方式下，学生学习主动性、学习兴趣都有所提高，不仅学到了基础知识，还培养了分析问题、解决问题的能力。

课程仍然有需要改进的地方，具体包括：（1）经济类学生感兴趣的是应用，在了解模型基本概念的基础上，通过分析实际案例更能调动学生兴趣。目前案例数量不多，要增加新案例。（2）目前上课完全是教师讲课，应该增加学生在课堂上的讨论时间。（3）调动学生的积极性，争取每个学生都学会软件操作。上机操作课，学校提供电脑和软件，老师可以当堂解决操作上遇到的问题，但是部分学生上机课上网看其他内容，没有充分利用时间。需要设置操作考核来督促学生的学习。（4）本课程属于定量分析，对于经济类学生难度比较大，课程内容比较多，课时略显紧张，计划精简教学内容，降低难度。（5）课后练习有答案参考便于学生自学和减轻教师判作业的工作量，这次课程建设收集了大量习题，但是只有少部分整理了答案，因此整理一些好的习题答案是下一步需要完成的工作。

参考文献

[1] 代伟. OTBL 模式在数学应用能力培养中的实践——以市场营销专业为例 [J]. 中国环境管理干部学院学报, 2012 (6): 73-75.

[2] 胡明祥. 成效为本教学法在《模拟电子技术》课程教学设计中的应用 [J]. 鄂州大学学报, 2012 (9): 63-65.

[3] 网络资料来源: http: //celt. ust. hk/files/public/20080429_tony_hung_obtl-ust. pdf, 2014.

[4] 龚本刚, 桂云苗, 程幼明. 成效为本教学法及在《物流管理》教学中的应用 [J]. 宁波大学学报: 教育科学版, 2011 (2): 1-4.

[5] 姜波. 基于结果的教育, 原则和策略 [J]. 比较教育研究, 2003 (8): 35-37.

[6] 李峰, 于志云, 田俊涛. 香港理工大学培育高技能应用型人才的几点经验和启示 [J]. 青岛职业技术学院学报, 2013 (2): 65-69.

[7] 刘旸, 刘红成. 成效为本教学方法的理论与实践——以香港高校英语教学为例 [J]. 现代教育管理, 2009 (8): 57-60.

[8] 吴晓红. 成效为本教学法在《高职数学》教学中的应用 [J]. 职业教育研究, 2009 (6): 94-96.

网络教育提升教师教学能力分析

——以教育部网培课程《项目管理》为例

（对外经济贸易大学信息学院）

赵星秋

摘　要：本文总结了参加教育部全国高校教师培训中心的网络培训课程的收获和体会，比较了网培课程和当前流行的MOOC、互联网视频公开课的差别，分析了网络教育的优势所在，提出了网培课程存在的不足及解决办法。

关键词：教师培训　网络教育　MOOC　视频公开课

“提高大学人才培养质量”是教育主管部门和大学共同关注的课题，高质量人才要具备良好的思想品德、掌握现代文化知识、富有创造力和较强适应力以及健全的人格和心理素质。在人才质量诸多要素中，知识是培养建立其他要素的基础。高等教育的任务是人才培养，因此，知识的传授也就成为高等教育的主要任务。

知识传授涉及三个主体内容，即知识传授对象——学生，知识传授者——教师以及被传授的知识。尽管近年来在人才培养中越来越强调学生的核心地位，但教师的主导作用一时很难改变，而且相比学生，教师人数少，更容易抓好，因此，当前提高教育质量比较有效的手段是快速提高教师质量。

提高教师质量可以从两个方面解决：一是加强入口管理，提高教师入口门槛，增强教师职业的社会地位，把高水平人才吸引到教师岗位上来；二是加强在职教师培训，提升师德素养和业务能力。在知识爆炸，社会日新月异的今天，教师知识老化的时间急剧缩短，教师日常工作量大，没有大块时间接受培训和再教育也是摆在眼前的现实问题，特别是高校教师，过去一直认为自己站在知识的前沿，对在职培训长期不够重视，也缺乏有效的培训手段。在信息技术高度发展的形势下，网络培训给高校教师培训工作带来新模式、新路径。

一、网络教师培训的现状

1. 传统网络培训

当前，国内网络教师培训主要有汇聚全国高校精品课程的专门针对高校教师培训的教育部全国高校教师网络培训中心（以下简称网培训中心），有互联网公司推出的网络视频公开课和 MOOC 课程，这是面向大学生和高校教师的。网络培训中心作为高校教师培训的“国家队”，自 2007 年建立以来，依托高等教育出版社，充分发挥资源优势，在有关高校的支持配合下，利用信息化和网络化技术，创新高校教师培训模式和培训体系，使师资培训工作常规化，截止到 2013 年，共有 17 万多人次参加培训，覆盖全国 92% 的本科院校和 80% 的高职院校，受到广大高校教师的普遍好评。教师网络培训的开展，还有效地推广了高等教育教学改革和项目建设成果，在高教战线起到了引领和示范作用，在教师队伍建设和提高高等教育质量方面发挥了积极作用。

2. MOOC 课程

随着 MOOC 在国内的流行，这一面向学生学习的网络课程也成为很多高校教师进行自我学习培训的手段。MOOC，即“Massive Open Online Course”，可直译为“大规模在线开放课程”。国内亦有人将 MOOC 翻译为“慕课”，是一种以开放访问和大规模参与为目的的在线课程。MOOC 具有如下的特征：具有比较完整的课程结构（课程目标、协调人、话题、时间安排、作业等）；是一种资源和信息均开放且全部通过网络传播的教育形式，没有人数、时间、地点限制；是一种拥有大量参与者的巨型课程，使用海量资源；学习者可以根据自己的习惯和偏好使用多种工具或平台参与学习，学习环境是开放和个性化的；是一种生成式课程，课程初始时仅提供少量预先准备好的学习材料，而学习者主要是通过对某一领域的话题讨论、组织活动、思考和交流获得知识。MOOC 在教学模式上的创新基于对人类学习规律的深刻认识以及计算机技术的充分运用，MOOC 强调“以学生为中心”，微型知识单元的设计、形成性评价、发挥学生的主体作用以及尽量借用技术支持教学与评价等手段都有益于该教学理念的贯彻和运用。

在包括 Coursera、Udacity 和 edX 三大在线教育平台的影响下，国内知名高校也相继开设 MOOC 课程。2013 年 5 月，美国在线教育平台 edX 发展清华大学、北京大学、香港大学、香港科技大学等高校加入其中，成为亚洲首批成员。之后，上海交通大学和复旦大学也与著名共享课平台 Coursera 签订协议，正式加入 MOOC 大家族。2013 年 9 月，北京大学在 edX 上的四门课程开始陆续上线。除此之外，北大还将在 Coursera 上再发布三门课程。这些 MOOC 课程不仅为学生提供了开放的学习平台，更为教师在职培训提供了机会。

3. 互联网公司视频课程

2010 年 1 月，网易加入国际开放课件联盟（OCWC），11 月整合并上线了 500 门课程。一年后，网易开始上线中国大学的视频公开课，并通过与 TED、可汗学院、Coursera 等机构合作而迅速成长为中国在线教育的先锋。2013 年 10 月，网易公开课宣布正式与美国大型公开在线课程项目 Coursera 展开全面合作。此外，新浪教育联合超星上线大学视频课程，搜狐教育、优酷等也相继推出视频公开课。

网络培训为教师学习提供更大的灵活性和自主性。与传统面对面的现场培训相比，网络培训打破了学习时间和场所空间上的限制，任何人、任何时间、任何地点、任何专题、任何内容学习成为可能。参训教师可以结合自己的工作实际，灵活安排时间，进行有选择性的学习。培训方式由以“教”为主转变为以“学”为主，扩大培训覆盖面。

二、高校教师网培学习分析

作为起步较早的教育部全国高校教师网络培训中心为高校教师培训汇聚了全国高校精品课程，中心得到了全国高校的大力支持，我校教务处积极组织教师参加中心的网络培训课程，取得了良好效果。作为一个 IT 人，笔者对网络上的东西一直比较关注，在网上看过很多课程的视频，由于种种原因，这些课程大多让人有兴而来，扫兴而归，逐渐使自己失去了对网络教育的期盼。而这次教育部网培中心教师网培之所以取得成功，与学校教务处的重视和精心组织安排是分不开的，现以笔者参加《项目管理》课程培训为例探索如何利用网络培训提高教师教学水平。

1. 有的放矢、明确学习目的

参加网培课程的教师首先要明确网培课程的教学目的是什么，是对相关任课教师的培训，要求参加培训的教师最好是从事该门课程教学的教师，熟悉课程涉及的知识点，对课程有一定教学经验，网培中心课程主要是传授教学方法，不是传授课程知识的。因此，课程涉及的知识点较少，更没有巩固知识点的各种练习和讲解知识的案例，主要是课程的组织和抛砖引玉的案例。

2. 科研促进教学

现在很多人认为科研高高在上，那是博士课程要讲授的东西，对本科教学没有作用。事实上，要讲好一门课程，授课教师必须对该课程所依托的领域有深入的研究。项目管理授课教师在课程中运用其研究成果“项目价值=项目功能/项目成本”，既解释了日常运营与项目的区别，也清晰地导入了项目集成管理。这一理论授课教师基于全生命周期项目管理的研究成果，不管正确与否，起码逻辑性很强，给项目管理带来了科学方法和理论依据。公式虽然简单，但展现了教师对课程所涉及知识的深入研究。如在《项目管理》一般教科书和视频课程中，一直把重点放在项目管理的其他八大要素上，对连接项目各要素的集成管理只是轻描淡写地介绍一下，而该培训课程创新性地以项目集成管理为纽带把其他八个要素紧密地联系起来，形成一个知识的整体。

3. 突出要点、抓住核心

网培课程的一个突出特点是对课程总体的概括性很强，有助于教师突出重点，抓住课程的核心。项目管理课程整体概括为五大过程、四个阶段和九个领域，把其中八个基本领域分成“四软四硬”，“四软”是管人的，“四硬”是管事的。软的要素管理有很强的灵活性，硬的要素管理起来强调科学性，这种分法既形象深刻，也使学生容易把控学习。这充分体现了授课教师对课程总体的理解和高度的概括综合能力，抓住了课程知识体系的纲。在抓纲的同时，也特别强调点的重要，如时间估计与进度计划的本质区别是“时间点与时间段”，进度管理要用日历天，不能用第几天，虽然这个问题所有教科书都会提到，但每届学生都犯同样的错误，究其原因，还是讲课时没有强调，有点眉毛胡子一把抓，犯了什么都讲，学生什么要点都没有抓住的禁忌。

4. 举例恰当，精心备课

看似信手拈来的一个恰当举例绝不是那么简单，这是授课教师经过精心准备筛选的。在讲述管理团队的组织形式时，教师再次通过项目价值公式来揭示职能型管理的自我性与项目团队的总体性。一个认真负责的员工在不同工作环境下所关注的问题不同，过分关心自己的职责不一定对项目总体能起到好的作用，这充分反映了组成项目团队的重要性和必要性。对工作包 work package 的举例，说明工作包是多个活动的组合，体现了工作包成果的可交付性，这个例子既简单又能说明问题。这些例子告诉我们在今后的教学中要树立以学生为中心的观念，注意收集设计接近授课对象生活的例子。

5. 举一反三，加深记忆

网络学习的突出优势在于学习者可以举一反三地听讲，这是在普通课堂教学中无法做到的。学生在听课时很难做到长时间集中注意力，常规课堂当发现错过重要内容时很难回来重新听，这将影响后续的听课效果。网络课堂则不同，当你发现错过重要内容时可以反复重听重看，这对高效掌握教学内容，加深知识点理解是十分必要的，也是常规课堂无法比拟的。为此，需要借鉴 MOOC 课程的特点，把课堂知识碎片化，尽力减少知识的关联性。

三、存在的问题及解决办法

通过网培中心课程的学习，对比 MOOC 课程和互联网视频课程，发现几点不足，以期网培课程能更上一层楼，让更多教师受益。

1. 课件设置太长

课件制作太长，有些甚至几章内容打包成一个文件，相关内容查找困难。内容在组织上没有考虑学习者的承受耐力，教师培训属于成人在职教育，教师缺少大段完整的学习时间，很难一次听课 30 分钟以上，而视频内容几乎都在 30 分钟以上，内容较长，知识点较多，教师很难一次记住那么多知识。应该学习 MOOC 知识碎片化。

2. 缺乏学习讨论社区

网培课程没有指导教师，虽然设置了班主任，但班主任也不是专职教师，仅仅是业余服务，没有时间来和学员直接交流，学员的学习只能靠听视频课件，缺乏互动。要解决这一问题，要借鉴 MOOC 课程创建学习者问答区或提供互助平台，让学员相互交流，解决存在的疑难问题，督导教师提炼积累，形成知识。网络培训可以实现网络资源与学员、学员与教员、学员之间的全方位的实时互动。在网络学习过程中，不仅辅导员可以通过辅导、答疑来解决学员在学习中提出的问题，学员之间也可以相互解答问题，探讨交流学习。网络环境下的教员和学员，角色可以反复转换。

3. 视频制作简单粗糙

网培课程虽然是全国筛选的精品课程，但由于制作经费所限，视频基本就是教师讲课的简单视频记录，没有 flash 动画，更没有把案例变成场景故事的微电影，看起来比较枯燥。要借助现代计算机影视技术和虚拟场景技术，插入大量案例视频，提高观赏性。

4. 扩大开放性，吸引更多人加入到社区学习

当前参加学习的老师，都是注册报名缴费的学员，应该学习 MOOC 的开放性，只要愿意学习的教师都可以参加，感觉好可以付费获得学习证书，觉得一般或不需要证书的教师可以免费参加，这样可以扩大学习人群，让更多的人参加进来，使专题讨论更加热烈，增加教师之间更多的交流机会，这对提高课程质量有很大的促进作用。

5. 引入新技术，减少信息收集时间

在系统开发上要向互联网公司学习，课程讨论主题能够进行分类聚集，把相同或相近主题的内容聚集在一起，使关心这个主题的教师直接能够找到自己需要的内容，而把不相关内容自动从讨论区剔除或转到对应主题去，以免大量不相干内容充斥论坛，影响感兴趣教师查看。

四、结束语

网络培训可以实现优质资源共享，这一点在参加全国高校教师网培课程学习中体会很深。通过建立网络培训平台，将最好的教师、最优质的课程资源、最有效的教学方法等资源整合集成，使参加学习的教师利用一切可以利用的时间在网上共享最高端的培训，使长年奋斗在教学第一线的教师得到知识更新的机会，确保教师可以长期保持高水平。网络培训虽然存在许多需要改进的地方，但其作用和优势不容忽视。

参考文献

[1] 宋永刚．高校教师网络培训的回顾与展望大规模开放在线课程的国际现状分析 [J]．中国高等教育，2013.

[2] 李青，王涛．MOOC：一种基于连通主义的巨型开放课程模式 [J]．中国远程教育，2012（5）.

[3] 郝丹．国内 MOOC 研究现状的文献分析 [J]．中国远程教育，2013（11）.

[4] 赵妍．北大清华部分课程上线 MOOC 高校试水在线教育．http：//money.163.com/13/0926/00/99LKEFL700252G50.html/.

讨论教学法和案例教学法在《票据法》课程教学中的应用探析

（对外经济贸易大学法学院）

冯　辉　张　妍　鲁亚琼①

摘　要：本文首先分析了票据法教学的基本情况以及传统讲授式教学法运用于票据法教学的弊端。随后，本文将票据法的特点和讨论教学、案例教学的特性相结合，指出了在票据法教学中运用讨论教学法和案例教学法的必要性。最后，文章为票据法教学中多种教学方法的应用提供了具体模式，并指出了多种教学法并用的意义。

关键词：讨论教学法　案例教学法　票据法　教学方法

《票据法》教学的主要方法仍是讲授，仅在部分章节和部分教学环节采用讨论教学法和案例教学法。票据法的教学共分为三编，分别为票据法基础知识、票据法总论和票据法分论。鉴于讨论教学法和案例教学法有各自的特点，我们将据此与票据法相关章节进行结合，以达到较好的教学效果。

一、讨论教学法和案例教学法的区别和共性

案例教学在美国法学教学中占主导地位，其特点就是让学生在课堂上进行案例讨论。因此，案例教学法可以被视为讨论教学法的一种，但二者还是有一定的区别：第一，讨论法的内容不一定是案例；第二，案例教学也不一定要用讨论的形式。

我校《票据法》为3学分课程，课堂时间相对充裕，有采用讨论教学法和案例教学法的实施空间，也是本科高年级课程，学生对法学基础知识已有较好的把握。但讨论教学法重在讨论，案例教学法重在案情分析和法律运用。两种教学法都需要学生的积极参与，通过学生之间及师生之间的交流，相互学习，发现问题。讨论教学法和案例教学法的共性在于：第一，班级规模对教学效果的影响较大，教师需结合班级人数确定适当的讨论教学方式和案例分析方式；第二，教师需就学习内容提

---

① 作者简介：冯辉，男，对外经济贸易大学法学院副教授。张妍、鲁亚琼，对外经济贸易大学法学院硕士研究生。本文为对外经济贸易大学校级常规课程建设项目《票据法》（X12209）的建设成果之一。

出富有启发性的问题，这是成功运用讨论教学法和案例教学法的基础；第三，教师在讨论和案例分析中处于引导者的位置。因此，在讨论教学或案例教学实施前，教师需分析学生在学习过程中可能出现的各种观点和问题。在讨论过程中或案例分析过程中，教师需及时对同学的发言进行点评或进一步提出问题，引导学生围绕学习内容的核心问题进行思考和发言。

二、讨论教学法在《票据法》课程教学中的应用

讨论教学法按讨论内容，可以分为案例讨论、理论讨论和混合讨论。本文所指的讨论教学法仅指理论讨论，即针对概念、学说等进行学理上的讨论。

（一）讨论的范围

就《票据法》课程特点而言，适合讨论的是《票据法》总论部分，即权利论、行为论和抗辩论。《票据法》总论的知识较为抽象，这部分内容的教学重点不是解决实践问题，而是理解《票据法》基本概念和原理。教学应着重于《票据法》理论的系统分析，在教学方法上采用讲授和讨论相结合的方式。若由教师对《票据法》总论内容进行灌输式讲解，不利于发现学生理解的盲点和错误。在涉及重点难点理论的教学环节，通过同学们的讨论发言，教师可以及时发现学生的理解偏差并予以纠正，为《票据法》后续部分的学习打下良好基础。

任课教师需限定讨论范围，使学生以某一概念或理论为核心进行讨论。讨论的范围应该是在《票据法》的内容中具有重要地位但不易理解或容易出错的内容，例如较抽象的概念、不同概念之间的区别、某一法律规定的具体适用等。对这些教学重点难点内容，教师需设计出有针对性的讨论题目。题目的设计既能从教材中找到部分答案，又具有一定挑战性，需要学生继续查找资料。因此，题目不宜过难，需综合考虑具体开课年级和学生商法知识基础，在学生的接受能力范围内提出问题。题目需留有一定的讨论空间，足以激发学生讨论的兴趣，并使同学获得学习的成就感。针对不同的《票据法》章节，讨论的内容深度不同，以锻炼学生的思维能力。

（二）讨论的形式

按讨论规模，讨论教学法可分为全班讨论和小组讨论。全班讨论可运用《票据法》内容相对简单、细节的问题，综合全班同学的想法，很快为某一问题找到答案。小组讨论适合将一整堂课的时间用于某一知识块的深入讨论。教师就某一知识小节提出若干问题，问题设计呈现一定层次，如分为基本问题和引申问题。基本问题和引申问题相互衔接，难度逐步加大，经过层层递进地讨论后构成完整的知识模块。

就某一问题讨论之后，若出现分歧，教师可以组织持相同观点的学生进行深层次的讨论，进而完善论据，再继续进行讨论。教师在讨论过程中及时总结同学发言，并用主持者的身份进行启发和诱导，提供多种思路开拓学生的思维，使讨论能有效展开。教师

也可以参与讨论，在参与中控制讨论的广度和深度。教师无论是主持还是参与讨论都需注意控制讨论节奏、管理课堂秩序。此外，教师应注意在讨论中保持中立。讨论内容具有争议性，答案并不唯一，教师虽然有自己的观点，但也要尽量避免对学生造成影响。讨论结束后，教师还需对讨论作出归纳与评价。教师的观点可以在总结部分提出。

三、案例教学法在《票据法》课程教学中的应用

案例教学法即教员通过对典型案例的解剖、分析和组织学生对典型案例进行研究、讨论，引导学生从个别到一般、从具体到抽象，从实际案例中学习、理解和掌握法的一般原理、原则的教学方法，是我国法学教育改革中值得探讨和加以尝试的一种教学方法。[①]

（一）案例教学的范围

《票据法》教学内容的第三编是《票据法》分则，包括汇票、本票和支票。本编是在前两编的基础上分别介绍不同种类票据的具体法律规范。这部分内容与商业实践联系紧密，因此采用案例教学法，让同学们能理论联系实际，学以致用。

本编的案例式教学注重对学生《票据法》运用方法、《票据法》法律关系分析方法的训练。鉴于目前的教育资源情况，在教学中要全面地采用真实案例较为困难，因此，教师在备课期间将结合我校法学院培养人才的目标和教学大纲，适当选择案例。《票据法》分则案例教学的共性在于分析票据关系和《票据法》上的非票据关系，个性在于汇票、本票和支票有各自的期间、付款规则和追索权行使规则。在分析具体案情时需综合运用民法、商法、诉讼法知识。因此，教师还需注意保存查到的案例资料，建立《票据法》案例资料库，逐步积累、完善法学院案例教学资源。

（二）案例教学的模式

《票据法》的案例教学主要采用两种模式：一是讲授理论知识后，列举几个简化案例，由教师进行讲解或提问；二是选取真实的复杂案例，让同学分析。前者是案例教学的简单模式，重在使同学理解某单一知识点，加深印象。后者重在对学生法律思维的培养，通过理清事实、分析法律规定和适用法律，以融会贯通，达到综合运用《票据法》知识的目的。

在采用简化案例时，以每节课3到5个为宜。在案例的选取上，教师可以借鉴司法考试内容，以单选、多选、判断或简答的形式提出，并在课堂上随机抽问。这样既能提高学生的专注度，敦促学生思考，也能发现学生的理解误区，及时进行纠正。

在采用复杂案例教学时有两种方法：第一，教师在课堂上提供内容完整但结构简单的案例，并提出具体问题，由学生进行讨论。此种方法重在培养学生的初级《票据法》

① 姜明安．行政案例精析．北京：中国人民公安大学出版社，1991：393.

分析思维，懂得《票据法》的适用规则。第二，教师事先布置难度大的综合案例，并供相关资料。教师可以将学生分成若干小组，每组 5 到 8 人，提前一周或两周将案例及要求发给学生。每个小组就该案例撰写分析报告，然后在课堂进行展示，并回答其他同学的提问。这种方法重在培养学生的案例分析能力、思维能力、表达能力和合作精神，属于高级的案例教学模式，适用于《票据法》课程的后期。

四、教学效果评估

讨论或案例分析结束后，教师需对本堂课的教学效果进行评估。教师需点评或补充同学们发言没有涉及到的知识点，总结该堂课的授课效率和教学效果。

1. 教师点评。教师课通过点评强调学习重点或补充学习资料。资料内容涉及经典案例、理论研究成果，如法学专著的书目、节录，主要观点及论文、论文节选等。

2. 作业。同学们以作业形式上交讨论提纲，列举论点并提供论据。教师在审阅后，结合同学们课堂讨论和案例分析情况进行指导。

3. 方法总结。方法总结是指教师对讨论及案例分析的准备方法、思维方法及语言技巧等进行概括总结。教学内容可以适当扩展，不仅限于《票据法》知识，可以涉及论点论据的组织方法、有限时间内的发言技巧等问题。

五、采用讨论教学法和案例教学法的意义

第一，有利于提高学生的课堂参与度，提高学习效率。如前文所述，《票据法》理论知识和实践运用具有特殊性。仅由老师传授知识的传统教学法的确可以在单位时间向学生输出足够的《票据法》知识，但学生的接受率较低，实际的学习效率受影响。讨论教学和案例教学虽然在形式上较复杂，但在教师的引导下，通过同学和同学之间、同学和老师之间的互动，能提高学生的课堂参与度和学习积极性。在讨论教学环节和案例教学环节，学生成为课堂的主体。学生通过相互交流以及老师的及时反馈，可以立即纠正认识错误，并留下深刻印象。

第二，有利于拓宽学生的学习广度。传统授课法下，学生通常按照老师讲授的范围去学习，具有一定的局限性。为了参与讨论、分析案例，学生会在课前投入相当的精力，主动学习相关理论知识，并进行分析运用，能促进预习和扩大学生的学习广度。同时，学生在自主学习的过程中必然会自主运用其他法学学科知识，并接触到其他学科的知识。这能促进学生发现自己的兴趣点，进而发掘自己的学术研究方向和实务发展方向。

第三，有利于培养学生的资料搜集能力、思维能力和语言能力。学生为了能够在讨论和案例分析环节发言，必然要确立自己的观点，为观点寻找论据。观点的确立和论据的形成，需要学生搜集、阅读、鉴别资料，从中理清思路。首先，学生必然会主动学习如何更有效地搜集资料，获得在图书馆、网络及数据库找到相关资料的方法。其次，学

生可以学习如何鉴别资料。面对众多材料，学生可以在摸索中相互学习或询问老师，从而懂得如何鉴别资料的优劣，进而学习如何从同样的资料中基于不同的观点寻找不同的论据。最后，学生须练习如何组织语言和组织论据，使自己的发言体现一定的语言风格和逻辑思维。这无疑会促使学生全面思考、换位思考，培养思维能力和语言能力。

综上，在《票据法》授课时，在传统教学法的基础上引入讨论教学法和案例教学法，能提高学生的参与度和学习积极性，更好地培养学生分析解决法律问题的能力，有助于专业素养的培养。

参考文献

[1] 张安毅. 当前我国高校商法课程教学的困境与对策. 河南司法警官职业学院学报，2010（1）.
[2] 邹丽玲. 李志宏关于传统与现代教学方法的思考. 中国高教研究，2008（12）.
[3] 庞文娟. 论传统与现代教学文化的平衡转型. 教育科学论坛，2010（12）.
[4] 张惠芳. 关于法学专业实践教学模式的反思——兼谈对美国“法律诊所式教育”的借鉴. 山西警官高等专科学校学报，2007（3）.
[5] 马特. 讨论式教学在法学教育中的运用. 中国成人教育，2008（5）.
[6] 程宏. 法学案例教学的方法与运用. 湖北社会科学，2008（11）.

高校教师特征对学生学业发展影响的实证分析

（对外经济贸易大学教务处）

李　芳　张超锋　冯　强

摘　要：结合国内某高校大学英语课程的相关数据分析教师特征对学生学业发展的影响，着重依据学业成绩和学生评教数据来分析在编和兼职教师对学生学业效果的不同影响。全面衡量学生的学业发展通常需要从客观和主观两个维度，客观上，学生通过学习过程，知识得到了增长，能力得到了提升，这个方面通常用学生的学业成绩作为衡量指标，学生学业产出增值可以反映教师的教学效果；主观上，学生在学习过程中学习体验的好坏通常借助学生对教师教学过程的评价进行衡量，评价越高，说明学生的学习效果越好，知识得到了有效传递。因此，学生学业成绩和学生评教结果可以看成相对完整的学生学业效果衡量体系，也可以说是考察教师对学生学业效果影响的有效指标。文章实证结果显示，全职教师对学生学业成绩的影响长期好于短期，兼职教师的影响却恰恰相反，教师属性（即在编教师或者兼职教师）对学生学业效果的影响统计上比较显著，但现行的学生评教结果与教师增值评价的相关性较弱。

关键词：高校教师　学生学业发展　面板数据　固定效应

一、引言

随着高校招生规模的不断扩大，从1999年起到2006年止，前后共8年之久，招生数从1998年的108.4万人发展到2006年的530万人，增长了300%，尤其是1999年和2000年高校招生增长率分别为47.3%和38.2%，8年平均增长22.5%。学生数量的快速增加使得师资的短缺问题日益突出，生师比一度走高，有的学校甚至高达30：1以上。中央和地方教育主管部门以及各高等院校都在积极筹划应对师资不足的问题，停止扩招、加大投入、增加师资等一系列措施陆续实施。

扩招带来的师资不足和高校教师聘用制度的改革，使很多高校除了采取增加在职教师的工作量、扩大授课班级规模等措施之外，还普遍采取了从校外聘请教师、启用在读研究生为本科生授课等多种手段。这些做法在一定程度上缓解了师资的短缺，同时也为校外代课教师和在读研究生提供了工作和锻炼的机会，得到了教育主管部门的默许。一些学校还把研究生为本科生授课作为研究生人才培养的一种实践环节列入培养模式，成为同辈教育的经典案例。随着以上措施的常态化实施，一支在编教师、研究生教师、外聘教师并存的多元化师资队伍正在各高校稳步发展并逐渐引起社会的关注。

高校教师聘任的多元化在其他国家也存在。美国国家教育统计中心的数据显示，20世纪 80 年代中后期开始，越来越多的大学开始使用外聘兼职教师，2003 年兼职教师比例已经占到大学教师的 44%。对大学大量使用兼职教师的争议很大，未有定论。批评者认为，兼职教师普遍缺乏博士学位，导致教学质量的下滑和辍学率的上升（Bettinger 和 Long, 2006; Ehrenberg 和 Zhang, 2005）；支持者则认为，私人部门的工作经验以及专业化地从事教学工作使得代课教师可以增强学生的学习体验，与此同时正式教师又可以集中精力从事科研提高学院的产出（Leslie 和 Gappa，1995；Autor，2001），可谓一箭双雕。

随着事业单位改革的推进，我国高等院校教职员工聘用方式的改革也在悄然兴起，人事代理制度正在各高校逐步推广实施，合同制聘用和短期临时聘用等用人方式在高校普遍实行。早在 2004 年教育部办公厅印发的《普通高等学校本科教学工作水平评估方案（试行）》（教育部教发［2004］2 号文）中就可以发现对此问题的相关规定。普通高等学校基本办学条件指标测算办法中关于教师数量的计算有这样的表述“聘请校外教师经折算后计入教师总数，原则上聘请校外教师数不超过专任教师总数的四分之一”，“教师总数=专任教师数+聘请校外教师数×0.5”。由此可知，从校外聘请任课教师的做法在我国高校中已经具有一定的普遍性。

国内外高校教师聘用方式多元的实践促使作者思考，不同聘用类型的教师是否会对学生的学业效果产生不同的影响？在编教师中具有高级职称的教师和以讲师为代表的中青年教师之间是否在教学效果上会有不同？解答这些问题，对优化高校教师结构、提高高等教育质量和效率有重要价值。但是，文献检索表明，在我国这些问题的实证研究还是空白。

本研究的研究目标是，通过实证分析，发现不同聘用方式的高校教师、同为编制内但职称不同的高校教师，对学生学习效果影响的差异。理想的研究是，通过大量的不同类型教师与学生学业效果关系的实际数据，运用合适的计量方法，得到可靠的结论。但是，我国高校还很少有系统的不同类型教师与学生学习效果关系的数据，没有运用大数据进行研究的条件。

本文选取国内某高校大学公共英语教师与学生学习效果关系的数据，计量不同聘用类型的教师和同为编制内但职称不同的教师，对学生英语学习效果的影响。该高校公共英语教师从聘用方式考察，有全职在编教师、本校在读硕士教师、外聘教师和外籍教师四类，这几类教师除了年龄、职称、学历等特征的差异之外，主要区别就在于其与学校之间的人事关系有着很大的不同。在实际的教学管理过程中，全职在编教师的人事关系隶属于学校管理，一般情况下不会被辞退，具有很强的稳定性。而后两类任课教师的首次聘用则存在着一定的差异：本校在读硕士教师通常来说是成绩优秀且各方面表现突出的在校研究生，一般是在导师推荐的基础上经过开课学院考核方可承担教学任务；外聘教师通常是通过全职在编教师引荐，由开课学院面谈之后安排授课任务；外籍教师则是由开课学院联合国际处共同引进的授课教师，但由于外籍教师的数量较少，不具有代表性意义，因此本研究主要考察前三类教师对学生学业效果的影响。在这三类教师中，全职在编教师按照不同的职称标准获取课酬，同时享受国家和学校的各项岗位工资及补贴；本校在读硕士的课酬标准完全统一，按照授课课时的多少按月进行结算；外聘教师的课酬则是根据该教师的资质、学历、职称等因素综合确定，按时计酬，按月支付。需要特别说明的是，后两类任课教师的后续聘用通常是根据其在前一轮授课过程中的表现来决定的。授课表现包括学生的课程成绩和学生对其进行的教学评价。

综合以上因素，本文将通过学生英语学业成绩和学生评教数据来分析在编和兼职教师对学生学业成绩的不同影响效果。

二、文献综述

随着西方国家教育问责制的普遍实施，教育增值模型从学术进入政策实践，已经成为教育问责的重要工具。教育增值模型为教育问责提供了客观、规范的标准。有学者认为增值评价下的问责制提升了整体学生学业成绩（Hanushek 和 Raymond，2005），但是也有学者认为增值模型根本无法评估出学校或教师的真实影响，而错误的教育评估结果会为教师带来负面激励（Gorard，2006）。撇开学业成绩是否适合作为问责指标不谈，增值评估的可靠性主要受到三个方面的质疑：第一种质疑来源于模型设定。例如，北卡罗来纳州和南卡罗来纳州模型根据学生以前的成绩和学校投入确定学生今年应该取得的进步值，用实际进步值减去预测值衡量学校绩效。这种模型设定会导致好学生多的学校效率被低估，缩小增值差异。目前，在模型中加入学校或教师哑变量的固定效应模型已经成为教育增值模型设定的主流，不过具体形式仍有争论（Tekwe，2004）。第二种质疑来自测量误差。因变量存在测量误差不会影响估计的一致性，但自变量存在测量误差且该测量误差与观测值相关时会影响估计的一致性。比较 IV 估计（上上期的学生成绩作为上一期学业成绩的工具变量）和 OLS 估计的结果，Ladd 和 Walsh（2003）认为测量误差的存在导致教育增值的差异被放大，测量误差是教育增值评估中最主要的偏误来源。不过，学生考试成绩会围绕真实学业水平上下波动，上一次考试表现好的学生下次会有较大概率出现下滑，即所谓的“回归平均水平”（mean reversion）现象。因此，采用上上期成绩作为工具变量的 IV 估计和 OLS 估计之间的差异并不完全是测量误差导致的，很大程度上来源于“回归平均水平”的影响。

最难以解决的质疑来源于学生教师匹配过程中的自选择问题。Lord（1967）或许是最早在增值评估背景下讨论自选择问题的，作者在研究食堂进餐是否对学生体重有增值影响时发现，不同的统计方法会导致不同的结论，这一问题在因果推论中被称之为 Lord's Paradox。Holl 和 Rubin（1983）在反事实分析框架下对 Lord's Paradox 进行了很好的诠释。利用反事实思想构建的检验方法，Rothstein（2010）发现五年级数学和阅读教师增值影响的标准差为 0.11 和 0.08，而五年级教师对四年级学生成绩增值影响的标准差也达到了 0.08。显然，这一反事实因果关系不可能成立，更可能的解释是学生分班过程不随机，学生教师匹配过程中出现了择班或择师。

在教育增值法的分析框架下，学界已经对教师影响形成了一些共识。无论是随机干预实验还是基于观测数据的研究、高等教育或是学前教育、发达国家或是发展中国家，教师影响的挥发性都得到了验证，一年后的挥发性高达 50% ~ 80%（Currie 和 Thomas，1995；Jacob 等，2008；Kane 和 Staiger，2008；Rothstein，2008；Banerjee 等，2007）。教师之间的增值效果存在很大差异，但是这一差异只有很少一部分可被教师学历、工作经验等显性特征解释（Rivkin 等，2005；Noell 和 Burns，2006；Heck，2007）。众多不同的研究都指向一个共同的结论：教师课堂活动本身才是真正重要的因素。

国内教育评估研究以定性研究居多，集中于各级教育评估指标体系的讨论（蔡永红、林崇德，2004；王战军等，2004），基于教育增值法的实证研究不多。马晓强等（2006）利用河北保定市的高中数据进行了一个比较成熟的学校效能增值评价研究，发现高考分数的校际差异可以用中考成绩解释 60%，大约 20% 的差异是由学校增值的不同引起的。在针对甘肃农村初中的一项研究中，薛海平和闵维方（2008）发现学校作用可以解释学生学业成绩差异的 20~40% 或更高。这两个研究的估计结果高于国外同类研究对学校作用的估计（10% ~20% 之间），一方面是国内校际间办学条件、师资水平等因素差异更大，另一方面可能是遗漏了某些无法观测的，但是会影响到学校选择和教育产出的学生特征变量所导致的。

教育增值评估模型就像一个黑匣子，在教育经济学家的不断努力下，它越来越可靠地告知哪些学校和老师在教育过程中是有效的，但是并不回答为何有效。部分教育学者深入到班级教学过程中，尝试打开教育生产的“黑匣子”。一项在美国俄亥俄州实施的教师评估研究认为，教师不能直接引发学生学习，而是通过为学生创造学习时间、促进学习气氛、使学生参与有价值的活动产生教育增值（Lasley 等，2006）。Heck（2007）认为，学生与教师积极的社会关系、学生得到教师的支持、教师态度与信念等影响学生成绩。上述研究基于长期细致的班级观测，许多结论十分具有洞察力和说服力，但是还需要在识别因果关系方面做得更加深入。

三、数据说明与统计描述

本文采用的数据来源于国内某重点高校教务系统，包含学生学籍、英语入学测试成绩、所有英语类课程和任课教师信息、学生评教信息以及四六级成绩。该高校拥有经、管、法、文四大类学科，英语一直是其学校特色。鉴于数据的完整性我们仅选取了 2005 年到 2008 年每个学期的英语成绩，每个学期中有学生大学英语精读成绩和大学英语口语成绩的相关信息以及教师类别的相关信息。原始样本中包含了学生接近 4 万个观测值，但由于存在着大量缺失数据，我们仅保留了那些所有数据都完整的个体观测值，每个学生个体都有四个学期的英语课程学习经历，每个学期的英语课程又包含大学英语精读课程和大学英语口语课程，其中精读课程的学生样本总数为 1 306 个，口语课程的学生样本数为 1 207 个。每个学期末学生会从十个体现教师素质的不同指标对上课教师进行匿名打分评价。我们选取学生的考试成绩作为被解释变量，选取教师的特征作为解释变量，包括教师是否兼职、教师的学历以及教师的职称等，体现学生特征并且不随时间变化的控制变量包括性别、民族，以及学生的英语基础水平（本文用入学时的英语综合测评成绩来体现）。与大学生英语精读成绩相关的数据描述性统计见表 1。

表 1　　数据的描述性统计

入学年份	学期	成绩均值	成绩标准差	成绩最小值	成绩最大值	兼职教师比例（%）	学生对教师的评分均值	
							兼职评分	全职评分
2005	1	78.934 14	6.907 059	60	93	52.39	89.975 93	90.818 02
	2	78.823 22	6.465 18	53	96	34.64	89.680 53	90.511 06
	3	77.568 46	6.145 451	60	92	21.16	91.522 49	92.153 12
	4	78.152 51	6.433 931	60	94	21.50	87.940 96	87.824 6
2006	1	78.924 46	6.523 623	47	94	33.09	88.654 91	88.747 7
	2	77.647 48	6.470 226	51	94	21.94	85.415 58	86.500 43
	3	76.156 47	6.066 147	52	94	14.75	90.747 47	89.282 02
	4	75.742 81	5.909 381	53	92	13.49	90.371 43	91.518 78
2007	1	76.716 89	8.205 628	57	91	42.01	90.182 03	91.042 62
	2	76.059 36	6.973 814	58	93	32.88	87.831 56	87.960 55
	3	75.095 89	6.415 644	53	91	18.72	91.517 83	93.307 69
	4	75.214 61	7.132 081	42	91	25.11	90.592 59	89.361 7
2008	1	79.187 5	7.553 69	60	94	64.58	91.437 84	91.580 88
	2	78.870 83	6.870 864	57	94	40	88.403 58	89.624 8
	3	78.470 83	6.627 506	60	92	27.5	90.341 92	91.462 8
	4	78.404 17	6.790 282	59	95	6.67	91.674 86	91.878 54

从表 1 中可以看出兼职教师的比例与学生的考试成绩具有正相关关系，然而学生对兼职教师的评分却相对较低。

本文拟采用面板数据去估计我们的模型，截面变量为不同的学生个体，每个学生对应唯一一个学号，时间变量为学期，共四个学期，每个学期的课程包含大学英语精读和大学英语口语两门课程。采用面板数据模型进行分析的主要目的在于两个方向：一是控制不可观测的个体异质性；二是描述和分析动态调整过程，处理误差成分。面板数据综合了时间序列数据和截面数据的特点，提供了更多与客观现实相关的信息，并控制了个体的异质性，增大了自由度和减小了变量间的多重共线性。相对于单纯的时间序列数据和截面数据而言，在动态分析、个体分析等方面面板数据都具有其无可比拟的优势。面板数据常用的两种模型是固定效应模型和随机效应模型。采用固定效应模型往往会耗费很大的自由度，尤其对于截面数目很大的面板数据，随机效应模型似乎更合适。但另一方面，固定效应模型中我们无须做个体效应与其他解释变数不相关的假设，而在随机效应模型中，这个假设是必需的，在模型的设定中如果遗漏了重要的变量，就会导致参数估计的非一致性。因此，我们可以通过检验固定效应与其他解释变量是否相关作为进行固定效应和随机效应模型筛选的依据。

四、实证结果与分析

（一）计量模型的建立

为了考察教师类别（包含教师是否全职，教师最终学历，教师职称，教师性别等）对学生考试成绩的影响，我们需要控制影响学生考试成绩的其他一些因素，比如性别、英语基础水平等。反映英语基础水平的变量可以用入学英语分级测试成绩来表示。

本文所建立的计量模型中的被解释变量为 $Score_{kit}$，（$k=1$，2），其中 $k=1$ 时表示第 i 个学生在第 t 个学期大学英语精读课程的考试成绩，其中 $k=2$ 时表示第 i 个学生在第 t 个学期大学英语口语课程的考试成绩；解释变量 $Adjunct_{kit}$ 取值 0 或 1，取值为 0 时表示第 i 个学生在第 t 个学期英语课程教师为兼职教师，取值为 1 时表示第 i 个学生在第 t 个学期英语课程教师为全职教师；解释变量 $Degree_{kit}$ 取值为 0，1，2，3，取值为 0 时表示表示第 i 个学生在第 t 个学期英语课程教师为兼职教师，取值为 1 时表示表示第 i 个学生在第 t 个学期英语课程教师为全职本科学历，取值为 2 时表示表示第 i 个学生在第 t 个学期英语课程教师为全职硕士研究生学历，取值为 3 时表示表示第 i 个学生在第 t 个学期英语课程教师为全职博士研究生学历；解释变量 $Rank_{kit}$ 取值为 0，1，2，3，取值为 0 时表示表示第 i 个学生在第 t 个学期英语课程教师为兼职教师，取值为 1 时表示表示第 i 个学生在第 t 个学期英语课程教师为全职讲师，取值为 2 时表示表示第 i 个学生在第 t 个学期英语课程教师为全职副教授，取值为 3 时表示表示第 i 个学生在第 t 个学期英语课程教师为全职教授。

本文同时也考察了学生对教师的评分对学生考试成绩的影响，由于评分的规则是匿名的，因而我们无法找到每个学生对任课教师的相对应评分，因而我们选取了同一入学年份的同一学期所有学生对其相对应任课教师评分的均值作为解释变量纳入我们的模型当中，该变量记为 $Evaluation_{kit}$（简写为 Ev），为了体现学生对不同类别教师评分的差异，我们根据对外经济贸易大学英语教学评价的指标体系，从教风师德、教学要求、教学内容、教学方法以及教学效果等十个分项指标考察对学生考试成绩的影响，这十个指标分别是：

Ev_1（教风师德 1）：专业素质高，教学认真，教风严谨，能够做到教书育人、为人师表；

Ev_2（教风师德 2）：热爱教育事业、关心爱护学生、耐心答疑解惑；

Ev_3（教学要求 1）：认真管理课堂教学秩序，善于营造良好的课堂气氛；

Ev_4（教学要求 2）：认真布置、批改（检查）作业；

Ev_5（教学要求 3）：按时上、下课，无调、停课情况；

Ev_6（教学内容 1）：课堂总体设计科学、合理，授课内容充实、正确，注意知识的更新，表述清楚；

Ev_7（教学内容 2）：重视语言材料的时效性，语音、语调标准，语法正确，写作规范；

Ev_8（教学方法 1）：采用互动式教学方法，教学效果很好；

Ev_9（教学方法 2）：有效地运用各种手段辅助教学；

Ev_{10}（教学效果 1）：通过课堂学习，听说读写等相应基本技能有所提高。

根据以上的变量设计，我们建立如下的计量模型：

$$Score_{kit} = \alpha + \delta_i + \gamma_t + \beta Adjunct_{kit} + \varphi term_{kit} + \varphi termsq_{kit} + \sum_{j=1}^{10} \theta_j Ev_j + \varepsilon_{kit}$$

其中 δ_i 表示固定效应，γ_t 表示特定学期时间效应，*term* 表示学生课程所在的学期，以体现不同学期课程的差异，同时模型还加入了学期的平方项 *termsq*，表示由于每个学生的成绩有四个学期的观测值，因而我们在估计模型参数同时给出聚类标准误以控制组内相关性。

（二）精读课程回归模型估计结果

表二　　精读课程模型参数估计结果

	(1)	(2)	(3)	(4)	(5)	(6)	(7)	(8)	(9)	(10)
adjunct	-0.688***			-0.366*			-0.826***	-0.564**		
	(0.182)			(0.176)			(0.202)	(0.185)		
degree		-0.285**			-0.062 2				-0.198*	
		(0.091 6)			(0.085 2)				(0.093 2)	
rank			-0.114			0.078 8				-0.063 4
			(0.072 4)			(0.072 3)				(0.080 4)
term	-2.529***	-2.596***	-2.688***	-2.679***	-2.749***	-2.786***	-2.522***	-2.654***	-2.710***	-2.756***
	(0.390)	(0.388)	(0.386)	(0.300)	(0.297)	(0.296)	(0.395)	(0.305)	(0.304)	(0.302)
termsq	0.410***	0.420***	0.433***	0.437***	0.446***	0.448***	0.401***	0.427***	0.434***	0.439***
	(0.077 3)	(0.077 0)	(0.077 0)	(0.060 3)	(0.060 1)	(0.060 2)	(0.077 8)	(0.060 8)	(0.060 7)	(0.060 6)
Ev1							2.185*	2.541**	2.269*	2.621**
							(1.030)	(0.889)	(0.921)	(0.892)
Ev2							-5.498***	-5.046***	-4.857***	-4.896***
							(0.901)	(0.796)	(0.797)	(0.821)

续表

	(1)	(2)	(3)	(4)	(5)	(6)	(7)	(8)	(9)	(10)
*Ev*3							-0.499	-0.557	-0.545	-0.364
							(0.673)	(0.632)	(0.634)	(0.636)
*Ev*4							3.427***	3.213***	3.244***	3.165***
							(0.922)	(0.831)	(0.834)	(0.832)
*Ev*5							0.036 9	-0.429	-0.795	-0.810
							(0.614)	(0.544)	(0.523)	(0.529)
*Ev*6							0.414	0.458	0.802	0.790
							(0.817)	(0.685)	(0.681)	(0.681)
*Ev*7							-0.308	-0.112	-0.046 1	-0.236
							(0.861)	(0.825)	(0.848)	(0.860)
*Ev*8							1.552*	1.430**	1.408**	1.287*
							(0.636)	(0.539)	(0.538)	(0.549)
*Ev*9							-1.956**	-2.099**	-1.920**	-1.814**
							(0.731)	(0.661)	(0.659)	(0.658)
*Ev*10							0.324	0.236	-0.141	-0.170
							(0.826)	(0.737)	(0.709)	(0.711)
C	40.25***	40.23***	40.18***	81.31***	81.24***	81.11***	44.12***	85.08***	86.07***	85.51***
	(0.994)	(0.996)	(1.002)	(0.316)	(0.320)	(0.321)	(4.407)	(4.349)	(4.411)	(4.344)
N	5 224	5 224	5 224	5 224	5 224	5 224	5 224	5 224	5 224	5 224
R^2	0.392	0.392	0.391				0.399			

（括号内为标准误 * $p < 0.05$, ** $p < 0.01$, *** $p < 0.001$）

在估计模型参数时，已经对那些不随时间变化的变量进行了控制，比如学生入学时的综合测评成绩、民族、性别等。模型 1 考察教师是否全职对学生英语精读课程考试成绩的影响，模型 2 考察教师学位对学生英语精读课程考试成绩的影响，模型 3 考察教师职称对学生英语精读课程考试成绩的影响，由于这三个变量中兼职教师的值都取 0，因而在每个模型回归时只需考察其中一个变量即可体现兼职教师对学生英语精读课程考试成绩的影响，三者均是混合 OLS 回归，并且控制了异方差。模型 4~6 是固定效应模型回归结果，由于模型本身存在一定的异方差以及同一个学生四个学期的成绩自相关，估计模型时对学号进行聚类，从而得到更为稳健的标准误，模型 7~10 考虑了学生对教师的总体评分对学生成绩的影响，其中模型 7 为混合 OLS 回归，固定效应模型的回归结果，模型 8~10 分别考察全职教师、教师学位、教师职称对学生成绩的影响。

结果显示，全职教师对学生考试成绩具有负面影响，全职教师学历越高对学生考试成绩越会产生负面影响，但职称的影响不显著。从聚类标准误的结果来看，回归结果是比较稳健的。Hausman 检验结果表明，卡方统计量远远大于 5% 显著性水平下的临界值，因此选用固定效应模型是比较合理的，由于篇幅所限，本文未在表中回报随机效应的估计结果。但另一方面，从表 1 可以看出，学生对教师的评分中，对兼职教师的评分从均值上来说相对较低，但从回归结果上来看，Ev1 和 Ev4 都对学生考试成绩具有显著正面影响作用，而 Ev2、Ev9 变量对精读考试成绩具有负面影响作用，这从教育增值理论上来讲，我们无法给出合理的解释。表面上看，学生对教师的评价与学生考试成绩没有明显的因果关系，但从学生评价的均值意义上来看，学生仍然对全职教师具有较高的认可度。

（三）口语课程回归模型估计结果

表 3　　　　口语课程模型参数估计结果

	(1)	(2)	(3)	(4)	(5)	(6)	(7)	(8)	(9)	(10)
Adjunct	-0.487***			-0.474***			-0.361*	-0.330*		
	(0.121)			(0.116)			(0.158)	(0.147)		
Drgree		-0.192**			-0.197***				-0.146*	
		(0.057 5)			(0.055 7)				(0.069 6)	
Rank			-0.169**			-0.153**				-0.050 3
			(0.054 8)			(0.053 7)				(0.066 3)
term	-0.878***	-0.873***	-0.890***	-0.887***	-0.882***	-0.897***	-0.919***	-0.910***	-0.905***	-0.906***
	(0.303)	(0.303)	(0.303)	(0.256)	(0.256)	(0.256)	(0.304)	(0.265)	(0.265)	(0.265)
termsq	0.269***	0.267***	0.267***	0.271***	0.270***	0.268***	0.258***	0.262***	0.260***	0.257***
	(0.060 6)	(0.060 6)	(0.060 6)	(0.050 8)	(0.050 9)	(0.050 8)	(0.060 4)	(0.052 0)	(0.052 0)	(0.052 0)
Ev1							-4.362***	-4.368***	-4.352***	-4.468***
							(0.451)	(0.494)	(0.496)	(0.494)
Ev2							1.185**	1.836***	1.879***	1.916***
							(0.379)	(0.400)	(0.397)	(0.402)
Ev3							0.216	-0.407	-0.401	-0.371
							(0.365)	(0.377)	(0.377)	(0.379)
Ev4							0.221	-0.819**	-0.829**	-0.748*
							(0.274)	(0.300)	(0.301)	(0.298)
Ev5							0.223	0.201	0.176	0.195
							(0.166)	(0.187)	(0.187)	(0.187)

续表

	(1)	(2)	(3)	(4)	(5)	(6)	(7)	(8)	(9)	(10)
*Ev*6							0.716 *	0.911 *	0.919 *	0.854 *
							(0.324)	(0.437)	(0.438)	(0.418)
*Ev*7							1.176 ***	1.261 **	1.236 **	1.235 **
							(0.357)	(0.388)	(0.387)	(0.388)
*Ev*8							0.111	0.284	0.280	0.291
							(0.352)	(0.365)	(0.365)	(0.367)
*Ev*9							0.893 ***	0.767 ***	0.790 ***	0.795 ***
							(0.199)	(0.191)	(0.191)	(0.193)
*Ev*10							-0.749 *	-0.375 *	-0.395 *	-0.390 *
							(0.298)	(0.129)	(0.139)	(0.130)
C	67.53 ***	67.46 ***	67.47 ***	67.67 ***	67.61 ***	67.60 ***	73.21 ***	90.89 ***	90.75 ***	90.58 ***
	(0.846)	(0.848)	(0.845)	(1.024)	(1.026)	(1.024)	(1.744)	(1.795)	(1.791)	(1.790)
N	4 728	4 728	4 728	4 728	4 728	4 728	4 728	4 728	4 728	4 728
R^2	0.169	0.168	0.168				0.192	0.071	0.070	0.069

（括号内为标准误 * $p < 0.05$，** $p < 0.01$，*** $p < 0.001$）

在表三的估计结果中，模型 1 考察教师是否全职对学生口语考试成绩的影响，模型 2 考察教师学位对学生口语考试成绩的影响、模型 3 考察教师职称对学生口语考试成绩的影响，由于这三个变量中兼职教师的值都取 0，因而在每个模型回归时只需考察其中一个变量即可体现兼职教师对学生口语考试成绩的影响，三者均是混合 OLS 回归，估计模型时控制了异方差。模型 4—6 是固定效应模型回归结果，由于模型本身存在一定的异方差以及同一个学生四个学期的成绩具有自相关，估计模型时对学号进行聚类，从而得到更为稳健的标准误，模型 7—10 考虑了学生对教师的总体评分对学生口语成绩的影响，其中模型 7 为混合 OLS 回归，固定效应模型的回归结果，模型 8—10 分别考察全职教师、教师学位、教师职称对学生成绩的影响。

回归结果表明全职教师对学生口语考试成绩仍然具有显著负面影响作用，学位也对学生成绩具有负面影响作用。然而教师职称这一变量的影响效应并不显著，这与精读成绩中职称变量具有显著负面作用的结论一致。

（四）全职教师对学生中长期英语进步水平影响分析

我们以学生大一第一学期的大学英语精读一的成绩看成是学生的初始英语水平，用四级考试成绩代表中期英语进步程度，用六级成绩代表英语的长期进步程度，首先列出每个学生精读课程一成绩的百分位数，然后列出每个学生英语四级考试的百分位数以及六级成绩的百分位数，用四级考试的百分位数与精读课程成绩的百分位的差代表学生英语水平的中期进步水平，用六级考试的百分位数与精读课程成绩的百分位的差代表学生英语水平的长期进步水平。另一方面，我们统计每个学生在四个学期的八门英语课程中的全职任课教师人次的全职教师得分，如果得分大于等于 5，就记全职变量为 1，否则取 0，通过回归我们发现，全职变量为 1 会导致对应的学生的英语中期进步大约 8 个百分位，导致对应学生的英语长期进步大约 4.3 个百分位。另外我们还根据每个学生的四个学期全职任课教师数得出学生英语中长期进步水平的均值以及它们之间的关系图。

表 4　　全职教师人次与英语中长期进步水平

	中期进步水平			长期进步水平	
全职教师得分	均值	标准差	全职教师得分	均值	标准差
1	−0.105 494 5	0.417 446 5	1	−0.084 088 3	0.324 830 5
2	−0.066 802 3	0.246 007 7	2	−0.029 670 3	0.354 848 4
3	−0.078 398 1	0.292 835 7	3	−0.059 476 3	0.241 238 1
4	−0.041 556 9	0.279 216 5	4	−0.006 469 2	0.283 241 4
5	−0.018 541 8	0.270 997 1	5	−0.003 152	0.242 199 3
6	0.017 915 2	0.250 537 1	6	0.002 195 7	0.259 154 9
7	0.033 080 3	0.258 683 2	7	0.024 655 4	0.275 452 4
8	0.046 574 6	0.282 900 8	8	0.015 463 8	0.272 959 4

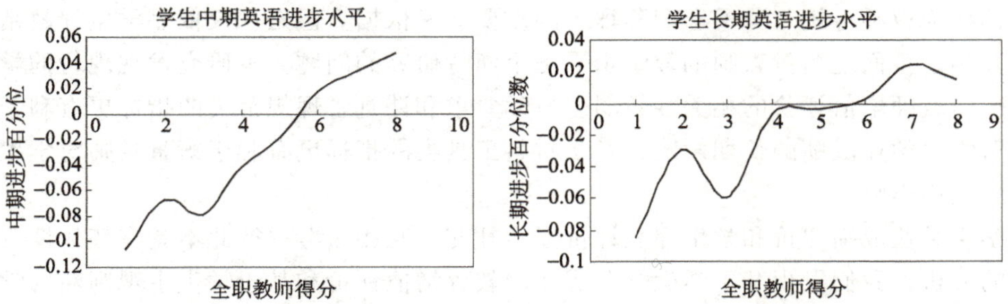

图 1　全学期在编教师人次与学生英语中长期进步水平关系图

四、结论与建议

本研究的主要结论与建议如下：

1. 全职教师对学生学业成绩的影响长期好于短期，兼职教师的影响却恰恰相反。理解这一结果需要了解我国当前高等教育的外部环境和内部激励机制。市场化进程改变了中国的经济格局，也对中国高等教育的教学过程产生了渐进而深刻的影响。全职与兼职教师除了年龄、职称、学历等特征的差异之外，主要区别就在于其与学校之间的人事关系有着很大的不同。在实际的教学管理过程中，全职教师的人事关系隶属于学校管理，一般情况下不会被辞退，具有很强的稳定性。而外聘教师的首次聘用则存在着一定的差异：通常是通过全职在编教师引荐，由开课学院面谈之后安排授课任务。全职在编教师按照不同的职称标准获取课酬，同时享受国家和学校的各项岗位工资及补贴；外聘教师的课酬则是根据该教师的资质、学历、职称等因素综合确定，按时计酬，按月支付。需要特别说明的是，外聘教师的后续聘用通常是根据其在前一轮授课过程中的表现来决定的。授课表现包括学生的课程成绩和学生对其进行的教学评价。鉴于此，兼职教师势必更加注重学生的短期学业成绩和课堂评价。

2. 现行的学生评教评价与教师增值评价的相关性较弱。全面衡量学生的学业发展通常需要从客观和主观两个维度出发，从客观上来说，学生通过学习过程，知识得到了增长，能力得到了提升，这个方面通常用学生的学业成绩作为衡量指标，学生学业产出增值可以反映教师的教学效果；从主观上来说，学生在学习过程中学习体验的好坏通常借助学生对教师教学过程的评价进行衡量，一般来讲，教师所得到的评价较高，就说明给学生带来了更好的学习体验。因此，学生学业成绩和学生评教就从两个方面构建了一个相对完整的学生学业效果衡量体系，同时，由于教师要素对学生学业效果的影响十分显著，那么这两个方面也就成为评价教师教学水平的重要维度，也是考察教师对学生学业效果影响的有效指标。

由于学生评教结果由学生匿名评定，而且通常都是通过网络系统进行，所以有效避免了各种外部干预。因此，在目前我国的高等教育中，普遍采用学生评教的成绩来作为衡量教师课堂教学质量的指标，而且在实际的教学管理和教学监控中，很多高校都把这个指标作为教师考核、奖惩和职称评定的重要参考依据。但是仅仅依靠学生评教结果是否能真实、全面地衡量教师的教学水平是个尚待研究的问题。本研究发现现行的学生评教评价与教师增值评价的相关性较弱。教学要求和课堂管理规范类的指标更有利于衡量教师对学生学业成绩的长期影响，教学材料工具类的指标更有利于衡量教师对学生学业成绩的短期影响。

学生学业成绩评价和学生评教评价互为补充，互相参考，彼此不具有替代性。通过上文的分析，我们发现基于学生学业成绩的教育增值评价和基于学生主观判断的学生评教评价既具有整体趋势上的一致性，又具有指标和时期的映射性，所以这两种评价方式在实际对教师教学质量的衡量中既可以互相参考，又可以互为补充，而且各有特点和侧重，不具有替代性。因此，一个全面有效、科学完善的教师教学评价体系就要同时体现这两种评价方式，既包含量化评价也包含质性评价。

参考文献

[1] Altonji, J., et al. “Selection on Observed and Unobserved Variables: Assessing the Effectiveness of Catholic Schools.” Journal of Political Economy, 2005 (1).

[2] Angrist, J. and J. -S. Pischke. The credibility revolution in empirical economics: How better research design is taking the con out of econometrics, National Bureau of Economic Research, 2010.

[3] Banerjee, A., et al. "Remedying education: Evidence from two randomized experiments in India." Quarterly Journal of Economics, 2007 (3): 1235-1264.

[4] Bettinger, E. P. and B. T. Long. "Does Cheaper Mean Better? The Impact of Using Adjunct Instructors on Student Outcomes." The Review of Economics and Statistics, 2010 (3): 598-613.

[5] Currie, J. and D. Thomas. "Does Head Start Makes a Difference?" American Economic Review, 1995 (3): 341-364.

[6] Ehrenberg, R. G. and L. Zhang. "Do tenured and tenure-track faculty matter?" Journal of Human Resources, 2005 (3): 647-659.

[7] Gorard, S. "Valu-added is of little value." Journal of Education Policy, 2006 (2): 235-243.

[8] Hanushek, E. A. and M. E. Raymond. "Does school accountability lead to improved student performance?" Journal of Policy Analysis and Management, 2005 (2): 297-327.

[9] Heck, R. H. "Examining the relationship between teacher quality as an organizational property of schools and students' achievement and growth rates." Educational Administration Quarterly, 2007 (4): 399-432.

[10] Jacob, B. A., et al. The persistence of teacher-induced learning gains, National Bureau of Economic Research, 2008.

[11] Kane, T. J. and D. O. Staiger. Estimating teacher impacts on student achievement: An experimental evaluation, National Bureau of Economic Research, 2008.

[12] Ladd, H. F. and R. P. Walsh. "Implementing value-added measures of school effectiveness: getting the incentives right." Economics of Education Review, 2002 (1): 1-17.

[13] Lasley, T. J., et al. "A Systemic Approach to Enhancing Teacher Quality-The Ohio Model." Journal of Teacher Education, 2006 (1): 13-21.

[14] Lehmann, E. L. and J. P. Romano. Testing Statistical Hypotheses, Springer, 2005.

[15] Leslie, D. W. and J. M. Gappa. The Part-Time Faculty Advantage. Metropolitan Universities: An International Forum, ERIC. 1995.

[16] Noell, G. H. and J. L. Burns. "Value-Added Assessment of Teacher Preparation An Illustration of Emerging Technology." Journal of Teacher Education, 2006 (1): 37-50.

[17] Rivkin, S. G., et al. "Teachers, schools, and academic achievement." Econometrica, 2005 (2): 417-458.

[18] Rothstein, J. "Teacher quality in educational production: Tracking, decay, and student achievement." The Quarterly Journal of Economics, 2010 (1): 175-214.
[19] Tekwe, C. D., et al. "An empirical comparison of statistical models for value-added assessment of school performance." Journal of educational and behavioral statistics, 2004 (1): 11-36.
[20] 蔡永红，林崇德."学生评价教师绩效的结构验证性因素分析."心理学报，2003 (3): 362-369.
[21] 马晓强，等."学校效能的增值评价——对河北省保定市普通高中学校的实证研究."教育研究，2006 (10): 77-84.
[22] 王战军，等."中国高等教育评估实践的问题及对策".清华大学教育研究，2004: 60-65.
[23] 薛海平，闵维方."中国西部教育生产函数研究[J]".教育与经济，2008: 18-25.

中美比较视域下高校新生研讨课的实践及其启示

（对外经济贸易大学公共管理学院）

谭　玉　蔡志琼[①]

摘　要：起源于美国的新生研讨课是教育教学改革的有益尝试，已为我国很多高校所借鉴。通过比较分析，中美高校新生研讨课在政策环境、教育理念、教学设计以及管理机制等方面存在诸多共性，但也不乏差异。对美国新生研讨课建设的研究，为我国转变教育理念、加强制度设计方面提供了启示，也为高校在教学资源整合、组织支持、授课教师激励等方面开阔了思路。

关键词：中美比较　新生研讨课　人才培养　教学改革

培育创新型、开放型的高质量人才已然成为当今国内外高校人才培养目标的共识。而人才培养目标的实现，在很大程度上依赖于高校的人才培养模式与教学理念。诸多国家如美国、英国一直在探索创新型人才培养的路径，着力进行教育教学改革，不断调整教学模式与课程体系，使之更契合人才培养的需求。起源于美国的新生研讨课就是一种很好的尝试，这种做法也为我国很多高校所借鉴。

一、新生研讨课的历史演进

所谓新生研讨课（Freshman Seminar），是专门针对新生，采取小班教学形式，师生之间双向交流互动、充分切磋研讨的主题式教学模式，旨在帮助新生尽快适应全新的大学生活，顺利完成由中学向大学的过渡，逐步培养新生创新和批判思维，提高其科学研究与创新能力。目前，国内外开设的新生研讨课大致可分为适应性转换、学术性转换以及两种模式并举三种类型。

新生研讨课的前身可追溯至19世纪初起源于德国柏林大学的“小组研讨课”和19世纪后期于哈佛大学萌芽，由Reed College（西部文理学院）正式创立的“新生教

---

① 作者简介：谭玉（1989-），男，湖南益阳人，法学硕士，对外经济贸易大学助教，主要从事高等教育管理、思想政治教育研究。蔡志琼（1993-），女，福建莆田人，对外经济贸易大学学生，主要从事行政管理研究。

育课程”。前者侧重于将教学与科研相结合，但在当时多应用于研究生的教学过程中，并未纳入本科生的教学体系；后者则更重视解决新生的适应性问题，在 20 世纪“以学生为中心”的教学运动中得到进一步推广和应用。1959 年，哈佛大学首创新生研讨课，目的在于强化大一新生的学术能力，侧重学术性问题，并在 1963 年正式将其列入哈佛大学文理学院的课程体系。① 结果显示，新生研讨课在哈佛大学本科教育中取得了很好的效果，美国各大知名高校纷纷效仿，如麻省理工学院、普林斯顿大学等。其中，南卡罗来纳大学的“101 项目”② 更是被称为全美新生研讨课的典范。半个多世纪以来，新生研讨课在美国高校发展迅猛，据统计，截至 2006 年，哈佛大学新生研讨课的开课数量超过 120 门，斯坦福大学达到 220 多门，加州大学伯克利分校达到 200 多门。

目前，美国大学中已有八成以上的学校正式开设了新生研讨课，各类学校会根据自身性质及学生特点，采取不同的模式。总体而言，普通大学的新生研讨课以引导学生适应性转变为主，研究型大学则以学术性专题为主。③ 综观目前美国高校新生研讨课程的发展现状，可归纳出以下几个基本特点：（1）小班教学。每个班的规模通常为 25 人以下，一般是 15 人左右，以保证教师与学生之间能够进行充分有效的双向互动与研讨，从而提高教学效果和质量。（2）课程目标设置明确。普通大学的新生研讨课以引导学生适应性转变为主，以帮助新生尽快适应全新的大学生活和学习方法；研究型大学则以学术性专题为主，以帮助新生培养创新和批判性思维，提高研究能力。（3）学生导向。教师与学生之间的磋商研讨使得课堂气氛颇为活跃，学生主动思考并可以随时发表自己的观点和见解，而不再是教师主导课堂讲授。（4）较为严格的师生双向选择。学生根据自身对教师及其所开设课程的内容是否感兴趣来提交选课申请，教师根据申请学生的各方面表现来决定是否接收该学生，师生双向选择保证了师生双方的热情，在很大程度上有利于实现较理想的课堂教学效果。（5）考核方式灵活多样。不拘囿于传统的笔试考核，反而更加鼓励教师根据学生的课堂参与、课程论文或报告以及小组展示等表现为学生评定等级，并非给出具体的分数。

反观中国，新生研讨课的开展始于新世纪培育国际化创新型人才的时代要求和政策背景，于 2003 年最先在清华大学得到实践并逐步被纳入其本科教学体系。起初，新生研讨课的教学模式主要是参照西方国家，缺乏深层次的实践经验总结以及对中国学生实际情况的把握。随着新生研讨课的逐步发展，越来越多的中国高校开始加入开设新生研讨课的行列，深入本科教学体系和教学模式改革，同时，新生研讨课

---

① 张红霞．美国大学的新生研讨课及其启示［J］．中国大学教学，2009（11）．

② 南卡罗来纳大学 101 项目，创立于 1972 年，为应对学生反对越南战争以及社会不公现象而引发的一系列校园问题而设立的教学实验。经过 40 多年的发展，该项目兼顾学习与生活、重视师资队伍培训、课程目标明确、运行体制完善等特点及其取得的显著效果，使之成为全美高校新生研讨课的典范。转引自：阮啸，傅方正．研究型大学新生研讨课的探索与实践——基于美国南卡罗来纳大学 U101 课程的启示［J］．中国高教研究，2011（11）．

③ 沈蓓绯．哈佛大学新生研讨课教学模式分析［J］．辽宁师范大学学报：社会科学版，2013（4）．

的开课数量与日俱增，高校对中国学生实际情况的把握也更加到位。以清华大学为例，自2003年首次开设新生研讨课起，两年内，清华大学便成功开设近200门新生研讨课程，覆盖文、理、工、管、法等多个学科，强调“以问题为载体训练基本研究能力，以名师引导激发研究兴趣，以师生互动启迪自主学习，以鼓励质疑倡导探索精神”，并有百余名知名教授共同参与，超过3 000名新生选修。[①] 清华大学在新生研讨课的开设上取得了显著效果，目前，新生研讨课已成为清华大学本科教学体系中不可或缺的一部分。继清华大学之后，浙江大学、上海交通大学、南京大学、对外经济贸易大学等知名高校也相继开设了新生研讨课程。其中，在2009年，南京大学首批开设的新生研讨课的任课教授被称为“校史上最强本科教学阵容”，超过半数的任课教授为院士、国家级教学名师、“长江”学者等[②]，可见南京大学对新生研讨课的重视程度之高。

目前，新生研讨课的开设在一定程度上提高了中国高校的教学质量，如教学形式灵活多样、多元学科交汇贯通、学生的学习习惯由被动式学习逐步向主动探索转变等，但由于新生研讨课在我国发展的时间较短，加之中国学生具有不同于西方学生的学习习惯和特点，新生研讨课在我国高校中的发展仍远不及西方国家完善，诸如传统教育理念束缚性强、激励体系不完善等现实问题尚客观存在。

二、中美高校新生研讨课的比较

（一）政策环境

新生研讨课在美国高校中如火如荼地开展离不开其得天独厚的政策环境。20世纪下半期，美国国内大学入学率升高，高等教育逐步进入大众化阶段。然而，本科教学质量却未受到足够的重视，大一新生返校率降低、学生反对越战和反对社会不公的情绪高涨，学生的学习质量和学习状态受到政府和公众的广泛关注和批评。[③] 在政府和公众的压力下，美国高校兴起了本科教育改革的浪潮，以重塑本科教育的地位，提高本科教学质量。新生研讨课项目在政策上开始得到政府、高校的进一步推动，除了社会人士对新生研讨课项目的捐助，还有针对新生研讨课的专项拨款，新生研讨课项目因而得以持续发展并不断扩大。此外，全美高校新生研讨课的发展还离不开一系列研究机构的助力。比如，美国卡耐基教学促进会、美国研究型大学本科教育全国委员会、全美高等教育研究联合会（ASHE）、全美学生事务管理人员联合会（NASPA）等机构。其中，美国研究型大学本科教育全国委员会于1998年在其“重建本科教学，美国研究型大学的蓝图”（即著名的“博耶报告”）中提出重新设计一年级教学的主张，提高对一年级新生

① 张文雪，刘俊霞，等．新生研讨课的教学理念与实践［J］．高等工程教育研究，2005（6）．

② 徐小军，潘存云，等．研究型大学新生研讨课教学理念探析［J］．黑龙江高教研究，2013（6）．

③ Wonseok Suh. the Effect of First-Year Seminar Regarding Students' Perception on Sophomore Return Rates［C］. 20th Intl. Conference on the First-Year Experience.

教育的重视。

1995 年，中国国务院正式批准并启动了“211”工程，即面向 21 世纪重点建设 100 所左右的高等学校和一批重点学科的建设工程，这是新中国成立以来国家正式立项的，在高等教育领域规模最大的重大举措。这些院校肩负着提高我国高等教育质量，培育与国际接轨的创新型人才的重任。在“十二五”期间，全国教育工作会议和《国家中长期教育改革和发展规划纲要（2010-2020）》（以下称为《教育规划纲要》）指出，要深入实施科教兴国和人才强国战略，引导高等学校按照国家和区域经济社会发展需要进行合理定位，全面加强高等学校内涵建设，改革高等学校办学模式，创新人才培养模式，在不同层次、不同领域办出特色，克服同质化倾向，进一步促进高等教育科学发展。① 在国家政策支持的背景下，我国多所高校如对外经济贸易大学，近年来相继开始将新生研讨课纳入到了本科生的教学体系中。而新生研讨课作为本科人才培养模式的一种探索，立足于培养新生的学习能力和思辨能力，从而进一步提高本科教学质量，是贯彻落实全国教育工作会议精神和《教育规划纲要》的具体表现。

在政策支持主体方面，新生研讨课均受到了中美政府相应政策的鼓励和扶持，但较之中国新生研讨课，美国新生研讨课的政策环境更显多元化。在美国，新生研讨课除了受到政府扶持和社会捐助，还有一系列发展完备的社团组织、研究机构倡导和献计献策；而中国新生研讨课的政策环境则略显单一，主要依赖于政府教育政策的引导。此外，美国新生研讨课是高校为应对因本科教学质量下降所导致强大的公众压力而自发开展教学改革的产物，各方主体的政策支持是为了保证新生研讨课的顺利进行才逐步发展起来的；与之相比，中国则是先有政府教育政策的号召，随后才有高校开展新生研讨课的响应。

（二）教育理念

虽然美国高校中新生研讨课的课程内容和课程形式多种多样，但是隐含在其背后的教育理念却是相通的。一言以蔽之，即关注一年级新生初入大学时的困惑和需求以及为未来的研究型学习做好准备。具体表现在以下方面：

1. 学生为主，教师为辅。新生研讨课，无论是侧重于适应性转换还是学术性转换，均是立足于学生本位的。一方面，课程开设是基于对新生可能面临的需求及困惑的考虑，并且关注新生的兴趣、技能培养以及未来发展；另一方面，课堂教学形式告别教师主导的灌输式学习，鼓励学生发挥主动性，在教师指导下成长为知识探究者和发现者。

2. 激发兴趣，培育创新。学校致力于为新生创造一个学术自由、平等公正、对知识自由追逐的学习氛围，根据新生的兴趣开设种类繁多的跨学科课程，以最大限度地激发新生的参与热情和学习兴趣，同时也鼓励新生进行创新性思考和探究，使之成长为转

---

① 顾明远，石中英．《国家中长期教育改革与发展规划纲要（2010-2020 年）》解读［M］．北京：北京师范大学出版社，2010.

换型知识人才，而非单纯的知识接受者。

3. 师生平等，教学相长。在新生研讨课中，课堂氛围开放且活跃，学生与教师平等交流，鼓励观点的碰撞和思想的交锋，师生之间相互启发，这将在很大程度上促进教学相长。

4. 多元包容，肩负使命。新生研讨课课程内容的多样性，为新生创造了多元包容的学习氛围，鼓励学生培养开放性思维、进行批判性思考，“并引导学生将课程内容与人类社会所面临的问题相联系，学会承担社会责任”。[①]

我国高校的新生研讨课是向美国学习借鉴同时又加以本土化的产物，因而在教育理念上，与美国高校新生研讨课相比，我国高校沿袭了其绝大部分的教育理念，但是在这些教育理念中因考虑到中国学生的实际特点而有所侧重。中国学生对教师传递知识较为依赖，一定程度上缺乏自主学习和主动思考的意识，因而中国高校的新生研讨课更加强调师生之间的关系，由起初教师对知识的传递转变为学生对知识的探索，更加注重引导新生适应大学的自主学习模式，更为重视对新生的问题剖析能力和批判性、创新性思维的培养。

（三）教学设计

在课程内容设计方面，美国高校无论是综合性院校，还是专门性院校，其课程内容多表现跨专业、跨学科或跨领域的多元化特征，兼顾人文科学和自然科学，而并不仅仅局限于高校自身的专业特色。而中国高校新生研讨课的开设则在很大程度上围绕学校自身专业特色展开，特别是财经类学校，文理兼通的教师甚为缺乏，从而使新生研讨课在某种程度上有了成为专业课入门课程的“嫌疑”。

在教师选择方面，美国高校除了邀请在某个领域享有极高声望的教授（比如诺贝尔奖获得者）担任新生研讨课教师之外，“还为高年级学生、学校的行政人员等提供了在新生研讨课中任教的机会，教师选择灵活多样，并且非常重视候选人的教学能力”。[②] 而中国很多高校中，只有具有教师资格的人才能在新生研讨课中任教，只有少数高年级的学生能够担任助教，但对任教教师的能力素质并未进行严格的筛选和考核。

在实践环节方面，美国高校在新生研讨课的开展中十分注重引导学生走出课本，走进实验室，甚至走出校园，走进社会，多进行调查与研究，从而让学生对知识有更透彻的理解和更深入的思考，使理论真正与实际相结合。而中国高校的新生研讨课多数是在教室里通过口头交流的形式完成，课程教学模式也相对单一。

（四）管理机制

新生研讨课在全美高校中有着将近一个世纪的历史，美国高校已对新生研讨课有着

---

① The College of Arts and Sciences at Howard University. Freshman Seminar Syllabus, 2011.

② 林东华．美国新生研讨课全国调查20年：背景、发展与启示［J］. 中国高教研究，2011（11）.

一套较为成熟和完善的管理体制。以哈佛大学为例，哈佛大学有着专门的新生研讨课组织管理机构，即新生研讨课项目办公室（Freshman Seminar Program Office），主要负责全校新生研讨课的教学管理和组织实施，全面统筹各种新生研讨课程。关于课程的教学质量和内容审定，由哈佛大学新生研讨课教学委员会（The Committee on Freshman Seminar）负责。[①] 此外，新生研讨课的师资管理则由哈佛文理学院“教师事务办公室”（The Office for Faculty Affairs）管理。三大部门各自独立，分工明确。从前期课程内容的设置，到中期课程的开展，再到最后的教学质量评估与激励，一环紧扣一环，其管理机制之完善可见一斑。

中国高校仍处在对新生研讨课的摸索过程中，很少成立专门针对新生研讨课的管理部门，新生研讨课的管理并未自成一套体系，绝大部分仍是“挂靠”在传统的本科生管理体系中。在这样的运行模式下，新生研讨课很难形成“气候”，很难从教务管理部门的繁杂事务中脱离出来，导致其发展和改革会存在一定的时滞性。

三、美国新生研讨课建设对我国的启示

（一）宏观层面：对国家的启示

1. 转变教育理念，逐步转变教学模式

《教育规划纲要》中明确指出，要“创新人才培养模式，倡导启发式、探究式、讨论式、参与式教学，帮助学生学会学习”[②]，这体现出国家在高等教育领域正逐步响应时代发展对创新型人才的需求，也表明了国家对高等教育质量的重视。然而，转变传统的教育理念和教育模式并非一朝一夕之事，要经历向美国一样漫长的“蜕变”过程，需要国家树立与时俱进、合乎时代发展要求的教育理念并且持续性地加以推广，“上游”的改变对“下游”有着实质性的影响。国家作为高等教育改革领跑者，其自身对教育理念的正确把握关乎整个高等教育改革的全局。因此，国家层面应当充分重视转变教育理念，引导并助力教学模式的转变，使之更适应人才培养的需要。

2. 注重制度设计，加大政策支持力度

我国高等教育中对新生教育方面的重视仍有所欠缺，基本上局限于军训、校史校规教育及思想政治教育，即便高校在新生入学初期有专门针对新生的答疑和经验分享会等活动，但效果仍是有限、片面和不可持续的。因此，新生研讨课课程体系的引入，将在很大程度上持续引导新生充分利用大一一年宝贵的时间，完成对大学自主学习的适应和对自身未来发展道路的规划，尽早挖掘自身潜力，从而提高随后几年的学

① 沈蓓绯．哈佛大学新生研讨课教学模式分析［J］．辽宁师范大学学报：社会科学版，2013（4）．

② 顾明远，石中英．《国家中长期教育改革与发展规划纲要（2010-2020年）》解读［M］．北京：北京师范大学出版社，2010．

习质量。美国的经验表明，国家应当注重对新生教育的制度设计，加大对新生教育的政策支持力度，比如划拨针对新生教育的专项资金、树立新生教育成就突出的典范，从而引导全国高校加强对新生研讨课的重视。不可否认，高校自身也应注重“开源”，充分利用社会资源。

（二）微观层面：对高校的启示

1. 充分利用学校现有资源，科学合理开设新生研讨课程

各高校在开设新生研讨课程时，应当坚持科学发展和实事求是的原则。一方面，因地制宜，充分利用学校现有的资源，如暑期学校课程等，同时也要结合学校自身的实际情况，斟酌开课数量，避免新生研讨课过多过滥，充分保证开课质量，避免陷入多而不精的困境。这样，既有利于整合学校资源，提高资源利用效率，又保证了新生研讨课的顺利开展。

2. 以教师教学发展中心为依托，开展师资培训和课程研究

大学第一年是学生成长阶段的一个关键转折期，是学生将来走向社会的重要过渡期，对学生的未来发展有着十分重要的作用。并且随着大学新生向“90 后”、“00 后”迈进，这一群体思维活跃、自我意识强、更加追求个性的张扬，这对新生研讨课师资队伍、教学方式等提出了新的挑战。因此，借鉴美国经验，要充分发挥专门研究机构如教师教学发展中心的作用，以其为依托，对新生研讨课的任课教师进行有针对性的培训，从源头上确保新生研讨课师资队伍的质量；并对新生研讨课的课程设计进行研究和改善，使之更符合“90 后”、“00 后”大学新生的个性特征和需求。

3. 对授课教师考评灵活化处理，建立相应激励机制

教师的科研成果在职称评定过程中占很大比重，使得很多教师所承担的科研任务繁重，而讲授新生研讨课需要其花费几乎双倍于普通课程的时间和精力，这将导致教师投入新生研讨课教学的热情难以保证；与此同时，中国学生受传统教学方式的影响，对被动式学习依赖性极强，缺乏主动思考的学习习惯，这使得教师需要在调动课堂气氛上下很大的功夫。因此，想要更多教师特别是知名教授给本科新生上要求更高的新生研讨课，学校需建立不同于普通课程上课教师的考评制度和激励措施，在工作量计算、职称评定等方面予以更宽松的政策，保证授课教师的积极性。

参 考 文 献

[1] Christine H. Lamb, James B. Lee, Karen L. Vinton. Developing a Freshman Seminar: Challenges and Opportunities [J]. Journal of Management Education. 1997: 21-27.

[2] 徐波. 美国高校新生研讨课的现状、特点及启示：基于三次全美高校新生研讨课调查结果的分析 [J]. 现代大学教育，2012 (2).

[3] 徐波. 美国高校新生研讨课典范：南卡罗来纳大学 101 项目 [J]. 教育学术月刊，2013 (9).

[4] 王春春．美国文理学院新生研讨课的特点及启示：以麦克莱斯特学院为例［J］．大学：学术版，2010（2）．
[5] 刘俊霞，张文雪．新生研讨课：一种有效的新生教育途径［J］．黑龙江高教研究，2007（6）．
[6] 黄爱华．新生研讨课的分析与思考［J］．中国大学教学，2010（4）．

以学科建设为依托　提高人才培养质量

（对外经济贸易大学国际商学院）

兰俊美　范黎波

摘　要：随着经济社会的快速发展，高等教育迅速扩张，高校毕业生不符合社会需求的问题日益突出。人才培养与学科建设脱节是造成这一现象的重要原因。人才培养是大学的根本任务，学科建设是大学的发展龙头，学科建设与人才培养互相依存，互相促进。在大学发展过程中，应依托学科建设，从教师队伍、科学研究、拔尖创新人才培养等方面切实提高人才培养质量。通过稳步提高人才培养质量，应对经济社会发展、科技进步和高等教育改革对人才培养的需求与挑战。

关键词：人才培养　学科建设　高等教育　质量提高

近年来，社会经济的快速发展推动高等教育规模迅速扩张，我国高等教育已经实现由“精英教育 ”向“大众化”转变。科技进步和经济发展对人才的需求日益差异化、多样化，而高等教育规模的迅速膨胀导致人才培养出现很多问题和缺陷，尤其是人才培养不能完全满足社会需求的问题，一方面是社会各界急需人才，求贤若渴，一方面是大学生就业难，每年大量毕业生涌向社会，但真正符合社会需求的却不多。与此同时，大学学科评比排名、学术成果量化考核等现行评价机制和管理体制的负面影响越来越凸显，客观上推动学科建设功利性倾向愈演愈烈，忽视人才培养，学术氛围越来越商业化，由此引发了专家学者和大学生的专业精神和公共精神缺失，严重损害了高等教育的科学性和公正性，这已经成为教育界和社会各界关注的话题，各种责难不绝于耳，值得深思。这些问题是多方面原因造成的，其中高等教育中人才培养与学科建设脱节，“两张皮”现象严重是源头性、根本性的原因。在大学建设过程中，人才培养是中心，学科建设是龙头，学科建设与人才培养互相依存，互相促进。人才培养与学科建设联系不紧密，就会导致人才培养与社会实践、社会需求脱节。

纵览大学发展史，一流大学往往能够培养出更多社会公认的优秀人才，一流大学以培养一流人才为己任，是一流人才的摇篮。凡是一流大学必然有举世公认的高水平学科。学科建设是每所大学发展的基石，学科竞争力是一流大学的核心竞争力，学科水平是评判一流大学的重要标准。凡是有特色的大学，必定有特色的学科。大学既是不断产生新知识的学科基地，也是培养高层次人才的教育基地。《国家中长期教育改革和发展规划纲要（2010—2020 年）》（以下简称“纲要”）把人才培养改革放在了体制改革的首要地位，同时在发展任务中明确提出加快建设一流大学和一流学科。《纲要》指出要以重点学科建设为基础，继续实施“985 工程”和建设优势学科创新平台，继续实施“211 工程”和启动特色重点学科项目；加快创建世界一流大学和高水平大学的步伐，培养一批拔尖创新人才，创建一批国际一流学科，产生一批国际领先的原创性成果，为提升我国综合国力贡献力量。可以看出，我国高度重视大学人才培养和学科建设，也充分认识到了二者之间的重要关系。[①] 只有真正认识到学科建设与人才培养的密切联系，并在实践中积极探索新形势下学科建设与人才培养的互动模式，才能切实提高人才培养质量，培养出满足社会需求的人才，推动高等教育持续发展。

一、学科建设和人才培养的基本内涵

文化传承、人才培养、科学研究和服务社会是现代大学的四大功能。培养人才是根本，科学研究是基础，服务社会是目标，文化传承是使命，四大功能彼此之间紧密联系、互相促进形成一个循环系统。学科建设是大学培养人才的核心环节，必须与大学的四大功能相结合，必须有助于大学服务社会和文化传承能力的提升。具体关系见图 1。

（一）学科建设

学科一般是指在整个科学体系中学术相对独立，理论相对完整的科学分支，学科既是学术分类的名称，又是教学科目设置的基础。学科是大学人才培养、科学研究、社会服务和文化传承四大功能的共同载体和支撑平台。无论是大学的科学研究，还是人才培养，都是按学科类别分类进行的，也是以学科形式进行组织和管理的。学科作为大学的一个基本元素和重要的组织单元，是大学所有工作必须紧紧围绕的核心。[②]

学科建设是基于学科体系基础，以提高学科水平为目的，遵循学科发展规律，对学科专业组织的建设与发展进行有意识的建设与管理。学科建设是现代大学的立足之本，强校之路。加强学科建设是大学实现内涵式发展的重要突破，是现代大学发展的客观要求，是构建大学学科特色与优势的必然趋势。学科建设过程是一个既要遵循学科发展的内在逻辑，又要有行政手段参与管理的过程。[③] 学科建设是高等学校建设的核心，也是一项涉及面很广的系统工程。具体说来，学科建设的灵魂是凝练学科研究方向（学科定位、学科方向、发展层次），关键是凝聚学科学术队伍（学科带头人、学术骨干、学科梯队），根基是开展科学研究（课题研究、学术论文、专著专利等），核心是提高人才培养质量（课程设置、培养模式、素质定位等），保障是创建学科发展平台（基地建设、实验室、重点学科、设备等）。[④] 按照教育部学位与研究生教育发展中心 2012 年第

① 魏炳波．研究型大学的学科建设与人才培养［J］．高校教育管理，2010（7）．

② 钟玉海．高等教育学［M］．合肥：合肥工业大学出版社，2006．

③ 赵坤．学科建设的内涵、动力与竞争优势积累［J］．高等教育研究，2008（10）．

④ 薛绯，金涵．大学内涵式发展下学科建设内容及措施研究［J］．中南林业科技大学学报：社会科学版，2011（12）．

二轮学科评估体系，将大学学科建设评价一级指标体系分为师资队伍与资源、科学研究水平、人才培养质量、学科声誉四大板块，这四方面可以说是目前国内评判当代大学学科建设水平的主要标准。

（二）人才培养

大学归根结底是教育机构，大学以育人为本，人才培养是大学的根本任务，是学科建设的核心。人才培养是根据教育目的、培养目标，在教育思想和教育理论的指导下，遵循人才成长规律、采取科学方法，对受教育者传授知识、能力并培养其素质的过程。从学生感知及关注角度看，人才培养主要包括教师教书育人能力、专业教学条件与设施、实践教学环节、校园文化、学生主体地位及学生培养质量等。大学的人才培养模式是教育观念、培养目标、培养规格和培养方式等多层面有机结合的产物。人才培养体系的结构、策略及教育教学活动的组织样式和运行是一项系统工程，涉及培养目标、专业划分与设置、课程与教材体系、教学方法与手段等多个教育教学环节。

人才培养质量的高低是衡量一所大学办学水平高低的重要指标。人才培养质量是学生各方面素质和能力的总和，人才培养质量是高等教育之根本。人是教育的中心，也是教育的目标；人是教育的出发点，也是教育的归宿；人是教育的基础，也是教育的根本。其他教育因素，都是围绕教育产品质量即人的实际发展而提供的条件与保障。① 遵循教育规律和人才成长规律，提高人才培养质量，是高等教育改革发展的内在要求，是满足经济、社会、科技、文化发展的需要，是人才强国战略和科教兴国战略的要求，是贯彻《国家中长期教育改革和发展规划纲要》培养信念执着、品德优良、知识丰富、本领过硬的高素质专门人才和拔尖创新人才，推动大学科学发展的根本要求。②

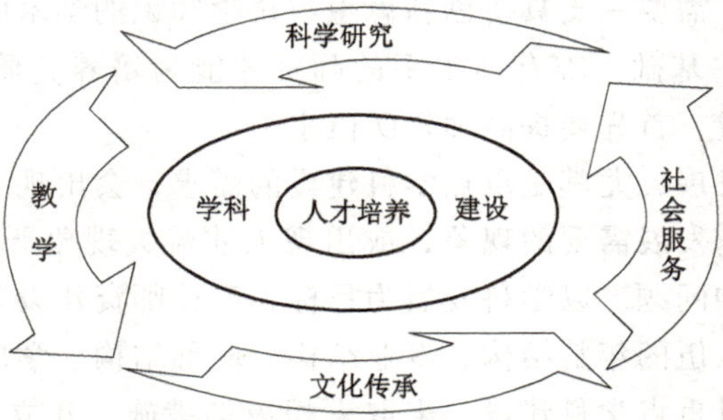

图 1　大学的功能结构

二、通过学科建设，培养高质量人才

学科建设虽然是一项涉及面广的系统工程，但在实际建设过程中，一般按照师资队

① 赵伶俐．如何衡量高等教育质量与水平［J］．理工高教研究，2009（2）．

② 北京市教育委员会关于进一步提高北京高等学校人才培养质量的意见，京教高〔2012〕26 号．

伍、科学研究、人才培养、学术声誉四个方面对学科进行建设与评价。师资队伍开展科学研究、进行人才培养，是学科建设的关键。人才培养与科学研究是带动学科建设与发展的两翼，人才培养是根本，科学研究是基础。学术声誉是在学科建设中起着重要作用的“无形资产”，学科声誉是大学声望的基础。学科声誉一旦形成，就成为大学独一无二的最大资源，且具有很强的磁场效应，它奠定了大学的竞争地位。[①] 师资队伍、科学研究、人才培养、学术声誉四方面既各有侧重，又彼此依存，互相促进，共同支撑，从不同方面促进人才培养水平不断提高。具体关系见图 2：

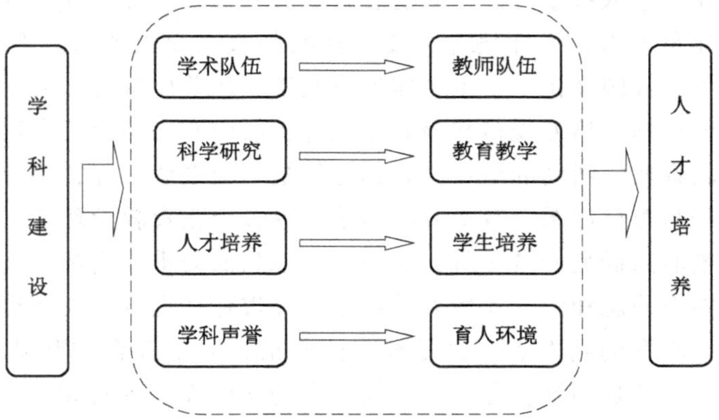

图 2　学科建设与人才培养作用机理

（一）加强师资队伍建设，提高学科建设基础

建设一流的学科，需要一支具备创新思想与科学知识的学术队伍。学科建设首先要有高水平的教师队伍作基础，唯有高水平的师资才能为培养高质量人才提供保证。因此，提高人才培养质量，首先要提高师资队伍水平。

随着学科建设的发展，尤其是重点学科建设的需求，会出现教师队伍在结构上或水平上不能满足学科迅速发展需要的现象，或出现人才流失现象严重，教师队伍不稳定，影响学科建设和发展的问题。以学科发展为目标，高校师资建设采取培养、提高、引进等多项举措，使师资队伍的年龄结构、专业结构、职称结构、学历结构、学缘结构和素质结构趋于优化。通过重点学科建设，采取更积极的措施，建立有效的人才培养机制，支持教师开展学术研究和国际合作，协同创新，从而打造一支有创新有潜力的学术队伍，保持师资队伍活力。为解决学科建设中的人才短板问题，我校于 2012 年 7 月召开第三次人才强校会议，强调加强人才引进和培养的力度，建立一支科研教学相结合，国内外力量相结合的教师队伍体系。这些都为人才培养提供了师资力量保证。

大学之大，非大厦之大，而是大师之大。大学不可无大师，大师级人物是一所大学实力的标志。大师以其深厚的学术造诣和良好的人格品质影响着大学，一所大学拥有一

① 原长弘，王鲜菊．学科声誉对高校教师科技论文产出影响的实证研究．技术经济，2008（10）．

批人格高尚、治学严谨、学术造诣深厚的著名教师，能够引导学生追寻真理，热爱科学，形成浓厚的研究兴趣，并在人格塑造、文化传承与创新上起到春风化雨，润物无声的效果。学科建设通过各种途径，培养学科带头人，改善学科发展中缺少顶尖级学者如“长江学者”、“千人计划”、“国家自然科学基金杰出青年项目”空缺的状态。

（二）提升学科声誉，营造优良育人氛围

人才培养是知识传承与文化熏陶的过程，每所大学在长期发展过程中都形成了自己的传承、特色，体现在物质文化、精神文化、制度文化、行为文化等方面。以培养一流人才为己任的一流大学更是以卓越的学科积淀、学术传承、文化传统来吸引、培养人才。这种氛围熏陶、环境影响，对人才成长是潜移默化、不可或缺并受用终身的。

良好的学科声誉能源源不断地吸引优秀的教师和学生，有助于高校获得充裕的科研经费、赢得更多更好的就业机会等。① 而这些方面的提升反过来又可提高大学的声望，从而形成良性循环。声誉好的学科可向其研究人员和学生提供更多资源，如充裕的研究时间、优良的实验设备、丰富的图书馆资源、高素质的研究助理、更多可以学习效仿的优秀同事和更强的社会研究支持等。② 同时为人才培养营造了良好的氛围。

为学科建设良好学术氛围，需要明确学科前沿理论和现实问题，积极开展学术交流、联合攻关形成浓郁的学术氛围。同时，崇尚学术自由、尊重知识、尊重人才，促进教学与科研在自由探索中产生新的思想，形成新的理论，推动学科发展。

（三）以科研促进教学，提高人才培养质量

科研与教学是高等教育的两大重要职能，科研支持教学，教学促进科研。教师既是教学的主体，又是科研的主体，承担着教学与科研的双重任务。教学与科研相结合是提高人才培养质量的关键，两者共同构建大学良好的育人环境。

科学研究活动能够直接或间接地促进教师学术水平和教学水平的提高，一所大学教学质量的高低很大程度上取决于教师的学术水平和创新能力。教师面向学生，传授知识，是教育活动的组织者和主导者，直接影响学生的价值追求和学术品位。教师水平是教学质量的关键，好的师资队伍需要不断提升教学质量。科研过程是创新的过程，通过科研，教师形成新观点、获得新知识和新理论，提高自身的业务能力和学术水平，及时掌握本学科的发展方向和动态，更加准确地理解和把握本学科的研究重点、研究方法及与其他学科之间的关系，能不断完善知识结构，更新知识体系，使得讲课更加主动灵活、得心应手，教学质量不断提高。③ 科研活动培养教师创新能力，提高学术水平，为提高教学质量奠定了坚实的基础，是培养教师的根本途径，是促进教师搞好教学的最有

---

① CRANE D. Scientists at major and minor universities: a study of productivity and recognition [J]. American Sociology Review, 1965 (5): 699-714.

② HAGSTROM W O. Inputs, outputs, and the prestige of university science departments [J]. Sociology of Education, 1971 (2): 375-97.

③ 杨俊中．高校科研、教学协调发展机制探索［J］．河南教育，2008（4）．

效途径。

大学教师应该是一个理论研究者或推动者，教育学家雅斯贝尔斯说：“最好的研究者才是最优良的教师。只有这样的研究者才能带领人们接触真正的求知过程，乃至于科学的精神。只有他才是活学问的本身，跟他来往之后，科学的本来面目才得以呈现。通过他的循循善诱，在学生心中引发出同样的动机。只有自己从事研究的人才有东西教别人，而一般教书匠只能传授僵硬的东西”。物理学家、教育家钱伟长说：“你不上课，就不是老师；你不搞科研，就不是好老师。教学是必要的要求，不是充分的要求，充分的要求是科研。科研反映你对本学科清楚不清楚。教学没有科研做底子，就是一个没有观点的教育，没有灵魂的教育。”科研促进教学方法和教学手段的改进、科研促进理论和实践课程体系的优化，教师将科研与主讲课程紧密结合，保证了课程内容的先进性和实践性；科研促进创新精神和实践能力的培养。①

（四）发挥学科的育人功能，培养拔尖创新人才

创新人才是具有创新精神、创新思维、创新能力与创新人格的高素质专门人才，拔尖创新人才更是创新人才中的佼佼者，是我国宏大人才队伍中的核心和骨干，是各条战线上的领军人物。近年来，北京大学、清华大学、浙江大学等一些大学在拔尖创新人才的培养方面进行了探索尝试。拔尖创新人才培养是我国人才培养与发展计划在高水平大学的具体实施，促进拔尖创新人才脱颖而出，体现了培养精英人才，鼓励教育创新，满足教育为国家服务的基本要求，是当前教育改革的迫切要求，是实现中华民族伟大复兴的历史要求。能否培养出拔尖创新人才，是衡量一所大学办学水准的重要标志。

利用学科特色和优势，改变人才培养模式，培养具有全面专业知识和技能、有开拓进取精神和创新能力的高素质人才，是大学努力的方向。学科建设通过发挥重点学科的辐射作用，搭建创新性实践教育的高水平学科平台，凝练前沿及交叉学科方向，为创新人才成长提供充足的空间；凝聚一流学者，建立导师队伍，开设精品课程，为学生创新实践提供高水平“教练”；通过创新基地建设，提供研究平台，为学生提供优良的创新实践条件；开设特色专业、多样化学术交流，为激发学生的研究兴趣和创新思维营造活跃的学术氛围。② 在实践中，很多大学在学科建设过程中，通过积极引导学生参与科学研究活动，促进拔尖创新人才培养，效果显著。

制定合理机制引导学生参与科研活动是大学发掘并培养拔尖创新人才的重要方法。学生通过参加科研活动，做到学以致用，扩大知识面，进而建立合理的知识结构，获取实践知识，提高解决问题的能力，培养科研兴趣。清华大学在拔尖创新人才培养过程中，综合学科优势，选择若干具有高水平学科基础的专业，选拔优秀本科生，进一步优化整合优质教育资源，创新培养模式，促进学生充分发展，努力使进入该计划的学生将

① 郑秀芳．科研促进教学，提高教学质量［J］．价值工程，2011（11）．

② 李祖超，杨淞月．拔尖创新人才培养内容与途径分析——以五所大学拔尖创新人才培养特区为例［J］．武汉商业服务学院学报，2011（4）．

来成长为相关学科领域的领军人物，并跻身国际一流的学术队伍。[①] 此外，学科交叉作为知识创新、科学发展的时代特征，也是培养拔尖创新人才的重要途径。当代大学应当树立大学科意识，积极推进学科交叉的制度创新，整合不同学科资源，实现交叉学科建设与拔尖人才培养的互动和协同。

三、人才培养的挑战与对策

（一）人才培养面临的新挑战

随着社会经济发展与科学技术进步对人才需求的变化，以及高等教育改革对人才培养要求的变化，大学人才培养面临新的挑战，需要与时俱进，抓住机遇，稳步提高人才培养质量。

1. 教育发展方式转变，促使人才培养矛盾转化

近年来，我国教育事业发展迅速，改革成效显著。我国高等教育规模急剧扩大，已经逐步从精英教育走向大众化教育。我国在校大学生数量已经位居世界第一，教育经费不断增加，高等教育结构不断优化，体制改革取得突破，人才培养数量不断攀升、科学研究水平不断提高，社会服务能力不断增强。但与此同时，高等教育一方面面临经济社会发展和人民群众对高质量高等教育的迫切需求；另一方面面临优质高等教育资源严重短缺的问题。“上好大学难”的矛盾日益凸显，并由此引发了人才培养质量、教育公平、大学生就业、现代大学制度建设等一系列社会高度关注的热点和难点问题。学生、家长、社会公众和高校教育者对质量和公平问题高度关注，新闻媒体和公共问责的重点也指向了人才培养质量和办学水平。[②] 可以说，高等教育的主要矛盾，逐步从社会大众希望普遍接受高等教育的迫切要求的矛盾逐步转变为优质高等教育资源稀缺的矛盾。目前我国高等教育资源不少，接受高等教育的人也越来越多，但优质高等教育资源严重短缺，优秀人才更是稀缺资源。由此，大学人才培养模式逐步从满足大众接受高等教育的需求转变为以社会需求为导向的人才培养模式。提高人才培养质量是解决这些问题的关键，人才培养需要从以规模扩张和空间拓展为特征的外延式发展转变为以提高质量和优化结构为核心的内涵式发展。

2. 根据经济发展方式的转变，调整人才培养结构

我国经济增长方式逐步完成从粗放型向集约型转变，实施依靠科技进步、劳动者素质提升等创新驱动的发展战略，使自主创新能力成为转变经济增长方式的中心。我国经济的快速发展以及社会的转型，社会经济结构、产业结构的调整与变化，引发社会职业

---

① 郭樑．研究性大学拔尖创新人才培养研究［D］．北京：清华大学出版社，2006.

② 钟秉林．大学人才培养要研究新问题应对新挑战［J］．中国大学教学，2013（7）．CRANE D. Scientists at major and minor universities：a study of productivity and recognition［J］．American Socio［ogy Review，1965（5）：699-714.

机构、人力资源需求和就业市场的变化，社会对人才的多样化需求日益突出，大学培养的毕业生素质与现实社会需求之间的差距不断呈现。因此大学需要在人才培养过程中，探索构建多样化的人才培养体系，调整培养结构、专业方向和课程体系，培养适应社会需求的精英型、学术型、应用型、高技术型、复合型等各类型人才，提高人才培养与经济社会发展需求的契合度。

3. 国际化趋势

近年来，外籍教师数量不断增多，教师国际交流增强，教师队伍日趋国际化；留学生数量大幅增加，受教育者不断国际化，2012 年，有近 40 万出国留学人员，有来自 200 个国家和地区近 33 万的来华留学人员；合作项目、课程、教材等教育资源不断国际化，高等教育的国际化程度不断加深。大学需要借鉴国外先进的人才培养理念和教学模式，利用国外优秀教学资源和教学方法，促进国际化人才培养，利用联合培养、学术交流、游学项目、国际赛事等方式促进人才培养的国际化。

（二）学科建设的对策

1. 重点学科带动其他学科发展新模式

随着科学技术的发展和社会需求的变化，学科自身不断纵深发展，任何一所高校都不可能把每一个学科都建设成省、部或国家级重点学科。只有结合自身发展情况、集中力量，重点建设优势、特色学科，赋予学科鲜明的个性，以特色取胜。通过重点建设一个学科点或一批学科群带动其他学科发展。世界一流大学的发展大都遵循这种“以点带面”带动全面发展的学科发展模式。因此，选定优先发展的重点学科或优势学科是办学指导思想的重要内容，也是决定一所大学发展方向的关键所在。

2. 发展交叉学科

目前，为培养社会需要的有竞争力的复合型人才，学科之间不断交叉融合，学科建设随之不断变化、不断演进，学科建设呈现出综合化、平台化建设的新趋势。当今世界著名学府的学科发展都经历了从单科性到多科性再到综合性的发展过程。目前，我国的高水平大学正逐步对现有的学科进行战略布局和结构调整。一些大学在学科建设过程中顺应学科发展规律，打破专业壁垒、院系组织的界限，采用学部管理构建学科大类平台或建立跨学科、学院和学系的研究平台，对学科进行优化重组，加强跨学科教育，培育新兴专业，培养复合型人才，促进了学科的交叉和融合，提升了学科的综合竞争力。

3. 学科建设国际化

随着人才培养的国际化要求，学科建设的国际化成为必然趋势。我国高校学科建设与国际领先水平相比仍有较大差距，学科建设要注意借鉴世界一流大学的成功经验，加强国际合作，提高学科的国际声誉。

面向“跨境电务”的人才能力培养模式初探

——以对外经济贸易大学“现代服务业综合实训”课程为例

（对外经济贸易大学信息学院）

刘瑞林　崔金红　王朝培　华　迎　雷　擎　李降龙

摘　要：学生参加校外的实习，尽管花了大量时间，接触到了社会，但是真正参与核心岗位工作锻炼的机会很少。结合对外经济贸易大学的学科发展和专业特点，构建一个以跨境电子商务企业为核心模拟企业的实战平台——综合实训课程，可以有效提高“跨境电务”人才培养的水平。本研究主要对该培养模式实训课程目标、项目、教师队伍和管理运行机制方面进行介绍和阐释。

关键词：综合实训　跨境电子商务　能力培养

近年来信息技术的高速发展和广泛应用，极大地推动了国际电子商务在全球的迅猛发展，并使之逐渐成为了各国参与国际分工与协作、促进国际贸易便利化和优化全球资源配置效率的重要力量。根据商务部外贸司的数据显示，2012 年 B2C 跨境电子商务交易额达到 150 亿美元，年均增幅在 50% 以上。B2B 成交额达到 1 000 多亿美元。跨境电子商务正在改变传统国际贸易格局，并对拉动我国经济增长、促进外贸方式转变、助力企业转型升级起到重要推动作用。目前，跨境电子商务的平台企业已超过 5 000 家，而我国境内通过各类平台开展跨境电子商务业务的企业已超过 20 万家，2012 年，我国跨境电子商务交易额已达 2 万亿元。

跨境电子商务的迅猛发展，必然会带来对复合型人才的大量需求。根据对跨境电子商务平台的走访调查结果显示，跨境电子商务企业自身的结构主要包括企业管理（行政、财务、会计和审计、人力资源、法律等）、市场开发和运营、培训、物流、支付和 IT 部门，其中市场开发和 IT 部门的员工最多，负责跨境业务管理和运营，凸显了对人才国际化交流和沟通能力、综合知识的应用能力和创新能力的更高要求。

四年制本科高校教学计划中一般安排四年级的学生去企业进行毕业实习，从调研的结果看，学生去企业实习一般都是从事非核心业务工作，他们很难进行真正的核心岗位的实践活动。所以，就产生了一个现象，学生尽管参加了 3~6 个月或者更长时间的实习，但往往不能够完全了解企业的核心业务流程和管理模式。在校内，通过一门模拟的实训课程对学生进行综合知识应用、团队协作、创新能力等多方面的训练，可以很好地弥补实习环节的不足。

本研究从培养学生实践能力、协作能力、知识应用能力和创新能力为基本出发点，构建综合实训课程框架体系，探索高校以跨境电子商务为核心的相关专业人才的实务训练模式。

综合实训是一门模拟课程，应重视“专业知识的整合”，贯穿“体验式教学理念”，所以在课程目标和科目设计方面，应该尽量以实际的企业模型作为实训基础、实战平台，并在实训科目设计上体现专业知识体系的完整性。综合课程建设体系参见图 1：

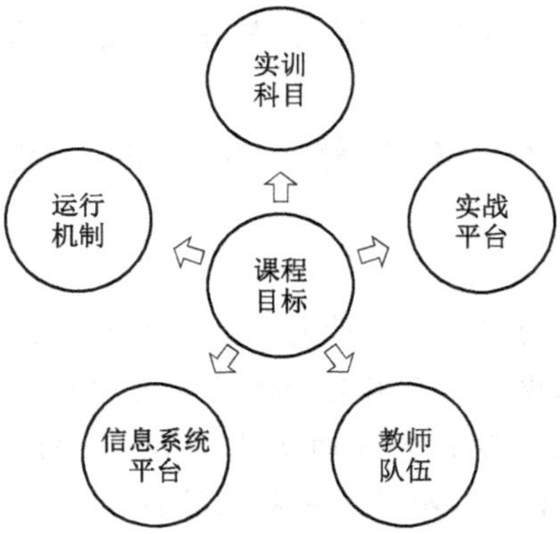

图 1 综合实训课程建设体系

一、综合实训课程目标

通过以跨境电子商务企业为核心的实训课程，将电子商务、信息管理与信息系统、会计、财务管理、国际贸易、物流等专业或方向的学生纳入实训课程，通过逻辑性的实训项目训练，在一定课时内完成对本专业或跨多专业核心知识的实战训练，基本完成从基础业务到岗位管理过程的演练。通过团队合作、个人实践，实现让学生熟练掌握本专业相关岗位运行和管理流程的基本目标。

综合实训课程是一门综合实践课程，是模拟企业以及产业链上相关企业管理和运营的模拟实战演练课程，根据目前社会和企业的需要，主要涉及的训练包括企业内部的运营管理和其供应链上相关的业务管理科目，是与专业理论课程配套的课程，也是跨学科实践能力培养的必要环节。

为了更加切实地实现目标，首先选择一种企业作为模拟训练的核心企业，并选与其相关的企业作为配套，形成一个以核心企业为龙头的供应链架构，通过学生组队及企业选择，形成不同组队之间的密切关系，便于实训科目的运作和效果考核。

通过构建实战平台、实训课程信息系统服务平台、管理机构、教师队伍和运行机制，真正打造一个切实可行的、高质量课程。

二、实训课程模拟企业

实训课程模拟企业的选择必须考虑专业的培养目标和定位，不同类型的学校有其独特的学科背景和特色。

（一）跨境电子商务企业与对口专业

对外经济贸易大学学科发展、专业结构具有鲜明的国际化和跨学科的特色，会计、国际贸易、金融学、物流管理、财务管理、人力资源、信息管理、电子商务、市场营销等专业的本科培养计划均在培养方案和课程设计中体现了其特色，这样的人才培养目标恰恰能够满足跨境电子商务的人才要求，参见表1。

跨境电子商务企业所涉及业务，同时具有电子商务和国际贸易的特点，所以是“一个传统国际贸易企业+电子商务”的类型，其所需的人才以及与对外经济贸易大学专业对应关系见表1。

表1　　专业人才对应关系

企业	专业人才	对口专业
跨境电子商务	市场策划和营销 国际贸易业务管理 电子商务规划 跨境平台开发和维护 外语编辑和翻译 国际贸易相关法律	营销管理 国际贸易 电子商务 信息管理与信息系统 外语 国际商法 人力资源管理
物流企业	物流管理、海关管理	物流管理、海关管理
支付平台	财务管理与会计	财务管理、会计
银行、保险	金融、保险、投资	投资、金融学、国际金融、保险
结算中心	会计、财务管理	信息管理与信息系统 财务管理、会计
贸易公司或进出口商	国际贸易、国际法	国际贸易、国际商法
服务外包	软件开发和数据管理	信息管理与信息系统
管理咨询	企业管理、IT规划	企业管理、营销管理、电子商务

（二）模拟的核心企业与专业

选择跨境电子商务企业作为实训的核心企业，能形成以电商企业为核心的多边、辐射的企业群或供应链，参见图2。这样可以全方位模拟企业内部的管理、运营、国际化的贸易活动，同时也能通过对跨境电子商务企业特点体验和学习现代服务业企业的管理和市场运营方法，熟悉业务流程，进一步培养学生的创新思维、创新能力。

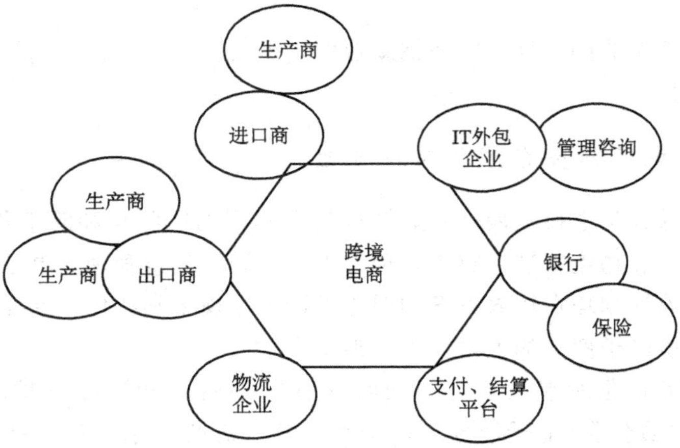

图 2 跨境电子商务企业群模型

在设计综合实训课程方面，我们还没有丰富的经验，所以在初级阶段主要是以电子商务和信息管理专业学生为主，出发点聚焦在电商平台、市场、系统建设和管理咨询方面，在设计实训项目方面有侧重点。

课程初建阶段，主要以电子商务和信息管理为主要专业，围绕这两个专业的方向（电子商务、物流与供应链管理、电子金融、信息系统建设、数据管理与服务）建立相关的模拟企业群，形成跨境电子商务+服务外包、物流运输、支付平台与贸易公司群，作为相关产业群的企业一并在实训中作为模拟企业。

希望通过一个学年的实践，发现课程框架和实训项目、训练方法与管理机制的问题，总结经验，逐步增加相关专业和实训项目，完善实训课程体系，为多个专业学生提供实战平台。

三、实训项目设计

不同的企业核心业务不同，结合专业培养目标，所设计的训练项目既要考虑企业内部管理，还要与相关企业的业务进行衔接，使得实训的项目运作统一协调，能够实现综合目标。一期建设实训项目设计见表 2。

表 2 一期建设实训项目

实训目标	项目	相关本科专业
电商核心业务创新	业务流程优化	电子商务 市场营销 国际贸易 财务管理

续表

实训目标	项目	相关本科专业
系统再开发	系统升级 数据中心建设	电子商务 信息管理与信息系统
系统外包服务	系统开发和数据中心建设方案	电子商务 信息管理和信息系统
物流管理	物流仓库规划和设计	电子商务 物流管理
支付平台	支付流程优化	信息管理与信息系统 会计 财务管理
贸易公司	市场开发 对外贸易在线数据分析	国际贸易 信息管理与信息系统

作为一期建设项目，首先以企业已经在线运行为基础，并以此基础，对企业内部管理和运行进行创新，并对在线运行的跨境交易系统进行升级。

以业务流程优化为例说明，本项目的目标是通过让学生熟悉店铺管理、商品交易、支付等环节的主要业务流程，掌握跨境电子商务的实际运营模式，并通过分析问题和构建解决方案，提高学生的综合能力。

这个训练项目主要通过以下子项目完成：

（1）业务流程实践。因为学生在日常很少接触跨境电子商务业务，所以需要通过实际操作了解购物、支付和物流的流程，掌握实际业务流程；

（2）梳理已有业务流程。包括开设店铺、购物、支付和物流的流程，画出流程图；

（3）分析流程可能存在的问题，形成分析报告；

（4）市场调研，了解平台客户的意见和建议，并写出调研报告；

（5）根据分析报告和调研报告，提出流程优化方案报告。

系统再开发和软件外包服务项目是配套的训练项目，需要互动的环节。通过系统二次开发方案的建设，提高参与平台和外包方同学的实战能力。

物流管理实训包括物流的流程分析、物流仓库选址、仓储能力设计等。支付平台流程优化项目主要训练学生熟悉支付平台流程控制以及开发平台的使用，并进行流程的优化。

贸易公司的实训项目主要包括外贸交易的实务、新市场的开发和决策等几个方面的任务。

四、实训项目信息系统平台设计

为了实现综合实训的目标，需要可运行的在线平台支撑，主要平台包括跨境电子商务在线交易平台、支付平台和信息交换平台。

（一）在线交易平台

面向跨境国际贸易，应为学生选择真实可以运行的电商交易系统平台，可以实现在线店铺管理、商品查询、下单、管理购物车、支付等几大主要功能，并且可以实现跨境商务，尤其在支付环节、物流环节，能体现汇率的变化对支付的影响，报关业务管理等，提供国际化的语言环境，同时提供系统二次开发的接口。

这个系统平台是跨境电子商务运营的核心服务，为买家和卖家、物流和支付等提供在线服务，是必备的实训条件。

（二）支付平台

不管采用银行还是第三方平台支付模式，都需要提供一个可操作的支付平台，与跨境电子商务系统对接起来。尤其应具有人民币和外币的互换功能，至少应包括人民币对美元或欧元的兑换。

第三方支付平台是指与银行（通常是多家银行）签约，并具备一定实力和信誉保障的第三方独立机构提供的交易支持平台。

目前电商主要使用的第三方支付平台包括 PayPal（www.paypal.com）、快钱（www.99bill.com）、汇付天下（www.chinapnr.com）、易宝（www.yeepay.com）、网银在线（www.chinabank.com.cn）、支付宝（www.alipay.com）、银联支付（www.chinapay.com）等。这些平台的基本功能类似，核心功能基本相同。对于跨境支付来说，能力较强的当属美国的 PayPal 和国内的银联支付。

实训课程需要一个模拟的支付平台。

（三）信息交换平台

作为一个跨境电子商务企业，应具有与支付企业、物流企业、供应商、客户以及政府监管部门之间及时可靠的信息交换功能，提供信息交换的平台应该具有及时响应时间、高准确度和较强的保密性，并且具有多语言环境的支持。

五、综合实训运行管理机制设计

综合实训课程涉及到的专业多，分布在不同学院，应采取运行集中管理机制，统一调配教学资源，所以实训时间放在暑期比较合适。

综合实训管理委员会是综合实训的最高管理和协调机构，由主管教学的副校长、教务处处长、参与实训专业所属学院主管教学的副院长、实验中心主任等组成。

主要职责包括实训课程过程和质量的监督、学分认证、资源分配等政策制定等。

综合实训管理部是以实验中心为核心的机构，由参训学院教学管理、教务处教学管理、实验中心人员组成，负责实验项目的发布，时间和地点的确定，参训团队报名、组建，分配指导教师，教学资料的管理，以及对学生成绩进行审核和认证等。

学生在课程项目训练过程中需要专业理论基础，并应用于实践过程，所以教师指导队伍要从在校优秀专业教师和校外企业不同岗位主管员工中聘任，这样能进一步保证课程指导的水平和质量。

校内教师主要从相关专业教师中选择，校外教师可从跨境电子商务企业的不同部门、管理咨询、IT 外包和物流等企业中聘请。

具有理论与实践特色的指导队伍，对课程的指导具有重要意义。

六、结语

我们认为教学模式创新是教学改革的核心，不能以配备优质的硬件设备和软件替代实践教学模式的改革。探索适合本校特色的实践教学模式，构建提高实践能力的实训平台，创新综合实训运行机制，调动更多教学资源，可以有力强化培养学生的实践能力、知识运用能力、分析问题和解决问题能力以及创新和创业能力。以跨境电子商务作为模拟的实战平台，对于我们来说是首次尝试，经验不足，一定存在诸多问题，待后续探索并不断完善。对于学生的评价机制、教师工作量的认定、校外专家指导教师的引进模式等尚在探索过程中。

参考文献

[1] http://www.mofcom.gov.cn/article/ae/slfw/201309/20130900325416.shtml.

[2] 张晨宇，童旭光，韩金金，综合性设计性实验课“管理模拟”的实践与思考，实验室研究与探索，2010（11）：116-118.

[3] http://baike.baidu.com/view/263080.htm.

启发式教学对留学生本科教育的意义及实践路径研究

——以对外经济贸易大学留学生本科教育为例

（对外经济贸易大学国际关系学院）

刘利琮　朱晓婷

摘　要：启发式教学是在中西方教育史上具有重要地位和影响的教学模式。在当前我校留学生教育蓬勃发展的大背景下，针对来华留学生本科生特点适度推广，普及启发式教学模式，不但有助于创新教学方式，提升教学效果，而且对加快推进我校的国际化战略不无裨益。本文分析了启发式教学模式的中西方思想源流，阐述了我校在留学生本科教育中适度推广这一模式的现实意义，并采用相关教学案例初步探讨了其实践路径。

关键词：启发式教学　留学生本科教育　实践路径

进入21世纪以来，我校在国际化建设方面取得显著进展，一个重要标志就是历年招收各层次、各类型留学生的数量持续增加，留学生教育规模持续扩大，学校的国际知名度、美誉度不断增强。在新形势下，主动顺应留学生来源多样化趋势，深入研究留学生本科生成长成才规律，不断创新教学方法，对于进一步提高留学生本科生教育质量、助力我校国际化发展战略具有重要现实意义。其中，针对留学生本科生特点适度推广普及启发式教学模式，是增强学校办学特色和提高留学生本科教育竞争力的一条有效途径。

一、启发式教学的中西方思想源流和概念辨析

启发式教学古已有之。追根溯源，我国春秋战国时期的孔子和古希腊哲学家苏格拉底分别在中西方开启了这种教学方法的先河，并对后世教育理论和实践产生了深远且历久弥新的影响。

《论语·述而》对启发式教学作了如下经典阐述："不愤不启，不悱不发。举一隅不以三隅反，则不复也。"① 其中，"愤"是指学生急于通晓某种知识但经过冥思苦想仍未想明白的状态，"悱"则是指学生想要阐发或表达某项事理，但经过百般自我努力仍

① 徐寒．四库全书精华．［M］．北京：线装书局，2006：615.

不知怎样去阐发或表达的情形。宋代理学家朱熹在《四书集注》中解释这一思想时说："启，谓开其意，发，谓达其辞。"① "不愤不启，不悱不发"合起来就是说，不到学生努力想弄明白某种知识的时候，就不去开导他；不到学生极力想去表达思想但又不知该如何表达的时候，就不去启发他。"举一隅不以三隅反，则不复也"是现代成语"举一反三"的来源，强调学生要主动思考，在习得一种知识后触类旁通，广泛涉猎，尽可能多地增进对其他相关知识的理解和掌握。在这里，孔子明确提出了启发式教学的时机和启发点的问题，强调只有在学生出现"愤"或"悱"的情形，辗转反侧依然得不到答案之时，老师才可介入。同时强调，学生如果不去认真思考，不能举一反三，老师也就没有必要再花过多力气去教导他了。孔子这一思想被后世历代教育家加以继承并进一步丰富。孟子提出："君子引而不发，跃如也。中道而立，能者从之。"② 意思是说，君子教导别人知识就如同传授射术那样，拉满弓但不把弦上之箭射出，只是作出跃跃欲试的样子就可以了。君子秉持的观点不偏不倚，不难不易，能够认同或理解其中深意的人自然就会跟从他。孟子进一步强调了"启发"对于教育的重要意义，并提出了君子"执中启智"的问题。我国古代教育理论名篇《学记》也有"故君子之教喻也，道而弗牵，强而弗抑，开而弗达"的记载。③ 意即好的老师要运用启发式的教学方法传授知识，给学生指明方向但不强制牵引，给学生及时鼓励但不压制思维，给学生开辟思路但不直接告知答案。近现代以来，蔡元培、胡适、陶行知、吴玉章、成仿吾等教育大家也都从不同角度对启发式教学进行过阐释④，强调要重视启发学生的心智，增长其见识，陶冶其情操，在师生充分互动中实现"传授——习得"知识的良性循环。

在西方，古希腊哲学家苏格拉底是最早运用启发式方法开启民智的哲学家。他认为无论富贵贫贱、聪明愚钝还是勇武怯懦，每个人内心都无一例外地存在着善和德性。⑤ 有些人之所以愚昧，是因为智慧暂时被短见所蒙蔽了。只要通过合适的启发、引导，每个人都能够发掘那些本已存在其内心的知识、德行和善，开启智慧，摒弃魅惑，以至无限接近真理。苏格拉底常把自己称作"智慧的助产士"，提出了"教育不是灌输，而是点燃火焰"、"教育是把我们的内心勾引出来的工具和方法"、"最有效的教育方法不是告诉人们答案，而是向他们提问"等含义隽永、发人深省且对后世影响深远的教育理念。⑥ 为了践行这些思想，苏格拉底经常在公开场合与人，特别是经常与自以为是的达官贵人和所谓的"智者"进行谈话或辩论。他的策略是首先开启一个道理看似不言自明的浅显话题，通过逻辑推理和环环深入地向对方提问，逐渐找到对方逻辑的谬误，使

① （宋）朱熹．四书集注．［M］．上海：上海古籍出版社，2006：96.

② 徐寒．四库全书精华．［M］．北京：线装书局，2006：877.

③ 徐寒．四库全书精华．［M］．北京：线装书局，2006：393.

④ 朱永新．中国近现代教育思想史．［M］．北京：中国人民大学出版社，2011.

⑤ 赵敦华．西方哲学简史：修订版．［M］．北京：北京大学出版社，2012：32.

⑥ ［爱尔兰］弗拉纳根．最伟大的教育家：从苏格拉底到杜威．［M］．卢立涛，等，译．上海：华东师范大学出版社，2009.

对方陷入自相矛盾的窘境，最后令对方认识到事情的真相并得到智识的提升。① 在苏格拉底之后，启发式的教学方法在西方教育界成为一种传统。西方自然科学、社会科学的螺旋式演进，批判哲学的勃兴，也都从不同侧面印证了启发式教学在教育和学科发展中产生的重要推动作用，以致英国哲学家、教育家、数学家罗素曾总结说："一切学科本质上应该从心智启迪时开始。"②

从上述中西方教育思想发展史视角看，启发式教学历来为教育大家所倚重，是中西方教育界通用的具有独特作用的一种教学方式。笔者认为，启发式教学是指以学生为主体，以教师为主导，通过问题诱导、情景联系、交流互动等手段聚焦课程重点问题、激发学生思维、增强互动频率、师生共同探寻问题答案的一种教学模式。它的突出特点是改变"教师→学生"的单向知识灌输模式，增强学生在习得知识过程中的参与度。这里的"以学生为主体"，是指尊重学生在教学活动中的主体地位，把学生视为进行一切知识传授、习得、领悟活动的中心，缩小甚至在一定程度上拉平学生与教师在知识占有上的差距。"以教师为主导"，是指在实施启发式教学的全程中，教师必须牢牢把握启发点、启发时机、启发方式、启发程度等教学活动的主导权，既引导学生释放思维，又根据教学内容和教学目的划定思维疆域，在有限的时间内带领学生集中精力高效率地习得某项知识或解决某些问题。启发式教学的开展方式灵活多样，既可以用问题诱导，又可以用情景模拟；既可以由教师带领学生互动，也可由学生推荐、自荐或教师指定学生参与教学；既可以应用传统课堂教学，也可以利用网络等现代技术手段把课堂延伸到课外，等等。总之，启发式教学的目的是有效激发学生的参与热情和求知欲望，化枯燥的单向知识传授为师生双向互动，借助一切可以借助的教学手段提升学生习得知识的效果，增强学生用所学知识解决实际问题、适应社会的能力。

二、启发式教学对提高留学生本科生教育教学质量和我校国际化水平的重要意义

施建军校长多次指出，人才培养质量是大学的生命线。③ 在出席 2010 年全国留学生教育学术年会时，他着重强调要以实施"国际化工程"为契机，打造我校留学生教育的核心竞争力，在保证规模、调整结构、提高质量的同时，促进我校来华留学生教育进一步上层次、上水平。④ 在此背景下，以适度推广普及启发式教学模式为突破口提高留学生本科教育质量，可谓正当其时。

---

① ［古希腊］色诺芬. 回忆苏格拉底［M］. 吴永泉，译. 北京：商务印书馆，2013.

② ［英］罗素. 罗素自选文集［M］. 戴玉庆，译. 北京：商务印书馆，2006：106.

③ 施建军. 坚持人才强校，培养国际化人才.［N］. 中国组织人事报，2012.

④ 参见对外经济贸易大学网站：《施建军出席 2010 年全国留学生教育学术年会并演讲》，http：//www. uibezzy. cn/xwhb/1990. html. 2014-03-21.

（一）启发式教学是提高我校留学生本科教育质量的必然要求

近年来，我校招收来华留学生数量一直位列全国高校前茅。目前，我校有来自126个国家和地区的3 100余名来华留学生，其中攻读学位的学生有2 300余人，语言及各类进修生800余人。此外，每年还有大量前来短期进修和访问的学生。[①]

笔者在留学生管理和教学工作中体会到，我校留学本科生呈现出以下几个特点：一是来源广泛，母国文化与我国差异巨大，知识储备参差不齐。从来源看，既有美、欧等发达国家和地区的留学生，又有大批来自中亚、西亚、非洲、拉美等发展中或欠发达国家和地区的留学生；从知识储备情况看，既有汉语水平较好，专业学术基础较为扎实的，也有语言、学术功底都较差的留学生；从与母国文化差异来看，既有身处儒家文化圈、较容易接受我国传统文化、心理认知、风俗习惯的日韩等国留学生，也有与我国文化、宗教传统迥异并深受英美文化、阿拉伯文化、拉美文化、非洲文化影响的留学生。二是求知欲、探索欲强，思维较为活跃。我校留学生本科生年龄大多集中在18～24岁之间，他们正处于人生感知、探索、吸纳新鲜事物最为快速且欲望最为强烈的阶段。多数学生在来我校留学前对中国只有零星感性认识，当他们开始留学生活后，对包括教学内容、校园文化、中国社情民意和风土人情的了解欲求十分强烈。很多学生从母国文化视角出发，对我国各类社会现象均抱有浓厚兴趣。特别是他们习惯将教学内容与原来在母国所学知识和教学方法进行比较，在发现差异的过程中表现出较为活跃的思维，在课堂上提出大量"为什么"的问题。三是个体意识强，与教师进行平等交流的意愿强烈。由于自幼深受自由主义传统的影响，来自英美、拉美等国的留学生具有天然的个体意识，认为学生和教师是平等的个体，虽然对老师表示尊重，但很少受尊卑长幼观念的束缚，在课堂上即时发问，与老师、同学辩诘的现象较为普遍。与国内学生和日韩等国留学生相比，他们具有更为突出的独立思考能力，不愿对老师教授的内容言听计从或者不加思考地全盘被动接受，反而更倾向于对老师的观点提出质疑并通过与老师、同学开展平等交流、辩论加以确认。四是感性认知能力强，善于具象思维，乐于在轻松愉悦的环境中学习新知识。很多留学生本科生在母国刚刚接受完相当于我国的高中教育，其理论思考能力、逻辑推理能力、抽象感知能力、辩证思维能力等尚未成熟定型，大多数学生在接受新知识前更愿意教师用形象化的手段演绎理论内涵助其理解。以国际关系专业"国际机制和国际制度研究"课程为例，当讲到联合国这一国际制度的作用时，留学生不约而同要求教师用视频短片的形式讲解联合国的运行机制，五名学生甚至毛遂自荐扮演五个常任理事国在安理会的活动，以此说明安理会的运作模式。这样把抽象理论具象化的做法深受留学生的欢迎，他们也十分踊跃地参与相关表演，收到了很好的教学效果。

留学生本科生的上述特点，一方面对传统教学模式提出了挑战，另一方面也为适度推广普及启发式教学提供了难得机遇。对民族、宗教、文化、习惯等差异如此巨大的留

---

① 参见对外经济贸易大学国际学院网站：http：//www. uibe. cn/app/uibecn/article/show/1/. 2014-03-21.

学生本科生群体进行教育，原来由教师“满堂灌”、“填鸭式”、“注入式”的教学方式已经完全不能满足多元化、多层次、多维度的学生需求，教师课前准备好的教案，也不可能完全涵盖留学生在课堂上临时提出的五花八门、林林总总的问题。“教贵激疑，学贵有疑”，学生有兴趣，教师传道授业解惑，这是任何时代、任何地域、任何教育工作者都期望出现的理想模式。如果教师在课堂上合理利用我校留学生本科生求知欲、参与欲、独立思考欲强的特点，适时把握教学启发点，因人施教，量才施教，遵循留学生特点施教，就能极大活跃课堂氛围，激发师生“问——答”互动、“教——学”互动、“思——辨”互动，有效提高课堂教学效率。长期坚持启发式教学模式，及时关注留学生本科生的关切和疑问，就会逐渐形成教学相长、师生平等交流、教学质量稳步提高的有利局面。

（二）启发式教学是增强我校留学生本科教育竞争力的重要途径

据中国高等教育学会外国留学生教育管理分会（CAFSA）统计，2013 年，共计有来自 200 个国家和地区的 356 499 名各类外国留学人员分布在全国 31 个省、自治区、直辖市的 746 所高等学校、科研院所和其他教育教学机构中学习，来华留学生总数、我国接收留学生的教育教学机构数量均再创新高。① 着眼未来，根据教育部于 2010 年 9 月出台的《留学中国计划》，到 2020 年，全年在中国内地高校及中小学就读的外国留学人员将达到 50 万人次，届时我国将成为亚洲最大的留学目的地国。② 近年来，我校抢抓机遇，留学生教育日新月异，吸引留学生总数一直位居全国高校前列，取得了可喜成绩。但是，我们必须认识到，在我国留学生教育事业迅猛发展的背景下，各类高校和科研院所兴办留学生教育的热情分外高涨，呈现出千帆竞发、百舸争流之势，院校间生源竞争、声誉竞争、办学软硬实力竞争将日益激烈。我校只有立足当前，谋划长远，根据学校办学传统和资源禀赋制定合理的留学生培养战略，不断突出特色优势，提高教育质量，才能在竞争中保持既有优势，百尺竿头更进一步。

我校留学生教育从 1954 年起步至今，60 年来，一直重视结合不同层级留学生的特点，因人施教。但是，不容否认，启发式教学模式在一些专业的教学实践中应用得还不够充分，特别是针对留学生本科生的启发式教学还远未能满足学生需求。不区分留学生经历、背景、兴趣爱好、专业需求而采用传统注入式教学的课堂依然存在，学生对教师讲授内容似懂非懂、囫囵吞枣、生硬接受的情形还比较普遍。任由这种趋势发展下去，势必影响学校的留学生本科生教育质量和声誉，对学校发展带来负面影响。据笔者近年来对北京地区高校留学生本科生教育的观察发现，有意识在留学生本科生教育中长期坚持启发式教学模式的高校还十分有限，北京外国语大学、北京大学、清华大学等吸纳留学生人数较多的知名高校，虽然做了小班教学、参与式教学等有益尝试，但系统推广实

---

① 参见中国高等教育学会外国留学生教育管理分会网站：《2013 年全国来华留学生简明统计》，http：//www. cafsa. org. cn/index. php？ mid = 6&tid = 616. 2014-03-21.

② 越来越多外国学生来华深造［N］. 人民日报，2014-02-28.

施启发式教学的努力还比较有限。在此背景下，我校想要在激烈的竞争中取得优势，必须努力做到“人无我有，人有我精”。如果通过适当的行政干预划定启发式教学在留学生本科教育中的比例，加强对教师培训启发式教学的意识和技巧，适时适度推广普及启发式教学模式并持之以恒坚持下去，则会进一步凸显我校留学生本科教育的特色，有效增强在同类院校中的竞争力。

（三）启发式教学对加快推进我校国际化战略大有助益

一是启发式教学有利于我校留学生本科教育模式与国际前沿教育理念接轨。2013年3月10日至15日，北美比较与国际教育学会在美国路易斯安那州新奥尔良市召开主题为“教育质量：全球紧迫性议题与竞争性前景”的第57届年会，会议的一个重要分议题是研讨教育方法创新问题。全球教育学界的顶级学者用大量时间论述了启发式教学在不同文化背景下对于提高教育质量的重要作用。来自世界各地的与会专家一致认为，启发式教学无论是对初级、中等、高等甚至留学生教育都具有重要的实践意义，是学生掌握知识、形成正确认知、提高综合素质的有效教育路径。① 二是启发式教学有利于形成我校国际化的“新名片”。在信息自媒体时代，每一名来我校学习的留学生都是一个信息制造者和传播者。他们可以通过网络，诸如交友网站、即时通讯工具等向其母国的家人、朋友、同学、老师随时介绍我校的各类情况。尤其是本科生，他们在我校学习期间的一言一行都备受家人、亲友关注，如果通过启发式教学调动他们的学习积极性，启发他们的思维，并让关注他们的人们随时感受到其进步，则会形成一种悄无声息的宣介力量。有意识地对这种力量进行引导汇聚，让每一名留学生通过切身感受现身说法，长此以往就会形成我校外宣的一种强大“正能量”，收到事半功倍的效果。三是启发式教学有利于营造国际化的校园氛围。启发式教学可以增进师生之间、各类学生之间的了解、交流和文化融合，增强课堂和校园文化的包容性，形成“你中有我，我中有你”的和谐局面。

三、启发式教学在留学生本科教育中的实践路径分析

第一，教师找准启发点是成功实施启发式教学的关键。从上述我校留学生本科生的特点可知，由于他们个人知识储备、兴趣点、掌握信息程度不同，要想让学生顺畅地接受新知识，教师在启发式教学中的启发点选择就显得格外重要。从笔者的实践经验看，一般可以在以下“关节”设置启发点：一是课程的重点难点问题。根据教学大纲，重点难点问题是留学生本科生在一门课程中必须掌握的核心问题。通常这些问题的理论性强、内容艰深、涉及背景知识量大，对于这些问题的学习学生一般存在畏难情绪。但如果不把这些问题搞懂学透，将会对以后课程进展造成严重障碍。二是学生疑点和兴趣较为集中的问题。由于观察事物和理解问题的视角不同，留学生本科生在自学或课堂学习

① 宋佳. 教育质量：全球紧迫性议题与竞争性前景［J］. 比较教育研究，2014（1）：106-110.

中经常会提出一些看似不合常理、匪夷所思的问题。如果这些问题过于集中或带有普遍性，教师可适当抓住问题要害进行启发教学。三是在回答问题卡壳或课堂讨论进行不下去时设置启发点。提问是观察学生对知识点掌握程度的重要窗口，如果不同学生在某一问题上均存在模棱两可的认识或错误理解，即可将此处设为启发点。如果在当堂讨论中学生对某一问题集体“失语”，则一定将此处作为启发点。四是在新旧知识衔接处设置启发点。新老知识衔接处往往是学生思维的断裂带，教师在这些地方如果不做适当的搭桥很容易使学生产生知识盲点。如果以此为启发点，则学生会在轻松愉悦的氛围中进入新知识的学习环境。

案例一：我校国际关系学院国际关系专业“国家关系理论”课程中的现实主义流派源流及其演变问题

【教学背景】现实主义是国际关系理论的重要流派之一，其学术渊源可追溯到古代。近现代以来，现实主义的传统对国际关系的实践产生了重要影响，是学生必须烂熟于心的一项重要知识谱系。

【启发点设置】可用问题形式设置如下启发点：1. 影响现实主义流派形成的东西方主要思想家有哪些？2. 霍布斯所讲的“自然状态”是一种什么样的状态？摩根索提出的“现实主义六原则”对现实主义的发展有何影响？3. 结构现实主义对古典现实主义作出了哪些修正？现实主义国际关系发展遇到了哪些挑战？

【启发式教学的实施】这几个启发点均是理解现实主义这一重要国际关系理论流派的关键环节，教师每启动一个启发点，都是将学生从一个知识环节平稳送到下一个知识环节的“无形推手”。可分三堂课来解决上述问题：第一堂课首先由学生轮流讲述自己所知的东西方现实主义思想家及其主要思想，最后由教师做总结梳理，纠正学生发言中的谬误和不足，为留学生本科生做足系统学习现实主义的知识储备。第二堂课重点以讲故事的形式讲解“无政府状态”，并从宏观上介绍摩根索的现实主义主张，适情分组讨论传统现实主义的意义。第三堂课首先让学生介绍他们所理解的现实主义挑战，并用 PPT 演示华尔兹的“系统”、“结构”等概念，重点介绍新自由主义对现实主义的批判。

第二，启发式教学需要遵循的基本原则和技巧。总体来讲，对于留学生本科生实施启发式教学，教师需要遵循三个原则：一是双向互动原则，二是学生中心原则，三是引导诱发原则。这三项原则是互为表里，相互衔接，有机统一的整体，在每一次实施启发式教学中都必须统筹兼顾。在具体操作上，针对留学生本科生可以采用如下方法：一是提问纠错法。由教师主动向学生提出问题，针对其回答中出现的错误引申讲解，直至学生将某一问题弄明白，听清楚，理解透。二是情景联系法。可通过播放视频、录音、影视资料、即兴表演等途径丰富学生的想象，借此使学生产生共鸣，增进学生对所学知识的理解和掌握。三是点拨暗示法。当学生出现思维“短路”或精神不集中时，可以对学生进行必要的暗示，激发学生自主解决问题的信心和勇气。

案例二：我校来华留学生公共基础必修课“中文报刊选读”课程

【教学背景】报刊选读是提高我校来华留学生本科生语言能力、阅读技巧和增加时政背景知识的重要途径，但由于有些报刊内容理论性强且语言较为艰深，很难激起留学生的阅读兴趣。针对种类繁多的报刊，教师可大量运用启发式教学模式，增强课程对留学生的吸引力和影响力。

【启发式教学的技巧和实施】以选读《人民日报》2014 年 3 月 14 日社论《以法治促改革，以民主聚力量——热烈祝贺十二届全国人大二次会议胜利闭幕》为例。全文共分 7 个自然段，共计 1 287 字。虽然篇幅不长，但文章中出现了众多法治词汇和思想，涉及我国法制改革和民主建设的诸多问题，留学生本科生理解起来有一定难度。教师可运用如下启发式教学技巧：1. 播放十二届全国人大二次会议闭幕会的实况录像；2. 播放 2013 年 3 月 13 日“新闻联播”中关于该社论的预告；3. 分别由学生分自然段对全文进行朗读；4. 将课堂学生分成 3 组进行讨论，并分别概括文章中心思想和大意；5. 教师提问观察学生理解的程度，并就文章中的重点概念进行讲解。经过以上 5 个步骤，教师可将提问纠错、情景联系、点拨暗示等方法反复运用其中，并不断启发学生思路。

【启发式教学的效果】通过对一篇社论的阅读，一方面提高留学生的语言能力和汉语理解能力，另一方面更为重要的是，让留学生本科生深入了解我国民主法治建设的最新成果，起到变相宣传我国深化改革、扩大开放成果的作用。

第三，采用启发式教学要因课程而异，处理好与传统教学方法之间的关系。启发式教学与传统讲授式教学方法不是非此即彼的对立关系，而是相互补充的一组教学模式。教师要根据课程需要，具体问题具体分析，采用适合的教学方法。我校作为多学科综合的财经外语类大学，很多专业的实践操作要求高，仅通过启发式的教学是很难达到教学目的的。针对此类学科，教师必须统筹综合运用多种教学方法，提高留学生本科生解决问题的实际能力。

案例三：我校国际商学院来华留学生会计学专业“会计实务与实验”课程

【课程特点】该课程最大的特点是实践操作性强，虽然教师的教学启发对学生提高操作能力具有一定作用，但更重要的是要学生亲自参与校内、校外实践。

【启发式与传统讲授式教学的结合】在课程教授过程中，教师应着重启发学生掌握会计工作的基本技能，并对具体实践提出明确要求。对理论性较强的专业知识如会计核算原则、会计要素的确认计量标准及方法等，要着重采用启发式教学。在学生实习阶段，教师则要把教学重点放在对学生实习进程的监督和指导上。如定期进行常规辅导（可设为每月一次），主要解答学生疑问、讨论操作细节、讲评作业等。对于实务操作性要求较高的环节，如会计要素增减变化的会计记录、财务报告的编制程序方法等则要以教师现场演示指导为主。

四、结语

在我校留学生本科教育蓬勃发展的新形势下，适度普及推广启发式教学模式对于提高教学质量、增强我校留学生教育教学特色、提升我校国际知名度和办学软实力具有一定推动作用。当然，启发式教学的实施方式灵活多样，必须做好与传统教学方式的有机衔接，根据教学目标和课程实际适时适度开展。

参考文献

[1] 曹长德．启发式教学论［M］．北京：中国科学技术大学出版社．2011.

[2] 宋佳．教育质量：全球紧迫性议题与竞争性前景［J］．比较教育研究，2014（1）.

[3] 杨烨．启发式教学研究综述［J］．佳木斯教育学院学报，2013（12）.

[4] 宋柱新．启发式教学易出现的问题及解决办法［J］．课程教育研究，2013（9）.

[5] 贾玉洁，王利伟．对比研究孔子与苏格拉底的启发式教学［J］．管子学刊，2013（6）.

[6] 施建军．坚持人才强效，培养国际化人才［N］．中国组织人事报，2012（9）.

[7] 何广领．启发式教学对学生自主学习的积极效应［J］．天津教育，2012（6）.

[8] 吴翊．启发式教学再认识［J］．中国大学教育，2011（1）.

[9] 李慧勤，李红君．现代启发式教学的内涵与实施［J］．中国高等教育，2008（5）.

[10] 王果胜，白洁．倡导启发式教学［J］，培养学生创新思维．中国高等教育，2008（4）.

浅谈商务汉语教学

（对外经济贸易大学中文学院）

崔艳蕾

摘　要：商务汉语课程不同于一般汉语课程，既涉及语言教学，也涉及商务知识介绍。因其跨学科特点，对授课教师提出了更高要求。本文针对商务汉语特点，探讨了商务汉语的教学目的、课程性质和课前准备，以及教学过程中应遵循的原则。

关键词：商务汉语　教学目的　课程性质　教学原则

商务汉语课程不同于一般汉语课程，它既涉及语言教学，也涉及商务知识介绍，具有跨学科特点，对授课教师提出了更高要求。因此，虽然学习商务汉语的留学生越来越多，但很多高校缺乏合格的商务汉语教师。如何提高商务汉语教学质量，做好商务汉语教学工作，成为亟需解决的问题。本文针对商务汉语特点，探讨了商务汉语的教学目的，并围绕教学目的讨论了课程性质和教学原则。

一、商务汉语的教学目的

语言学习具有鲜明特点，即侧重于技能学习而非知识学习，实践性非常强。尤其商务汉语，其教学对象需要解决的是如何使用汉语处理职场中可能遇到的各种问题，应用范围具有限定性，应用场景具有独特性。商务汉语的教学目的就是提高学生在各种商务活动中应用汉语解决问题的能力，比如当学生处于真实商务情境中，能够使用汉语顺利完成口头交际和书面交际，能够阅读相关汉语资料和文献，能够在不同的商务情境下根据不同的交际对象选择适当的交际策略和交际态度，能够使用汉语完成填写表格、阅读网页、看懂中文路线说明等现实任务。

二、商务汉语的课程性质

因为性质不同，课程分为“学科课程”和“活动课程”。两种课程在具体教学过程中有巨大差别，体现在教师备课理念、教学方法选择、教学过程实施和测评方式等各个方面。陈桂生详细阐述了学科课程和活动课程的不同备课理念。学科课程强调以“教科书”为本，上课是教师“教”的活动，目的是让学生掌握教科书中的知识，备课是围绕教科书进行的准备活动。活动课程强调以“学生的学习活动”为本，教学材料（不一定是教科书）只是学习者的学习材料，上课是教师指导学生的学习活动，备课是教师为了指导学生学习而进行的准备活动。这两种备课观念可分别概括为“教科书本位的备课观念”和“活动本位的备课观念”。

根据商务汉语的教学目的，商务汉语课应该是教师指导学生了解特定商务情境下的特定商务用语和相关商务知识，组织学生模拟商务活动，帮助他们获得商务交际能力的一门课程。因此，商务汉语应定位于活动课程。我们认为，按照活动课程组织商务汉语教学，能更有效地帮助学习者理解商务情境，提高其商务汉语水平和学习效率。这也符合新教改的要求和趋势，即以学习者为本，注重学习者的个性化和多样化，鼓励学习者主动参与，满足学习者需求，改变传统课程侧重知识传授的倾向，加强课程内容与学生生活和社会发展的联系。

三、商务汉语的课前准备

一门课的教学目的和课程性质确定后，教师开始具体的教学实施，涉及“教什么”和“怎么教”两个问题。为了有的放矢，解决问题前教师需做些课前准备，即了解学生的水平和情况。尤其商务汉语教学，教师除了要摸清学生的汉语水平外，还要了解他们的商务经验、对商务知识的了解程度以及具体的学习需求。只有准确地掌握了这些情况，教师才能清楚地知道要教给学生哪些内容，以及怎么教。

（一）汉语水平和商务经验摸底

根据现代认知学习理论，有意义的学习指新知识能够和学习者已有认知结构中的某些观念建立起实质性的、自然的联系，并形成新的认知结构。为了实现有意义的学习，客观上需要学习材料能够和学习者已有认知结构中的有关知识建立联系，即学习材料必须具有逻辑意义，必须是学习者心理上可以理解并在学习能力范围之内的。主观上需要学习者态度积极主动，认知结构中已经具有可以和新知识加以联系的适当知识。

因此，任课教师在实施一门课程前要摸清学习者的现有水平，这项准备工作适用于所有课程。但商务汉语课有其独特之处，因为它既涉及语言教学，也涉及商务知识和特定的商务情境。汉语水平相当的两名学习者，一个有工作经历，一个没有工作经历，学习商务汉语时会有明显差别。因为前者已经熟悉商务活动中的某些情境，老师只需指导该情境下如何使用汉语交际即可。后者还需要老师讲解、演示这些商务情境的特点和适用范围，接受速度自然比前者慢。实际写作教学中，我们要求学习者以客服经理的角色根据一封投诉信给客户复函。平时学习水平相当的两名学生，写作效果却大相径庭。究其原因，一名学生从事过客服工作，对该情境下应该答复哪些内容、使用哪些交际技巧早有储备，复函比较顺畅。另一名学生没有工作经验，虽然汉语水平也不错，但对该情境下的处理方式没有概念，写作水平受到较大影响。

为了做到因材施教，商务汉语教师不仅要了解学习者的姓名、年龄、国籍、家庭情况、汉语水平、母语和媒介语、学习习惯和学习方法、性格和爱好、文化程度、专业、来华经历、对中国的了解程度等，还要了解有无工作经历、熟识哪些商务知识和商务情景等。惟有如此，教师在教学过程中才能准确预测出哪些商务知识和商务情境需要重点讲解，哪些可以略讲甚至不讲，直接进入语言学习。

（二）学习需求分析

Jakobovits（1970）发现影响外语学习的因素有：动力占33%，才能占33%，智力占20%，其他占14%。根据现代认知学习理论，学习者学习动机越强，参与程度越高，学习效果越好。因此商务汉语教学应充分重视学习者学习动机，了解其学习需求。

传统观念认为，商务汉语学习者学习汉语是为了和中国做生意，现有商务汉语教材内容也普遍侧重于进出口业务，比如“询价、谈判、交货、付款”等。可商务汉语学习者的学习需求到底是什么，相关研究不多。张黎（2006）从整体上分析了商务汉语学习者的目标情景和学习需求。目标情景主要了解学习者使用汉语从事什么工作、工作职责是什么、需要哪些知识和技能。学习需求则分为不同层次和类型，要针对具体情况进行需求分析。张黎指出，随着中外经济文化交流加深，商务汉语学习者的学习动机呈现多样化。廖陈林（2007）分析了4个在华工作外国人的目标情景，发现工作性质和工作角色会影响交际对象，交际对象又会影响交际事件以及交际时的态度和语气。这4个外国人均从事专业技术工作，非贸易或管理人员，其交际对象主要是同单位内部人员，与同事的交际比例大，与上级的交际比例小。对这4个人来说，他们更需要提高与同事交换信息、协作沟通等技能，而非贸易洽谈或贸易业务文书训练。

商务汉语是专门用途汉语，可以借鉴专门用途语言特别是专门用途英语（English for special purpose）的相关教学理论和方法。“需求分析”是专门用途语言教学的核心内容，它使专门用途语言的教学针对性越来越强，教学有效性不断提高。目前很多高校开设商务汉语课，并努力打造成特色学科。但上好商务汉语课的前提和基础是了解学习者的学习需求，有针对地开展教学。教师可以使用调查问卷调查学习者的学习需求，调查内容可以参考Munby（1978）的“交际大纲设计”。总的来说，影响交际对象和交际事件的主要因素是工作岗位和职责。调查问卷所得信息十分个人化，教师还需归纳出各个班级的学习需求共性。其实不管学习者从事什么工作，都需要一些基本的微功能，比如“打招呼”、“介绍”、“建议”、“询问”、“同意”、“反对”、“描述”等。对于专为使馆人员、特定企业外国员工开设的商务汉语班，更要认真分析其学习需求。对学习者的学习需求调查得越细致，越有助于教师在教学中有的放矢。

四、商务汉语的教学原则

教学目的不仅决定课程性质，也支配教学原则。教师在实际教学过程中做的所有工作都要为实现教学目的服务。商务汉语课的总原则应该是“定位于商务情境，以提高学生的商务汉语交际能力为目标开展教学”。当教师在具体的教学过程中解决“教什么”和“怎么教”的问题时，应该从学生现有水平和学习需求出发，根据商务汉语特点，紧紧围绕教学目的，遵循以下 4 个原则：

（一）基于真实商务活动原则

商务汉语课的授课内容一定要基于真实的商务交际活动，必须是学生在现实商务情境中会遇到的情况。当下的商务汉语教材，虽然大多设计了对话交际内容，但涵盖的交际活动范围十分有限，且偏重于经贸汉语，对于日常商务活动中普遍会遇到的情境呈现的不多。张黎（2006）按照与交际对象的关系，把交际活动分为交易性活动和管理性活动。交易性活动指与企业外部的交际，交际对象一般是客户、潜在客户或相当于客户的人，交际活动一般是买卖产品或服务带来的洽谈、交涉等。管理性活动指企业内部交际，交际对象一般是同事，交际活动一般是交换信息或意见、协商、发出或接受指令等。目前商务汉语教材多侧重交际性活动，对管理性活动的话题设计较少，但如果实际教学中学生对管理性活动的需求较大，就需要教师增加相应内容。

一般来说，商务交际活动可以分解为一个个交际事件，这些交际事件可以作为一个个教学材料，但现实商务活动中交际事件无穷无尽，选择哪些作为教学内容需要教师作出取舍。取舍的前提是，教师要对交际活动、交际技能有全盘了解，并据此列出一个个交际事件，对交际事件的通用性、特殊性、实用性和针对性作出判断，总结出不同交际事件适用的场合、可以采用的交际策略以及不同策略下的常用词汇和固定表达形式等。在此基础上，教师可以根据特定班级的学习需求，选择相应的交际事件作为教学内容。总之，商务汉语教学一定要基于真实的商务交际活动，要根据不同班级的实际情况准备相应的教学材料。教师可以以某本教材为基础教学材料，但具体教学过程中要跳出具体教材，设法适应不同学习者的个性化要求，满足他们的不同需要。

（二）商务知识适度原则

商务汉语教学涉及大量的商务专业用语（如“报盘”、“离岸价”、“汇付”）、商务知识（如“招投标步骤”）和商务情境（如“宴请”、“谈判”）。实际教学中，如何处理语言技能提高和商务知识介绍的授课比例呢？朱黎航（2003）强调讲授经贸知识要为理解语言、运用语言服务，不要把商务汉语课从语言技能培训课变成经贸知识传授课。他建议授课过程中不要花太多时间解释专业词汇的意思，要更重视其用法，主要工作是通过操练让学习者习得用法。但实际教学中这个度并不容易掌握，如果学习者对专业词汇的意思似懂非懂，那么操练只是机械训练，学习效果会大打折扣。但如果教师花费过多时间解释专业词汇意思、介绍商务知识，受课时限制，留给语言技能的时间就十分有限了。所以，教师要在介绍、解释专业词汇和商务知识上花些心思，既能让学习者很好地理解意思，又不占用很多时间和精力。比如学习“招投标”的交际活动时，如果学习者的认知结构已具备招投标含义、招投标操作步骤等相关知识，只是不知道如何用汉语表达，教师采用翻译法介绍基本术语和知识最便捷有效。但如果学习者用母语也说不出招投标的含义和操作步骤，教师可以布置课外作业，要求学生使用母语弄清相关知识，课堂时间侧重于提高语言技能。当缺乏相关工作背景时，课堂上只要学习者学会常用、必要的商务专业词汇和固定句式即可，以保证其能够进行日常商务交流。介绍过深的商务专业知识反倒会增加学习者负担，甚至干扰其基本交流能力的习得。

（三）“可懂输入”原则

Krashen（1985）提出可懂输入模式：i+1。i 指学习者现有语言水平，i+1 指在现有水平基础上提供的输入必须是学习者能够理解的，既不能太难，也不能太容易。“可懂输入”模式是现代认知学习理论的有效应用，即要实现有意义的学习，学习材料必须是学习者心理上能理解并在其学习能力范围内的。

教师根据学习需求选择交际事件后，还要根据学习者的汉语水平和工作经历确定具体教学材料的难易程度。当学习目标和现有水平差距较大时，教师不能揠苗助长，要根据“可懂输入”原则确定教学材料，既要照顾到语言水平难度，也要照顾到商务专业知识难度。一般来说，新材料的难度要稍高于学习者已有水平，以便学生把新材料与原有知识有效结合起来，通过不断改造、重组原有语言知识和技能，不断提高商务汉语能力。教学材料之间要具有逻辑关系，在语言水平和商务知识方面都呈螺旋上升状，否则不仅不能取得良好学习效果，还会打击学习者学习兴趣和热情，百害而无一利。当然，这对商务汉语教师提出了很高要求。

我们不建议商务汉语课完全根据一本教材开展教学，因为每期学生的学习需求不同。如果受客观情况约束不得不以某本教材为蓝本，教师就要对教材作出科学、大胆的处理，对教材的“多寡难易”作出判断并加以调整。内容太少或太简单，学起来没有成就感，需要教师补充内容、增加难度；内容太多或太难，学习者不能全部吸收，不能与已有认知结构有效同化，会打击学习热情，增加焦灼感，需要教师简化或突出重点。当教材内容和学习需求不匹配时，教师也要敢于舍弃，并根据学生水平和需求增加相应内容。

因为商务汉语涉及专业词汇和商务知识，一般觉得不易习得。实际上，商务词汇用法固定，很少有多义现象，且和交际场合密切相关，习得起来并不难。只是商务汉语在日常生活中再现几率不大，学生缺乏使用机会，容易遗忘，所以教师要根据商务汉语特点及时总结，定期复习，以避免“熊瞎子掰苞米”的现象出现，保证“可懂输入”原则的有效贯彻。

（四）活动设计交际性原则

朱黎航（2003）指出，“商务汉语的主要目的是交际”，即交际性是商务汉语的显著特征。因此商务汉语教学重点是培养学习者的交际技能，教师设计的课内外教学活动都应围绕“交际性”、“实用性”展开。“情境法”、“交际法”和“任务法”适合活动课程教学，能够满足商务汉语教学要与实际情景紧密联系的要求。

“情境法”通过形象描述事件或设置特定环境，让学生如临其境，获得生动的具体表象，从而自然习得相关语言能力。商务汉语具有较固定的交际话题和场景，教师可以突破教学场所的时空限制，根据教学内容、学习需求设计出贴近实际商务活动的情境，比如“宴请、参观、面试”等。在虚拟情境中，学习者更容易理解和掌握学习材料，并能激发参与意识和创造力，有助于自然习得。

“交际法”强调在不同场合使用语言的恰当性和准确性。张黎（2011）详细阐述了交际策略教学法在商务汉语口语教学中的实际运用。交际策略是综合性、高层次的语言能力，主要体现在语用和交际层面。学习交际策略就是提高组织语篇和选择语言项目的能力。这不仅需要学习者掌握语言本体的基本规则，还要掌握各种语用规则和不同交际风格下的特定用法。商务交际中，如果场合和交际对象不同，表达方式会有很大差别。因此商务汉语教学的一个重要内容是帮助学习者在不同的商务情境中准确选择恰当的词语和句子，运用一定的言语策略进行得体交际。这需要教师树立学习者的场合意识，突出跨文化交际特点，培养学习者什么情况下说什么话的能力。

“任务法”以完成交际任务为教学目标，强调通过师生共同完成任务让学习者自然习得语言。教师通过布置课上或课下任务为学习者提供交际机会，使其在完成会话、讨论、谈判等任务时与其他人磋商、交流、合作，进而领会、应用和生成各种语言知识及交际技能。

这三种教学法都需要学生积极参与，可以最大限度调动学习者积极性，但也需要教师在课前对教学环节作出精心设计。实际教学中，教师可以把三种教学法综合起来使用。接触新的交际事件时，教师用布置任务的方式合理设置情境，使学生对事件发生的场合、特点有所了解。在共同完成任务的过程中，教师可以通过提问、比较或让学生选择不同语体、不同风格的语言项目等方式，让学生学习、掌握该场合下应使用的词汇、习惯用法，树立场合意识，提醒其注意表达的恰当性和得体性。师生共同完成任务后，教师可以设计类似或对比情境让学生完成新的任务，目的是巩固所学或通过对比加强学生对所学内容的认识深度。教师也可以要求学生在真实商务情境中完成某些任务，但要和课堂教学有机结合。比如学习去银行办理业务，教师可以先设计课堂活动，让学生逐步掌握可能涉及到的重点词汇、主要句型和交际策略。在课堂操练熟练后，可以组织学习者去银行实践，既巩固所学知识，又帮助他们逐渐适应真实的语言环境。因为学习者的商务知识背景和语言水平存在差异，教师在实际教学过程中要根据具体情况设计出符合学习者实际水平的活动，活动内容要由简单到复杂，语言技能训练要由常用句式到特殊句式。只有循序渐进，教学活动才能取得良好效果。总之，商务汉语教学要以“交际性”、“实用性”为纲安排教学内容，以“交际性”、“实用性”为出发点组织、实施课堂教学，提高学习者在特定情境中使用恰当的语言形式得体地完成交际的能力。

教师在商务汉语教学过程中要牢记教学目的，遵循相关教学原则，切实做到自己精讲学生多练，以学生需求为出发点，以提高学生在商务场合的汉语交际能力为宗旨，做好备课、实际教学和测评等工作，让整个教学过程更加科学、合理、流畅。因为商务汉语的专业性强，学生需求差异大，教师也要不断提高水平，以提高教学效率。教师的教学准备、教学过程以及教学反思是决定教学效果的重要因素。

参考文献

[1] Jakobovits, L. 1970. Foreign language learning: a psycholinguistic analysis of the issue. Rowley (Mass.): Newbury House.
[2] Munby, J. Communicative syllabus design. London: Cambridge University Press, 1978.
[3] Krashen, S. D. The input hypothesis: issues and implications. London: Longman, 1985.
[4] 陈桂生."备课"引论.全球教育展望,2007(2).
[5] 廖陈林.在华商务人士汉语使用情况的个案调查.北京语言大学硕士研究生学位论文,2007.
[6] 张黎.商务汉语教学需求分析.语言教学与研究,2006(3).
[7] 张黎.交际策略教学法研究——以"商务汉语口语交际"课为例.语言教学与研究,2011(2).
[8] 朱黎航.商务汉语的特点及其教学.暨南大学华文学报,2003(3).

AACSB认证学习保障（AOL）体系在全校本科范围内实施的可行性研究

（对外经济贸易大学国际商学院）

秦珞涵

摘　要：本文立足于对外经济贸易大学国际商学院以申请美国AACSB认证为契机，大力推行学习保障（AOL）体系在本科项目中课程试点的建设过程及结果，以图文并茂的方式详细介绍了学习保障体系的内容及其优点并研究推广至全校各学院本科项目的可行性，为对外经济贸易大学探索国际化商业人才的培养模式提供建议。

关键词：学习保障（AOL）体系　本科课程建设

一、AACSB认证及学习保障（AOL）体系的简介

国际精英商学院协会（The Association to Advance Collegiate Schools of Business，简称AACSB）成立于1916年，是一个由商学院、社团和其他机构组成的非盈利组织，它致力于提高和促进工商管理学和会计学高等教育水平，是工商管理和会计学专业学士、硕士、博士等学位项目的首要认证机构。AACSB的发起成员包括哈佛大学、哥伦比亚大学、康乃尔大学、宾夕法尼亚大学、耶鲁大学、威斯康星大学和杜兰大学等。①

目前国际上流行的三大商科认证分别是AACSB（国际精英商学院协会）、EQUIS（欧洲质量发展认证体系）和AMBAs（国际MBA协会）。三个认证中以AACSB的历史最悠久、含金量最高，因此，通过AACSB认证的商学院也被视为教学质量一流的商学院。

可以说，AACSB认证代表着全世界商学院的最高成就，取得AACSB认证资格是优秀管理教育的重要标志。截至2013年末，中国大陆通过AACSB认证的商学院包括北大、清华、人大等学校在内的高端商学院共计10所，这标志着我国商学院已经全面登录到国际高水平商学院队伍合作与竞争的平台之上。

2013年，AACSB颁布了新的认证标准，这意味着经过近100年的时间，世界范围

① http：//baike. baidu. com/AACSB.

内的商学院已经发展形成具有新媒体、信息时代特色的新的运作体系，从而认证标准也随之进行了大范围的更新。从 2013 年新标准来看，AACSB 更加强调学院的战略发展与使命及远景的匹配程度，更加重视学习保障体系在认证过程中的完整实施以及后续措施改进环节的有效循环等。

学习保障（Assurance of Learning，简称 AOL）体系是 AACSB 认证中最具特色的，也是最重要的一部分。可以说，AACSB 认证首先关注的就是教育质量，其商学认证标准的大部分规定都与教育质量密切相关。AACSB 认为教学质量是在师生互动的教学实践中创造出来的。它强调申请学院应采取一系列措施以加强课程设置、提高教师水平、改进教学方式和发展科研活动等。

二、学习保障体系的实施步骤

（一）在阐述学习保障体系之前我们需要明确的几个概念

1. 学习目标（Goals）：指本科项目的教学预期。通常情况下指的是本科项目意欲培养什么样的学生。制定该目标的教师们要考虑本科毕业生在完成项目学习后应具备的参与社会竞争的能力和效能。

2. 课程地图（Curriculum map）：指学院如何完成学习目标，即通过哪些课程的学习，哪些理论和技能的掌握来达到学习目标。通常情况下，课程地图的设置也要与学院的使命和远景相匹配。

3. 学习保障：指对学生实现学习目标过程的演示。学院通过学习保障体系来服务相关利益者，并帮助提高项目和课程与学习目标的匹配程度。

4. 课程管理：指学院为保障本科项目的结构、组织、授课内容及结果评估的合理性等进行的发展、设计和实施的过程。

（二）学习保障体系在本科项目中的实施步骤

学习保障体系的实施包括设定本科项目学习目标、绘制课程地图、核心课程学习目标分解、学习目标评估细则（Rubrics）的制定、资料及数据的搜集和整理、期末单个课程结果报告（Final Report）的写作和期末项目实施结果报告（Closing the loop）的生成等内容。

1. 设定学习目标。这一环节主要在于学院应参考自身的使命及愿景，明确本科项目要培养学生的最终目标，即学生经过本科项目四年规定学制的学习后，能够具备什么样的素质，拥有什么样的能力等。通常情况下，这一目标的制定将参考各相关利益者的意见并以就业市场的需求为基本导向，且这些目标应作为学院其他各项目学习目标的制定基础。例见表 1：

表 1　　××学院本科项目学习目标（全专业）举例

学习目标	具体内容及要求
G* 1. 批判性思维能力	● 概念辨析 ● 解决问题的能力
G2. 拥有社会责任感	● 社会责任意识和伦理道德水准 ● 职业操守
G3. 具备沟通能力	● 语言能力 ● 沟通能力
G4. 具备团队精神	● 在团队中展示协作性活动 ● 解决团体中的问题
G5. 掌握专业知识	● 掌握本专业基本知识 ● 对知识的灵活运用
G6. 一定的写作能力	● 掌握商务写作要领，独立完成公文写作

* G（Abbr. Goal，项目学习目标）

2. 选择核心课程，绘制课程地图。学习目标设定好以后，学院需要考虑哪些课程是与这些目标有直接对应关系的，这些课程就是测定本科项目学习目标完成结果的核心课程。各学院本科人才培养可以根据自身设定的学习目标和学分学制的安排来选择基础课、必修课或选修课，作为核心课程纳入到学习保障体系中来。这些核心课程的数量并没有硬性规定，只要各学院认为所选出的核心课程可以实现其本科项目学习目标即可。同时，一个学习目标可以对应一门或多门核心课程，而一门核心课程也可以支持一个或多个学习目标。例见表 2：

表 2　　××学院本科专业课程地图设置（以每学年 2 门核心课 1 门选修课为例）

		第一年			第二年			第三年			第四年		
		基础课		选修课	基础课		选修课	必修课		选修课	方向必修课		选修课
课程名称		英语	数学	伦理	会计	金融	写作	法律	战略	营销	人力	统计	ERP
课程代码		LAN	MAT	ETH	ACC	FIN	WRI	LAW	STR	MAR	HUM	STA	MAN
项目学习目标	G1		√			√		√				√	
	G2			√	√			√					
	G3	√								√	√		√
	G4								√	√	√		√
	G5				√	√		√	√	√	√		√
	G6						√						

3. 核心课程学习目标分解。核心课程确定以后，每门课程的授课老师（一般由学系中讲授相同课程的老师两到三位共同组成一个建设小组，即 Teaching Group）按照课

程对应的一个或多个学习目标分解本课程的具体学习目标，并设计教学方法与评估手段。在课程结束时，通过计算单个学生在各个目标上的分数并分析，来量度每一个课程学习目标的实现程度。以表 2 中第四年核心课程人力资源管理为例，我们做该课程的学习目标分解，见表 3：

表 3　　课程学习目标分解

教学方法	评估手段	%	G3		G4		G5
			LO*1	LO2	LO3	LO4	LO5
授课	期末考试	50%	√	√	√	√	
提问	考勤	15%		√		√	√
案例讨论					√	√	√
场景分析	课后作业	10%	√	√	√		
小组作业	小组案例报告	15%			√	√	√
	小组案例演讲	10%				√	√
	总计	100%					

* LO（Abbr. Learning Objectives，课程学习目标）

由表 3 可见，人力资源管理课程支撑的本科项目学习目标为目标 3、4、5，在项目目标之下，课程目标依次分解为 1~5 个。相应地，表中罗列了教师在课程中的教学方法，同时也明确了这些课程目标将由哪些评估手段进行衡量，各部分占总成绩中的比重为多少等。上述这些信息将包括在教师授课前的教学大纲里，这样学生可以提前知晓本门课程的学习目的、教学架构和期末成绩的计算方法等。

4. 学习目标评估细则。表 3 中，每一个课程学习目标的实现都需要提供具体的细则以供学生参考，且此细则也需在教师提供给学生的教学大纲中列明。同时，整个本科项目的学习目标也需要制定类似的细则以供后期评估使用。以表 2 第二年核心课程会计基础所对应的项目目标 G2 为例，制定细则如下：

表 4　　学习目标评估细则

本科学习目标	课程学习目标	没有收获	比较满意	满意	非常满意
有社会责任感	对财务分析人员的职业道德有清晰的认识，具备处理道德难题的能力。	完全不了解财务分析面临的道德难题，不具有处理道德难题的能力。	了解财务分析可能面临的道德难题。	了解财务分析可能面临的道德难题，并能够妥善处理该难题。	了解财务分析可能面临的道德难题，并能够妥善处理该难题。掌握道德难题存在的核心根源，能够提出解决方案。

通常情况下，评估结果与成绩评分的对应关系为：没有收获=D，比较满意=C，满意=B，非常满意=A。教师可以根据评估细则中规定的学生对知识点的掌握程度来评分，而学生也将通过这一细则明了自己学习中的不足之处，了解分数高低的评价准则等。

5. 资料及数据的搜集和整理。这部分很大程度上依赖第3步骤中教师对实现课程目标所采用的评估手段的确定，包括各教学手段对应的成绩的搜集，根据各评估手段所占比例的不同而得出的最终分数，相关课件、参考资料的留存，上课或移动课堂的照片、视频的拍摄等。

6. 课程期末报告（Final Report）的写作。这部分通常要将上述1至4步骤的资料包括在内，且须对第5部分的最终数据进行整理，并对教师得出的最终数据对该学期班级内每位学生学习目标的实现情况进行分析，进而对整个班级的学习目标实现情况进行总结等。例见下图1①：

目标3：掌握税收基础理论知识和专业技能，在案例讨论中能够呈现对专业知识的应用。

标准	优秀		良好		达标		未达标	
3.1 掌握各税种的计税方法	50	47%	47	44%	9	8.4%	1	0.6%
3.2 掌握各税种的会计处理方法	71	66%	20	19%	13	12.1%	3	2.9%
3.3 掌握各税种的筹划方法	77	72%	9	8%	13	12.5%	8	7.5%
目标3实现程度 =目标3.1×0.4+目标3.2×0.3 +目标3.3×0.3	67	63%	25	23%	14	13.1%	1	0.9%

目标3实现程度：人均85分，人均优秀

7. 项目期末实施结果报告（Closing the loop）。一学年结束时，在搜集了全部课程地图上核心课程的期末报告以后，本科课程管理部门将汇总所有数据，以本科项目学习目标评估细则为基础生成针对整个项目学习目标实现情况的项目学年报告。这部分主要分析学院所选出的各核心课程是否有效地支撑了本科项目学习目标的最终实现，如果没有达成预期期望，可以对课程的评估手段、核心课程的设置进行微调，严重时还可以考虑对本科培养方案进行改革或者对本科项目学习目标进行调整等。以图2中G6为例：

- 本科项目学习目标：具有商务写作能力，可以独立完成各类公文写作。
- 支撑课程：写作。
- 学生表现结果，见图2②：

① 王素荣．“税务会计与税务筹划”课程建设期末报告，2013.

② 秦珞涵．学习保障（AOL）体系本科项目建设实施结果报告，2013.

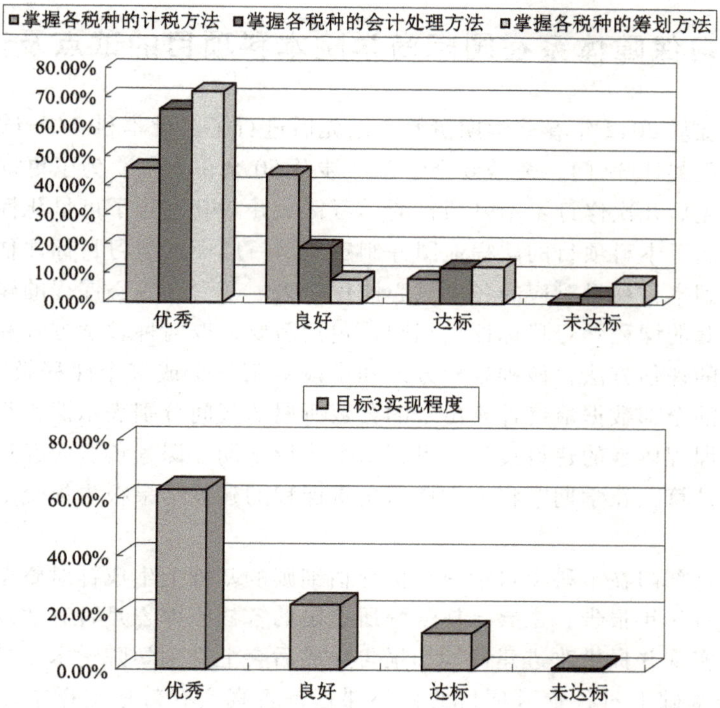

图 1　课程期末报告主体内容部分展示示例

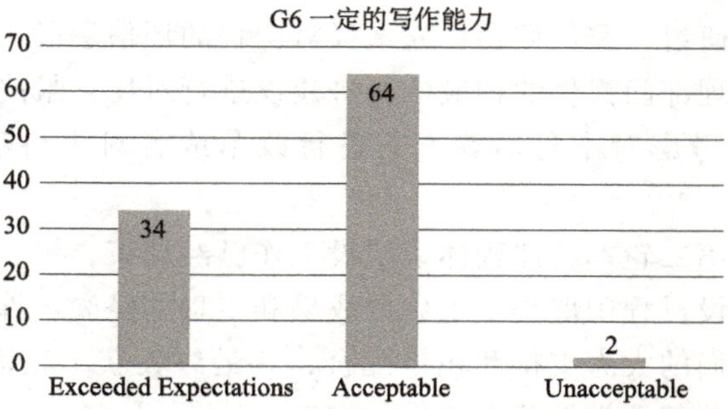

图 2　写作课搜集的结果展现的 G6 实现情况

• 对目标实现情况的评价：从图 2 可以看出，本科生中仅有 2% 的同学未能实现目标的学习预期，多数同学可以独立完成各类公文写作，超过预期完成学习目标的同学数量超出了学院预计。

• 改善措施：总体来讲，目标实现的情况良好，未来可以考虑增加一门课程，例如商务英语写作等，以实现目标衡量的多样化并支撑结构的立体化。

三、学习保障体系在国际商学院本科项目的试点及试点结果

国际商学院从 2012 年春季学期伊始，已先后进行了三批本科 AOL 试点课程的建设工作。被建课程共计 39 门，覆盖 6 个学系，涉及 50 余位老师。为了更好地配合课程建设工作，学院先后几次修订了本科项目的学习目标并对其进行了可量化性细化。在此基础上，学院绘制了本科项目的课程地图并制定了项目层面的学习目标评估细则，进而将此套体系推广到本科项目对应的各个核心课程中去。其后，核心课程的建设负责人或小组设计出一整套的课程学习目标评估细则，包括需要采取何种教学方式和手段，每种教学方式和手段的评估方法，该种教学方式和手段对某一个或多个课程教学目标的贡献，以及按所搜集的全部数据最终计算出来的分数所属的区间分别表示课程目标的何种实现程度等。这一课程体系的建设过程，贯穿每个建设学期，课程负责人经过一整套的数据搜集、整理和计算，在学期末将本学期所负责课程的建设结果报告提交给本科课程管理部门。

随后，由该部门在本科项目学习目标评估细则的基础上生成针对整个项目学习目标实现情况的项目学年报告，主要分析学院所选出的各核心课程是否有效地支撑了项目学习目标的最终实现并提供改进建议等。报告生成后会上交到学院学术委员会，学术委员会将在此报告基础上对各本科项目的核心课程是否真实有效地支撑了该项目的学习目标、该学习目标是否真实有效地达成了学院关于培养优秀学生的使命，以及课程管理部门提出的全部改进建议的可行性等进行评估。在评估过程当中，主要针对没有达成预期期望的学习目标进行研讨，委员们会优先选择对课程的评估手段、核心课程的设置等进行微调，并与课程管理部门提供的相应的改进建议进行对比，最终确定解决措施。情况严重时，委员会可以考虑对本科培养方案进行改革或者对本科项目学习目标进行调整等。

目前，商学院的第二轮本科课程体系建设工作已经结束，第三轮正在积极开展。学院在两批试点课程建设过程中取得了丰硕的成果和宝贵的经验，课程建设的一整套过程也得到了老师及学生们的大力支持和积极配合，并最终收获了正面的反馈意见及结果，这些经验将在整个学院甚至学校范围内进行推广。

四、学校借鉴学习保障体系的可行性

学习保障体系的最主要目的是提高教师授课以及学生学习的质量，尤其是以学院的使命及愿景为导向，使教学过程紧密与本科生的培养目标相结合，能够帮助学生更快地熟悉课程思路、进入学习角色并且对学院的使命和愿景形成共识。同时，这一体系也帮助教师更详细地分解自身的授课任务，并了解每一个学生的学习在每一个教学目标下的完成程度，从而教师能够更清楚地掌握课堂秩序，掌握学生群体的学习短板或知识熟记情况的分布。此外，学生也能更加清晰地认知自己在学习过程中的不足之处，可以有针

对性地进行提高，而教师也能够在未来的课堂上吸取上一年度授课的经验教训，有目的地对学生普遍薄弱的知识点、能力等进行着重培养，在教与学、师与生的互动中实现双赢。

从本科项目层面上来看，每一门核心课程实现项目目标的结果都对应着项目学习目标制定的或高，或低，或合适，或不当等情况，而各学习目标同时又是一个学院使命和愿景的具体表述，甚至代表了学院以及学院学生的未来核心竞争力。学习保障体系一方面保障了本科项目学习目标实现的可能，一方面又提供了调整学习目标、核心课程，或授课并考核方式的机会，总结起来，学习保障体系的优点主要在于：

（1）提高教学质量；

（2）加强人才培养的目的性导向；

（3）引导师生认识到自身教与学过程中的不足并加以改进；

（4）与国际接轨，吸引更多优秀国内外学生。

从上述分析可以看出，学习保障体系并不是只能局限在商学院范围内应用。对外经济贸易大学是财经类院校，各学院可以借鉴商学院学习保障体系建设的成功经验，根据自身专业设置的特点、培养的模式及预期结果、教师的科研产出等，设定符合本学院情况的本科项目学习目标。相应地，核心课程、课程结构及原理都可以在学习目标的基础上进行细化，开展学习保障体系七个步骤的建设。由于现在教务处本就有统一的课程大纲格式和内容要求，未来只要对这一规定的模板稍作修改，全校就可以实现以学习保障体系要求的内容为基础的新教学大纲模板。这样，涉及学习保障体系课程建设的相关老师只需要一次将所搜集的数据制作成 EXCEL 表格并将格式及公式固定下来，那么每学期课程讲授和考核期间，更新当期各个学生的各部分成绩即可得出该学期的期末分析数据表和本门课程分析报告。随后，各学院掌管本科教学的老师即可搜集各核心课程的 Final Report 并针对这些报告中的数据进行项目层次的分析，形成项目报告上报学院学术委员会和教务处。学院学术委员会即可据此对培养方案进行每一年或两年一次的调整，而这种调整相较于目前的常规调整来讲，更加具有针对性及可信性。从而，各个学院的本科项目、教师以及学生都可以从学习保障体系中受益，达到事半功倍的效果。

五、结语

可以说，商学院的 AACSB 国际认证带来了学习保障（AOL）体系。学习保障体系不仅只服务于商学院的 AACSB 国际认证，而且可以从更广阔的范围内使学校各本科教学单位受益。学习保障体系是美国大学教学质量保障和提高的重要经验，作为国际化特色鲜明，把建设国际知名有特色高水平大学作为长期发展愿景的高校，对外经济贸易大学更应紧跟国际步伐，吸收借鉴国际经验，以推广学习保障体系为契机，将自身建设成为一个国际知名的本科教学质量一流的高等学府。

以人才培养为导向，建立一体化教学团队

——商务信息管理系列课程教学团队建设经验

（对外经济贸易大学信息学院）

赵星秋　陈　进　刘瑞林

摘　要：教学团队建设的最终目的还是人才培养，人才培养的三个要素是培养对象——学生，知识的传授者——教师和知识的载体——课程（教材）。本文详细总结了商务信息管理系列课程教学团队建设的经验，对课程群优秀教学团队建设的主要工作给出了建设思路。基于上述理念，团队建设是以课程群为纽带，围绕师资队伍和课程体系进行一体化的建设。

关键词：教学团队　师资队伍　质量工程　课程群

一、团队概况

商务信息管理系列课程教学团队现有成员 27 人，其中教授 5 人，副教授 13 人，具有博士学位的教师 16 人，占团队全体教师总数的 59%，其余教师全部为硕士。团队建设以来，共获得国家教学成果二等奖 2 项、北京市优秀教学成果二等奖 3 项；入选国家精品课程 1 门、北京市精品课程 2 门、北京市精品教材 2 部、教育部规划教材 6 部，3 部教材获得北京市精品教材立项；培养北京市教学名师 1 名。

在科研方面，团队成员获批国家自然科学基金项目 3 项、国家社科基金项目 1 项、自然科学基金海外合作项目 1 项、教育部及北京市人文社会科学项目多项。从 2008 年至 2013 年底，团队教师共发表科研论文 309 篇，教学研究论文 82 篇，无论是论文数量还是发表层次都远远高于过去几十年所取得的成果。

团队注重实践人才的培养，在实践教学中取得了显著成绩。团队在“北京市实验教学示范中心”建设的基础上，于 2012 年成功获得了“现代服务业国家级实验教学示范中心”，把学院实践教学建设推向了新阶段。在实践人才培养中，团队成员指导的学生连续几年获得高校“创新、创意、创业”电子商务挑战赛特等奖、一等奖，2013 年获得了挑战杯北京赛区特等奖。

教学团队建设包括梯队建设、知识体系建设、教学质量建设、教学能力建设、创新人才培养能力建设、科学研究能力及学术水平建设、教学研究和教学改革能力及成果水

平建设、专业建设、学位点建设、实验室建设、学科建设等。教学团队建设的最终目的是人才培养，人才培养的三个要素是培养对象——学生，知识的传授者——教师和知识的载体——课程（教材），而教学团队建设就是师资队伍和课程的建设，在过去几年的建设中，我们围绕师资队伍和课程群的一体化过程做了系统建设，主要取得了如下几个方面的宝贵经验。

二、课程群建设

1. 课程体系建设

人才培养是大学的第一要务，团队建设的最终目标是提高人才培养质量，系统的、科学的课程知识体系是实现人才培养目标的基础。课程体系和培养方案始终围绕如何让学生在掌握知识的同时获得工作技能。为了使学生能系统地掌握信息技术的相关知识，获得较强的创新能力、实践能力以及综合问题解决能力，团队运用网络层次法把相关课程以网络层次形式组织起来，形成培养方案，以网络核心节点课程为重点，组织教师认真分析核心节点课程所涉及的知识点和对其他相关课程的支撑作用，以此作为编写教材的基础。

为了有效地培养学生的实践能力，团队遵循循序渐进的基本规律，在实践教学中制定了“基础实验课程+核心实验课程+特色实验课程”的实践教学体系，引入了 SAP 的 ERP、IBM 的商务智能等企业特色课程，并在本科开设了《项目管理》、《商务智能》和《研究方法》等荣誉课程。

2. 课程建设

要充分发挥创新课程体系的作用，必须有与之相应的教材和教学方法作支撑。依据本专业是信息技术与现代商务相结合的新兴交叉学科的特点，致力于培养从事现代服务业并具有创新能力，最大限度地满足社会需要的国际化专业人才目标。团队在学校教务处支持下积极开展教学改革与创新研究，大力鼓励教师总结教学改革成果，资助和奖励教师发表教学研究论文和编辑出版教材，2009 年到 2013 年底累计发表教学研究论文 82 篇，人均 3 篇，已出版实践教材 11 部，新编教材强调实践性，注重理论与实际的结合。在教学研究中，团队重点探索了人才培养模式、专业课程体系设置方法、人才培养实践教学体系、实验室建设、海外优秀教学资源利用等，对促进教学水平提高，改进教学方法起到了推动作用，其中有 4 篇研究论文发表在 B 类教学期刊上，大大增强了团队在同行中的影响力。

3. 实践教学

由于目前高校存在的重科研、轻教学的现象，使得一些教师，特别是那些高水平中青年教师不愿意参加本科实验教学，而没有这些教师参加，实践教学团队就失去了学科带头人，失去了核心竞争力，也失去了对学生的感召力，不利于学生创新思维和创新能力的培养。为加强科研项目对教学的促进作用，贯彻落实分层次、不间断实践教学模式，团队制定了“大一暑期学科调研，大二参加教师科研，大三暑期企业实践”的梯度实践教学模式。团队把带领学生参加科研项目作为考核教师工作的一项重要指标。在教师带领下，学生积极参加实践教学，2009 年暑假团队组织了主题是金融服务外包的专业调研，共有 45 人参加了专业调研，分为 15 个分队；2010 年暑假的主题是大宗商品交易平台的研究，共有 35 人参加了 9 个分队的专业调研；2011 年的主题是战略性新兴产业企业调研。在积极参与实践教学的基础上，我院本科生公开发表论文多篇。

三、师资队伍建设

大学的基本任务是人才培养，课程是人才培养的基本内容，而教师是人才培养目标实现的主要推手，没有一流的教师队伍就很难培育出一流的人才。如何打造一流的师资队伍是教学团队建设的主要任务，在教学团队建设上，我们从如下几个方面入手：

1. 坚持教师进修培训

俗话说：予人一杯水，自身应有一桶水。教师作为知识的输出者，虽然知识丰富，但在信息时代，技术发展很快，常年处于教学科研一线的教师很难跟上时代的发展。为了培养造就一流的教师队伍，使教师始终保持一流水平，团队要求每位教师在 5 年内必须有一次脱产进修，所有教师至少有半年以上出国研修经历，青年教师必须具备开设一门双语课的能力。为此，团队拿出经费资助教师外语培训和外出研修，先后 10 名教师出国进修一年以上，大大开阔了教师眼界，提高了教学科研能力。

2. 狠抓学术交流

在坚持“走出去”的同时，也十分重视“请进来”。团队每年邀请国内外大学、科研机构或政府部门学者来访讲学，其中包括美国工程院院士美国佐治亚理工学院的 Ellis Johnson 教授、美国加州大学圣马可斯分校代表团、伦敦政治经济学院代表团、英国曼彻斯特大学代表团、英国约克大学代表团、澳大利亚莫纳什大学代表团等，还包括国内数十所高校以及教育部、经贸部、中国人民银行总行、工信部、中国银联、敦煌网等企业、政府部门的学者。

3. 教学观摩

团队每年组织教学观摩会，观摩会摒弃原来教学示范课的传统方法，采取所有教师自愿参加，多数教师能拿出自己的课程来接受其他教师的观摩指导，虚心听取其他教师的点评，学习优秀教师的教学方法和课程组织经验。

经过几年的建设，学院教学质量大幅提高，在历年学生评教工作中，没有教师低于 75 分，学生评教成绩始终保持在 90 分以上，2011 年达到了 94.32 分，教学水平和教学效果逐年提高。

四、教学资源建设

1. 课程资源

教学资源是为教学的有效开展提供支撑的条件。几年来，团队教师组织编写了系列课程教材，包括：《网络营销实验教程》、《经济模型分析与实验教程》、《系统建设与实施实验教程》、《数据库原理实验教程》、《系统分析与设计实验教程》、《电子商务安全与管理实验教程》、《网络技术与应用实验教程》、《计算机系统实验教程》、《Java 与面向对象程序设计实验教程》、《电子商务系统建设与实施实验教程》、《企业级数据库实验教程》等实验教材和《电子金融概论》、《商务智能》、《电子商务教程》、《Java 程序设计》、《JSP 程序设计》等。同时，引进了 SAP 的 ERP 和 IBM 的商务智能课程，并对所有课程制作了精美的多媒体课件。

2. 资源网站

为了教师和学生充分利用团队多年积累的电子教学资源，团队在学校信息处的支持下建立了 FTP 服务器 http：//lab. uibe. edu. cn 和 http：//archive. uibe. org/a/jiaoxuetuandui/网站，FTP 服务器为教师和学生提供了大量安全可靠的教学软件和教学资料，极大地方便了教师教学和学生学习。

3. 实习基地

实践人才的培养离不开校外人才培养基地，几年来，团队利用中国国际电子商务中心、中国银联等校外人才培养基地累计安排学生参观、实习 400 多人次，形成了信息管理与信息系统专业和电子商务专业学生的专业认知、岗位培训实习基地，为学生了解 IT 企业和电子商务运作流程提供了现实的场景。

为了提高实习效果，团队每年组织召开校外人才培养基地建设研讨会，基地每次都派出熟悉企业人才需求的领导出席会议，为校方提供人才需求类型新变化，企业对新进人才知识结构的新需求等相关信息。通过大家的相互交流，有力地促进了学校专业方向的设置和课程体系内容建设的提高。经过几年的探索实践，为提高实习效率，在加强校外实习基地建设的基础上，进一步拓宽渠道，开展了校企科研合作，把实习基地平移到学校来，缩短实习基地到学校的距离，为学生实习实践常态化提供可靠保证。

五、建设成果

团队建设的目的是人才培养，检验团队建设的效果要看学生培养效果。团队培养的毕业生在过去几年一直保持高就业率和高就业质量，前几年就业率达到 100%，签约数占就业人数的 62% 以上。近两年在全国就业形势整体严峻的情况下，就业率仍然能达到 98% 以上。就业地区主要集中在北京，占就业人数的 86. 2%；京外就业基本分布在直辖市、省会城市，占就业人数的 12. 1%。

在学科竞赛方面，团队指导的学生取得了突出的成绩，在 2013 年挑战杯竞赛中，团队指导的学生获得了北京赛区特等奖。在全国大学生电子商务三创大赛中，每年有数千参赛队的情况下，本团队指导的参赛队获得了特等奖1项，一等奖5项，北京市特等奖1项的好成绩。特别是在华北五省计算机应用大赛上，我校学生不畏强手，在众多理工科学生的竞赛中取得了3项二等奖，2项三等奖的成绩，说明学生具有很强的实际动手能力。特别是在2011年对外经济贸易大学首届十大杰出学生评选中，团队教师培养的学生有2人当选，2012年再有1名学生当选，2013年又有2人当选，连续3年有学生入选，足以说明我院人才培养的质量。

参考文献

[1] 段相林，常彦忠，樊玉梅，于鹏，刘敬泽．教学团队建设的目的、意义、建设内涵、建设目标和建设内容间的相互关联——教学团队建设研究与实践之一．解剖科学进展，2012.

[2] 章兢，傅晓军．谈基于课程或课程群的教学团队建设．中国大学教学，2007（12）.

[3] 吴世华，李一峻，邱晓航，于丽华．实验教学团队建设的研究与实践．实验室科学，2014.

从英国精算师免试认证到精算人才培养模式的探索[①]

——站在英、美精算教育大国的肩膀上

（对外经济贸易大学保险学院）

陈　茵　蔡学燕　谢远涛　孙立娟

摘　要：本文从精算师职业概述出发，结合英国、美国和我国精算师职业考试制度，举例说明我国和国外精算本科教育模式，同时结合对外经济贸易大学的优势和在申请英国精算师协会免试认证的一些体会，谈谈本科阶段精算人才培养的一些想法和做法。

关键词：精算本科教育　精算人才培养　精算师考试

对外经济贸易大学保险专业（精算与风险管理方向）于2007年建立，2009年招收第一届本科生，2011年、2012年、2013年分别有七名、十二名、六名同学参加英国肯特大学2+2双学士联合培养项目和英国曼彻斯特大学2+2双学士联合培养项目。2013年，保险学院开设的五门课程INS208、INS213、INS354、INS355和INS212得到英国精算师考试中相应的三门CT1、CT5、CT6考试的免试认证。截至发稿之日，对外经济贸易大学已经得到CT1至CT8的全部免试认证。笔者有幸参与其中。下面从六个部分谈谈对国内精算本科学历教育人才培养模式的一点心得和体会。

本文的第一部分对精算师这一职业做一概述。第二部分在简要介绍世界上认可度最高的由英国精算师协会Institute and Faculty of Actuaries（IFoA）和美国寿险精算师协会Society of Actuaries（SOA）掌管的两大精算师职业考试系统之后，对中国精算师协会China Association of Actuaries（CAA）主办的中国精算考试系统进行简单梳理并与前两者进行对比。精算本科教育无论从知识体系，还是发展方向，都对应着精算师资格考试的准精算师部分。第三部分以人民大学和中央财经大学为例，重点叙述我国精算本科培养模式的特点。第四部分着重描述精算强国的本科教育，并以北美和英国以精算学著名

① 本文是对外经济贸易大学本科教学实验课题《教学实习与创新人才培养实证研究》（X13512）、《本科毕业论文（设计）质量控制与管理研究》（X12514）、研究生教学研究项目《数学优化方法》（X14134）的阶段性研究成果。

的加拿大滑铁卢大学、肯特大学为例讲述国外著名高校本科精算教育模式。第五部分介绍对外经济贸易大学精算人才培养模式的探索、创新与成果。第六部分提出学科建设中存在的不足，展望未来探索方向。

一、未来“金领”精算师——保险业的未来精英

20 世纪 90 年代，国人对精算学概念十分陌生，精算师更是屈指可数。自加入 WTO 后，我国保险市场进一步对外开放，外资、合资保险公司在不断抢滩我国市场，原有的保险公司规模也在进一步扩张。随着保险行业竞争日趋激烈，作为保险产品的设计者——精算师已成为保险公司争夺市场的重要“砝码”。由于人才稀缺，保险精算师的收入在热门职业中也高居榜首，被称为“金领”职业。精算被越来越多的人所认知，精算师也被人们普遍认为是一种高知、高薪的职业。在欧美的职业排行榜上，精算师职业经常高居三甲之列。即便如此，很多人仍然会面带敬佩和迷惑地问“精算师究竟是做什么的?”这至少说明了两个问题：第一，社会对精算师这个概念广泛认可，精算师的知名度很高；第二，大家对精算师这个职业仍不了解。

那么，什么是精算师呢？精算师是运用精算方法和技术，解决经济问题的专业人士，是评估经济活动中未来财务风险的专家，是集数学家、统计学家、经济学家和投资学家于一身，有道德、懂法律的高级人才，是同“未来不确定性”，即与风险打交道、为金融决策提供依据、为保险公司保驾护航和吹响警哨的人。

按照不同的标准，保险精算师有多种分类方法。按照精算师的等级来划分，可分为准精算师（Associate）和精算师（Fellow，或称正精算师）；按照精算师的职能和专业技能，笼统地分为寿险精算师和非寿险精算师；按照是否在实务部门工作，分为执业精算师和非执业精算师。执业精算师主要分布在保险公司、金融公司、咨询公司、政府部门，他们中的一部分人拥有英国、美国、我国、澳大利亚或者日本精算师协会的准精算师或者正精算师资格。非执业精算师是指不在实务部门工作的精算职业组织正式会员，如大学教师、研究员和退休人员，据英国精算师协会的数据显示，非执业的英国精算师协会会员人数只占总人数的 30%。

作为一种职业，精算师在世界各国都是“金领”的代名词。它的门槛高而产出低，需要长时间的学习磨砺和实际经验积累，随着保险业、社会福利业及投资咨询业的迅速发展，它位尊薪高，前程与“钱途”都无可限量。而且，精算师绝非青春饭，随着年龄和经验的增加，精算师的地位和薪情只会越来越高。

二、英国、美国和我国的精算师职业考试制度

英国是精算学科的发源地，也是第一个精算师协会的诞生地。美国由于国家实力和保险实力的原因，将精算学发扬光大。两国的精算师协会不约而同地将精算师考试作为一种职业考试制度确立下来，并且将职业考试划分为准精算师部分和精算师部分。2010

年12月14日，国际精算协会（IAA）接受我国精算师协会的申请成为其第63位正式单位会员。2011年3月17日，中国精算师协会（CAA）与英国精算师协会（IFoA）在相互认可彼此考试体系基础上，就准精算师资格考试课程相互认可达成共识。作为精算的后起之秀，我国精算师资格考试获得国际标准认可的重大突破。而准精算师职业考试从知识体系上讲，正是对应着高校的精算本科教育。下面笔者就准精算师职业考试对三个国家做一比较，三个国家的考试科目列于表1中。

表1　　三国准精算师资格考试科目

英　国	美国 （寿险精算学会为例）	中　国
CT1 Financial Mathematics （金融数学）	P （概率）	A1 数学（Mathematics）
CT2 Finance and Financial Reporting（财务报告分析）	FM（金融数学）	A2 金融数学 （Financial Mathematics）
CT3 Probability and Mathematical Statistics（概率与数理统计）	MFE（金融经济模型）	A3 精算模型（Actuarial Models）
CT4 Models（模型）	MLC（寿险精算模型）	A4 经济学基础（Economics）
CT5 Contingencies（寿险精算）	C（构造与评估精算模型）	A5 寿险精算（Actuarial Aspects of Life Insurance）
CT6 Statistical Methods （统计模型）	VEE（经济、 公司金融与应用统计）	A6 非寿险精算（Non-Life Insurance Actuarial Science）
CT7 Business Economics （经济学）	APC（职业培训）	A7 会计与财务 （Accounting and Finance）
CT8 Financial Economics （金融经济学）	FAP（精算实践基础）	A8 精算管理 （Actuarial Management）
CT9 Business Awareness （商务必备）		
CA1 Actuarial risk management （精算风险管理）		
CA2 Model Documentation, Analysis and Reporting （模型文档、分析和报告）		
CA3 Communications （交流技能）		

三国精算师职业考试体系有共同点，也有各自的特点：

（一）共同点：起点高、耗时长、成材率低

无论是在英国、美国还是中国，要成为精算师首先需要接受高等教育，然后再通过相关考试。在初等教育和中等教育阶段，谈及精算师的培养，是不切实际的。精算师的成长一般有两条途径：第一，在高等教育阶段取得精算学位，再通过精算师协会的相关考试，加之工作经验，先后成为准精算师和正精算师。从大学一年级算起，至少需要6~8年时间。第二，在高等教育阶段没有受过精算教育，但之后在实务部门工作，并且通过精算师协会所有科目的资格考试，也可以取得正精算师资格。采用第二种方式，如果也从大学一年级算起，会比第一种方式需要的时间更长，一般长2~4年。无论哪种方式，想要完全避免精算师职业考试都是不可能的。成为正精算师之后，还需要定期接受培训，为职业保鲜。很多人因为职业资格考试太难或者时间太长而最终放弃精算师资格。表2中列举了三国精算师的英文名称。

表2　　三国精算师协会和资格名称

	英国 IFoA	美国（寿险精算学会为例）SOA	中国 CAA
准精算师名称缩写 Associateship	AIA or AFA	ASA	ACAA
正精算师名称缩写 Fellowship	FIA or FFA	FSA	FCAA

（二）准精部分各有特点：英国整体最难但是认可高校教育，美国费用最高，我国准精首门考试最难、费用最低

英国精算师以水平高、通过率低而闻名于世：英国大约4.0%的精算师学会学生会员最终可成为精算师。其中单准精算师部分就包括CT阶段（Core Technical Stage）的9门考试和CA阶段（Core Applications Stage）的3门考试。顺利通过考试，再加上一年精算工作经验，便可以拥有英国准精算师资格。在这三国的精算师协会中，英国精算师协会是唯一一个承认高等精算教育的协会，它认可47所大学的课程考试，也就是说学生在被认证的大学中参加课程考试，如果成绩达到一定标准，即可免试部分准精科目资格考试。而SOA和CAA不认可大学的精算课程考试，如果想要成为ASA或者ACAA，就必须参加准精部分的考试。

美国是现在精算最发达的国家，也是拥有精算师人数最多的国家，准精部分考试较英国来说会比较简单一些，更加偏向实务性，对理论上的要求没有英国那么高。尽管美国的精算学历教育很发达，美国精算师协会却不认证世界上任何大学的校内考试。而且以每次考试只考一次就能通过计算，得到美国准精算师资格前的考试费用是三个考试系

统中最贵的。

我国准精部分8门考试的考试费用，以一次通过计算，一共是800人民币，是三个考试系统中最便宜的。但是我国准精部分首门考试（A1数学）难度最高。对理论的熟练掌握程度也是公认的要求高，但是对实务性要求不如英国和美国高。

（三）互认环节：中国精算师考试体系处于明显劣势地位

英国精算师协会IFoA和美国寿险精算学会SOA的准精算师资格是互认的，即AIA或者AFA只要向美国SOA申请，就可以得到ASA资格，反之亦然。而且取得英国准精算师资格者或者美国准精算师资格者，可以直接转换中国准精算师全部课程，即得到中国精算师协会的准精算师资格。

但是中国精算师协会的准精资格，如果需要转换成英国精算师协会IFoA准精资格，还需要参加考试。具体规则如下：取得中国准精算师资格者，可以直接转换英国准精算师考试基础技能课程（CT1至CT8）8门课程和基础应用课程CA1。如果想取得英国精算技能证书，还需要另外加考并且通过CT9课程1门；如果想取得英国准精算师资格，除了上述的基础技能课程1门（CT9），还需要通过英国准精算师基础应用课程2门（CA2和CA3），并具备英国精算师协会要求的一年相关工作经验及参加为期1天的职业道德培训，才能获得英国准精算师资格。中国精算师协会的准精资格，如果需要得到美国SOA准精资格，则需要从头考起。

如果是单一科目的抵免，只有英国IFoA、美国SOA向中国CAA的单方向抵免，而单科中国CAA考试不能向英国IFoA、美国SOA的单科进行抵免。

三、我国高校精算教育的培养模式

精算作为一门新兴学科，1988年引入我国，始于南开大学的精算研究生班。湖南大学（原湖南财经学院）紧随其后，于1991年秋在保险系下开始招收精算方向的本科生。精算学对于学科综合度要求高，所跨学科有：经济学、金融学、保险学、统计学和数学等，国内的本科教育主要归属于以下三类归口：保险学院或者金融学院下的保险专业、统计学院下的统计专业、数学学院下的应用数学专业。北京大学数学学院、复旦大学数学学院、中国人民大学统计学院、天津大学统计学院、南开大学经济学院、湖南大学金融学院、上海财经大学金融学院、中国科技大学管理学院统计与金融系、中山大学岭南学院、华东师范大学金融与统计学院、武汉大学经济与管理学院、首都经济贸易大学金融系、中央财经大学保险学院、西南财经大学保险学院、对外经济贸易大学保险学院等二十多所院校招收精算方向本科生。由于统计学院与数学学院在精算方向的设置上有很多相近的地方，我们选取保险专业和统计专业这两类归口的典型院校来做比较，开设院校分别是：人民大学统计学院和中央财经大学保险学院。

（一）中国人民大学统计学院统计学专业（风险管理与精算方向）

自 1993 年开始，中国人民大学统计学院下设立了统计学专业（风险管理与精算方向），招收本科生。1995 年，设立了 SOA 考试中心。分别与瑞典 Hogskolan Dalarna 大学、意大利佛罗伦萨大学、瑞典 DALARNA 大学开展本科合作项目。学校要求学生在校四年必须完成常规思政、英语、体育课程，22 学分的学科基础课、29 学分的专业必修课和 20 学分的专业选修课。其中，学科基础课程包括：微观经济学、宏观经济学、货币银行学、会计学、统计学概论、概率论和数理统计；专业必修课包括：保险原理、金融数学、寿险精算、精算模型、非寿险精算、精算管理、随机过程、回归分析、统计软件、时间序列分析；专业选修课包括：计算机程序设计、EXCEL VBA、生命表构造、公司理财、投资学、多元统计分析、非参数统计、抽样技术、调查理论与应用、统计调查实验、实变函数、试验设计、统计计算、定性数据分析方法、统计诊断、数据挖掘、计量经济学、经济与社会统计、国民经济核算、宏观经济统计分析。

从课程设置上，我们容易看出，学校重视培养学生的数学素养、对统计模型的理解和应用，偏重于对风险的定量分析、精算工具在风险分析和风险管理中的应用。

（二）中央财经大学保险学院保险专业（精算方向）

中央财经大学致力于引入并始终坚持英国精算教学体系和考试制度。1993 年，中央财经大学成立了“保险精算研究所”。1996 年，澳大利亚新西兰金融保险学会 Australian Insurance Institute（2006 年更名为澳大利亚新西兰保险与金融学会）在中央财经大学保险学院设立 AII 北京考试中心。英国精算师协会和中国精算师协会分别于 1994 年和 2008 年在中央财经大学设立考试中心。中央财经大学和多所国外高校有联合培养项目。本科阶段的保险专业（精算方向）于 2004 年设立。学校要求学生在校四年必须完成常规思政、英语、体育课程，30 学分的学科基础课、20 学分的专业主干课和 23 学分的专业选修课。其中，学科基础课程包括：政治经济学、微观经济学、宏观经济学、计量经济学、经济法、会计学、利息理论（双语）、金融学、财务管理学、应用随机过程；专业主干课包括：保险学、人寿与健康保险、社会保障学、财产与责任保险、寿险精算数学、生存模型（双语）、非寿险精算学（双语）；专业选修课包括：民法、风险管理、保险法、社会保障精算、再保险（双语）、金融经济学、保险公司财务会计、企业年金与员工福利、保险资金管理及运用、海上保险学、寿险精算实务、保险企业经营管理、保险营销学、国际贸易实务、海商法、管理学基础、商业银行经营学、国际金融、投资银行学、C 语言程序设计、现代统计软件。

从课程设置上，保险学、金融学、经济学和管理学的比重比较大，重在要求学生掌握精算学在保险中的基本理论和业务知识，熟悉保险公司的财务、法律、政策等相关知识。

（三）中国大学精算本科教育的特点

总体而言，中国大学精算本科教育有以下特点：

1. 无精算专业学士学位

国内高校没有在本科阶段开设精算专业，所以没有相应的精算专业学士学位。本科阶段的精算学历教育基本设置在金融（保险）、统计和数学专业下，所以每个学校的自身特点和对精算学科的理解不同，课程设置不统一。国外的精算本科教育其实同样具备这一特点，我们可以在本文第四部分的内容中体会到：在英、美这样的精算学发达的国家中，虽然本科阶段有精算专业学士学位，但是各个学校的课程设置除了经典精算课程外，课程设置也有很大不同。

2. 重视理论知识传授

无论将本科精算学历设置在哪个专业下，国内高校都非常重视理论知识体系的传授，尤其是在精算学基础课程中，例如：利息理论、金融数学、寿险精算、非寿险精算、微观经济学、宏观经济学、会计学。在应用数学类的课程授课中，往往非常重视对数学公式的原理推导和应用，而忽略数学公式背后的发展历程、实际含义、逻辑关系与应用条件。这导致学生考试时，死记硬背公式也能通过。

3. 重视授课语言、授课教材的国际化，但专业讲解、写作培训很少

国内很多大学的精算方向与国外大学建立联合培养项目，也有不少学校开设双语专业课程和英语专业课程，选用国外一流教材，采用英语试卷考试。这些都是精算学历教育模式中可喜的探索。但是精算师不仅需要高精尖的专业知识，而且需要与其他各个部门合作，经常要和毫无精算基础的人沟通，所以非常需要培养口头语言和书面语言的表达能力、沟通能力，从课程设置和培养模式上，国内高校在这方面还需要提高。

四、外国以精算闻名的高校的本科培养模式

（一）滑铁卢大学数学学院精算专业

滑铁卢大学被公认为北美地区顶尖的精算教育学府，其毕业生在北美被评为最受雇主欢迎的毕业生。究其原因，滑铁卢大学除了与上述国内高校开设类似课程外，它具有独特的几个特点：

1. 计算机技能的培养

学校要求精算本科的学生在掌握精算专业课的同时，必须选修一定数量的计算机科学课程，如：计算机科学基础、计算机高级课程、编程设计基础及高级课程、数据抽样设计等，所以滑铁卢的精算毕业生娴熟地掌握电脑技术往往成为就业市场上的宠儿。具体要求见表 3：

表 3 滑铁卢大学精算专业计算机课程要求

课程名称	要 求
CS 115 Introduction to Computer Science 1 计算机基础 1	三门至少完成一门
CS 135 Designing Functional Programs 程序设计	
CS 145 Designing Functional Programs (Advanced Level) 程序设计(高级)	
CS 116 Introduction to Computer Science 2 计算机基础 2	三门至少完成一门
CS 136 Elementary Algorithm Design and Data Abstraction 算法设计和数据概念	
CS 146 Elementary Algorithm Design and Data Abstraction (Advanced Level) 算法设计和数据概念(高级)	

2. 英语口语和写作训练

虽然英语是加拿大的官方语言，但是对于语言沟通的培养，精算专业的要求比较高。这主要是因为精算师所从事的工作中，交流和沟通部分占很大比重。滑铁卢大学对沟通能力的培养没有丝毫放松，表 4 中列举了精算专业针对语言沟通能力的课程要求。

表 4 语言沟通能力的课程要求

课程名称	要 求
ENGL 109 Introduction to Academic Writing 学术写作介绍	至少完成一门并且成绩达到60%以上
ENGL/ESL 129R Written Academic English 学术英语	
ENGL 140R The Use of English 1 英语的用法 1	
ESL 101R Oral Communications for Academic Purposes 学术目的的口头交流	
ESL 102R Error Correction in Academic Writing 学术写作改错	
SPCOM 100 Interpersonal Communication 人际交流	
SPCOM 111 Leadership, Communication, and Collaboration 领导、沟通和协作	
SPCOM 223 Public Speaking 公共演讲	

3. 最长长达两年的联合教育计划(Co-operation Education)

北美精算本科教育通常学制四年，但是学生可以自主选择以联合教育模式完成本科学位和参加相关工作，学制最长为六年。联合教育模式是指高校和业界对人才进行培养教育的一种模式，将学术学习和相关工作经验有机结合的一个教育系统。参加合作教育项目的学生在工作学期，能够得到与学科相关领域的实践机会，如商业、政府、社会服务和其他专业行业。合作教育计划规定学生每隔一定时间须交替在工作场地和校园里进行全日制的与学习内容相关的工作。工作学期通常每次为 4~8 个月左右。选择合作教育项目的学生与非合作教育项目的学生参加的学术课程水平相当，不过他们同时可以得到最多两年的行业工作经验，并且完成相应联合教育课程（PD）报告。在每个工作学期结束时，雇主的评价报告会作为档案留存。

（二）肯特大学数学、统计与精算学院精算专业

肯特大学精算专业是英国首屈一指的，也是获得英国精算师协会免试科目最多的学校之一。精算本科学制三年，只有必修课而无选修课。每学年考试一次，安排在第二个学期期末，中间有三个月的时间复习。

肯特大学的精算本科课程设置贵在精于精算、模块化设置。课程设置与英国精算师协会的考试科目完全吻合，见表5。并且得到英国准精算师阶段CT1-CT8考试的全部抵免资格。肯特大学的精算本科生有两种模式可以选择：第一种，Accreditation，就是对英国精算师协会的准精算师考试科目（CT1-CT8）的整体抵免。要求学生所有科目的平均成绩达到65分，取得肯特大学的本科学位，即使有一两门课程成绩低于65分，也能得到所有CT1-CT8的免试资格。第二种，subject by subject，就是学生虽然平均成绩达不到65分，但是单科成绩突出，仍然可以得到单科的抵免。这里需要注意的是，英国的单科考试及格线一般是50分。

表5　　肯特大学课程设置与英国精算师协会免试资格的对应表

肯特大学课程	英国精算师协会免试科目
MA315 Financial Mathematics 金融数学	CT1
M526 Finance and Financial Reporting for Actuarial Science 精算学研究报告	CT2
MA319 Probability and Statistics for Actuarial Science 1 精算中的概率统计1 MA529 Probability and Statistics for Actuarial Science 2 精算中的概率统计2	CT3
MA539 Financial Modelling 金融建模 MA525 Survival Models 生存模型	CT4
MA516Contingencies 1 寿险精算1 MA533 Contingencies 2 寿险精算2	CT5
MA501 Statistics for Insurance 保险中的统计学 MA639 Time Series Modelling and Simulation 时间序列建模与模拟	CT6
MA309Business Economics 经济学	CT7
MA537 Mathematics of Financial Derivatives 数理金融衍生品 MA535 Portfolio Theory and Asset Pricing Models 投资组合理论与资产定价模型	CT8

肯特大学的另一特点是精于专业写作。在二年级时，设置课程M526精算金融报告

（M526 Finance and Financial Reporting for Actuarial Science）每周 5 小时，课程 ED001 英语报告写作（ED001 English Language Development – Essay Writing）每周 1 小时。这些基于专业知识的英文沟通和写作课程很可能比国内很多学校的英语课程还要多。除此之外，从大一开始，有很多课程中涉及小组讨论、小组讲解和专业报告写作，并且将这些部分的成绩作为总成绩的一部分。

五、对外经济贸易大学保险学院保险专业（精算与风险管理方向）国际化、复合型人才培养模式

对外经济贸易大学保险专业（精算与风险管理方向）历史非常短，于 2009 年招收第一届本科生，截止到 2014 年只有 5 年时间。在这五年中，不仅完成了专业建设，同时还完成数个中外合作培养项目，形成国内外互访机制，使得学科建设在国际上具有一定的声望和知名度，并与 2013 年 11 月取得英国精算师协会部分精算师考试科目免试认证。如表 6：

表 6　对外经济贸易大学精算本科课程的免试资格对应表①

保险学院开设课程	英国精算师协会免试科目
INS208 利息理论	CT1
INS213 精算数学（一） INS354 精算数学（二）	CT5
INS355 精算数学（三）	
INS212 生存模型	CT6

可以说，对外经济贸易大学保险专业（精算与风险管理方向）的培养模式是站在精算强国的肩膀上设计和完成的，可以归纳为以下几点：

（一）主动适应市场的国际化目标定位

无论是国内人才市场还是国际人才市场，迫切需要的人才大致可以分为两类：一类是懂得国际规则，具有国际竞争力的复合型、应用型人才，主要面向经济、金融、保险的实务部门；另一类是具有前瞻眼光、理论功底扎实、具有创新力、对实践有指导能力的研究型人才，这类人才主要面向大学、各类科研机构、相关咨询和决策部门。无论是哪一种，在本科阶段都需要扎实的知识体系、科学的课程设置和开阔的国际化视野。针对这个目标，在精算教育的培养模式中，学院已经先后与英美大学开展长期联合培养的项目 5 个，正在洽谈中的项目 2 个，详见表 7。除此之外，保险学院针对保险专业（精

① 资料来源：http：//www. actuaries. org. uk/students/pages/university-international-business-and-economics-uibe-china。①

算与风险管理方向）于2014年9月将招收中外合作双学位本科班，实现和国外精算本科人才培养的对接。

表7　保险学院精算方向长期联合培养项目

现有项目			
项目名称	对外经济贸易大学授予的学位	国外院校	国外院校授予的学位
2+2双学士联合培养项目	保险专业学士学位	英国肯特大学	精算学学士学位
2+2双学士联合培养项目	保险专业学士学位	英国曼彻斯特大学	精算学学士学位
1+1精算硕士研究生	金融学硕士学位	英国曼彻斯特大学	精算学硕士学位/数理金融硕士学位/统计学硕士学位
2+3本科+硕士	保险专业学士学位	美国天普大学	经济学硕士学位/精算学硕士学位/金融学硕士学位/统计学硕士学位/风险管理硕士学位
2+5硕士+博士	金融学硕士学位	美国印第安纳普度大学	金融学博士学位
正在洽谈的项目			
项目名称	对外经济贸易大学授予的学位	国外院校	国外院校授予的学位
2+2精算本科	保险专业学士学位	美国密歇根州立大学	精算学士学位
4+1本科+硕士	保险专业学士学位	英国曼彻斯特大学	精算学硕士学位/数理金融硕士学位/统计学硕士学位

（二）以一流精算学府为假想对手的竞争定位

要在竞争中战胜对手，首先要以高标准要求自己，保险学院已经将目标设定在精算学科一流大学竞争对手的标准上。在比较培养模式的基础上，学院意识到，如果没有科学系统的课程体系和教学方式，本科生很难在竞争中取胜。为此，我们按照英国精算师考试、美国精算师考试的内容，设计构建了结构合理、符合国际水准的课程体系，在申请英国精算师免试资格的过程中，逐渐建立了专业课程用双语讲授或者全英语讲授模式，专业课程教材和参考资料与国际接轨，考试水平达到并且超过英国准精算师的考试水平的课程建设。在“边研究、边比较、边建设”的课程设计模式中，保险学院统计与精算系先后完成教学实验课题和常规课程建设 8 项，教学研究论文 3 篇，教学质量评价占学院前 10% 的课程 6 门等成果。在国际上，对外经济贸易大学已经跻身于精算强校之列，成为中国第一所获得英国精算师协会免试认证的大学，也是继香港大学（University of Hong Kong）、新加坡南洋理工大学（Nanyang Technological University）、香港中文大学（Chinese University of Hong Kong）之后的第四所亚洲大学。

（三）将应用型人才与研究型人才分开培养的过程定位

对于应用型人才与研究型人才，保险学院实行了因材施教、区分培养的培养模式。2012 年，开设了第一届精算实验班，鼓励学生本硕博连读，旨在培养具有创新力的科研人才。在课程设置上，增设了增强专业论文写作和增强计算机能力的教学实验课程，以 EXCEL、R、SPLUS 等软件为载体，提高学生的理论分析和编程设计能力。在教师配备上，实行导师制，即为每个学生安排导师，负责学生的学习和科研，为实验班学生搭建学术研究交流平台。

六、对外经济贸易大学保险学院保险专业（精算与风险管理方向）培养模式的不足与展望

对外经济贸易大学保险专业（精算与风险管理方向）由于前三个学期基本设置公共课，课程设置相对较松，学生时间相对宽松。从第四个学期起，课程设置相当紧凑。本科培养方案虽然对实习有要求，可是没有专门设置长时间的全职工作学期，等学生学习完专业知识，难以抽出时间来进行全职实习。建议学校可以将精算前期准备课程（例如：微积分、高等代数、概率论与数理统计）和思政、纯英语类课程尽量安排在前两个学期，将专业课程尽量提前，同时设立试点专业，增加一个长约半年的全职实习学期。

与精算相关的数据库、软件、图书馆资源不足，仅靠学院力量，资金投入明显不足。好在学校在金融、保险电子资源的建设上保持持续资金投入，金融实验室也在酝酿之中。

综上，精算本科学历教育的培养模式起点高、成果丰硕。虽然时间不长，但是凸显了我校国际化、复合型、创新型人才的培养理念。我们相信，随着不断努力探索和创新，精算本科教育必能成为对外经济贸易大学的一大亮点。

参考文献

[1] 李鹏．加快发展我国精算教育的思考，上海保险，2006（1）：49-50.
[2] 李耘穗．滑铁卢大学精算专业简介．精算通讯，2008，8，（3）：54-58.

[3] 孙立娟，谢远涛，李岩，陈茵，栾娜娜．国际化精算专业人才培养的研究与实践．创新与实践——本科人才培养与教育教学改革论文集．北京：对外经济贸易大学出版社，2013（9）：233-239.
[4] 陶菊春．论精算学的学科交叉性与融合性．统计与决策，2010（7）：163-166.
[5] 姚红玉．英国的英才教育．比较教育研究，2013（5）：38-42.
[6] 曾满超，王美欣，蔺乐．美国、英国、澳大利亚的高等教育国际化．北京大学教育评论，2009（4）：75-102.
[7] 张薏，李玮．国内外高校精算教育的比较研究．金融教育研究，2011（9）：76-80.
[8] 朱江红，王金花．对我国高校精算教育现状的思考与几点建议．沧州师范专科学校学报，2011（9）：98-100.
[9] http：//stat. ruc. edu. cn/a/jiaoliuhezuo/hezuoxiangmu/.
[10] http：//www. kent. ac. uk/smsas.
[11] http：//ugradcalendar. uwaterloo. ca/.
[12] http：//www. actuaries. org. uk/.
[13] http：//www. soa. org/.
[14] http：//www. e-caa. org. cn/.

本科财务会计教学案例应用研究

（对外经济贸易大学国际商学院）

赵　旸　曹　妍

摘　要： 本文以本科教学实验课题研究为基础，针对教学案例在财务会计基础及中级课程的应用过程中遇到的问题，以及相关的教学经验进行了阐述，文中论及的方法和观点对改进财务会计教学方法、提高教学质量有一定的作用。

关键词： 财务会计　教学案例　应用

一、前言

会计是商业语言，会计信息渗透在经济生活的各个方面，包括教师和学生在内的每个人或多或少地会面对、收听、触碰甚至应用它们。无论是被动接纳，还是主动寻求，会计信息影响着每个人的日常生活。作为传播会计信息如何生成和使用的会计课程，既有充足生动的教学资源可以利用（国内外的、历史与现实的、期刊或网络上的等），也有众多兴致勃勃的求学者。这些优势使其在大学经济类课程中广受欢迎、不可或缺，我校各个专业中都可以找到选修财务会计课程的学生。

财务会计课程的天生优势在后续的教学中能否得到保持？面对这个问题，财务会计教师不得不面对两方面的挑战：

一方面是来自财务会计教材的挑战。对于财务会计课程，尤其是入门层次的课程，国内本科教材多采用提纲挈领式的编写手法，虽逻辑清晰、一目了然，却也枯燥如冬日的落叶木，让学生视为畏途，甚至兴致全无，完全忘却了会计知识就在你身边。这样的现实对课程讲授提出了更高的要求，要求教师在教学中添叶贴花，将会计知识生动的一面展现给学生，教学案例无疑就是绿叶鲜花。

另一方面是来自学生学习惯性的挑战。财务会计课程的主要教学目标是帮助学生掌握生成会计信息的程序和方法以及分析经济活动对财务报告的影响。对会计技术操作的大量讲解和练习是完成其教学目标的必要途径。然而，在这样循环往复的学习中，学生容易陷入机械记录经济业务的“借贷”泥潭，而忘却学以致用。为了避免这样的迷失，与其教师在课堂上不断地提醒和强调，不如让学生亲临其境地展开案例分析，体验财务会计知识的运用，锻炼不确定经营环境下所需的批判性思考能力，不断提升会计职业素养。

可见，在财务会计课程中适当应用教学案例是保持财务会计课程天生优势的重要手段，也是会计教师值得持续探究的问题之一。

作者在2012年申报了我校本科教学实验课题《财务会计教学案例应用研究》，旨在研究财务会计教学案例在本科教学中的应用，并且已经在财务会计基础和中级课程的教学中实施了不同形式和程度的案例教学。

二、文献回顾

目前，国内外有关财务会计教学案例应用的文献主要探讨案例的特征和分类、教学案例的有效设计和实施等问题。

詹姆斯.A. 厄斯金等（2003）认为，案例是对实际发生情况的描述，一般涉及某个组织里一人或多人面临的决策、挑战、机会、问题或难题。案例以实际现场数据为基础，并采用印刷形式。杨有红等（2005）就财务会计案例教学存在的问题、教学目标、教学案例特征等方面进行问卷调查，系统研究了财务会计的案例教学。调查问卷结果显示，学生比教师更偏爱案例教学。傅永刚等（2008）认为，案例细分为四种：（1）单一专业性的、有正确答案的技术性问题案例；（2）没有最佳解决方案的结构性小品型案例；（3）跨学科综合性的分析问题型案例，是管理案例中的主体；（4）在实务和学术界都未做过深入系统研究的疆域开拓型案例。王青梅等（2009）认为案例教学效果受到学生背景、学科类型、班级人数、教学时间、案例恰当性的影响。颜莉（2010）建议推行“探究——互动式”会计教学模式。苏新龙（2004）建议对每周3学时的高级财务会计课程增设案例，将学生按利益相关者分组，选取有争议性的会计事项为案例。欧亿容（2011）认为案例讨论是教学的核心，应建立财务会计案例库，案例设计应符合课程目标、服务于理论教学、由易到难、深入浅出，教学方式分为引入式和综合分析式。赖丹（2013）认为财务会计教学案例包括单一性和综合性案例：单一性案例适用于讲解重点和难点的理论知识，应选择典型事件，篇幅短小，只在课堂上使用；开放的综合性案例应提前发给学生，进行课堂讨论，学生应在课后撰写分析报告。建议财务会计基础课程以单一性案例为主，增加平时成绩中案例教学的考核比重。

综上所述，随着经济社会对高素质人才的需求日益增加，案例教学在会计本科教育中的地位愈发重要。案例因学生层次、教学目标等因素的不同，在设计上会呈现多样性，案例教学的有效实施有赖于师生的密切配合。在教学实验中，教学对象大部分是低年级学生，教学目标以概念解析和流程把握为主，专注讲授会计基本理论、基本知识和基本操作，教学班级规模大，教学课时有限。基于课程特点，教学中未使用综合性案例。教学案例的来源包括实例的改编、国外同类教材的资源引用或根据教学目标的自行撰写。案例的类型和使用方式限于课堂的演示型、师生的互动型或学生的分组讨论与演示型。

三、财务会计基础课程的教学案例应用

财务会计（ACC212）的教学目标是让学生初步掌握会计确认、计量和报告的基本

原则和程序，了解会计信息的作用，为更高层次的相关专业课程的学习打下基础，其教学内容包括财务会计基本理论、会计循环以及主要会计项目相关业务的会计处理与列报。教学周课时为 3 课时，一学期有效教学周为 15 或 16 周，教学对象是大学一年级或二年级学生，教学规模皆为 90 人以上的班级，这些学生均为首次接触会计课程，对企业运营了解甚少。

（一）教学案例的设计

基于财务会计基础课程的教学目标、教学内容以及课程特点，教学案例的设计原则是相关性、实践性、单一性、篇幅短小，形式以角色扮演为主。案例的内容一般由背景资料和提问两部分构成。

1. 相关性

教师依据每次课程的具体教学目标，选取教学内容的重点和难点问题，收集和编写相关针对性的案例。在国外同类课程教材以及国内 MBA 层次教材中，案例一般包括章前的引导案例、正文中针对某个知识点的案例以及章后的综合案例。表 1 展示了本课程的主要教学内容和相应使用的教学案例，具体案例内容可以参见本课题的案例汇编。

表 1　　实验课程中教学内容和相应使用的教学案例

教学内容	重点或难点	案　例
财务会计基本理论	不同会计信息系统的作用	新东方业绩下滑后资本市场以及管理层的反应
	利用会计等式生成会计信息	惠园复印店开业后第一个月的经营
会计循环	调整程序	世界通信公司、Miniscribe、法莫尔、联合植物油提炼公司会计丑闻，百思买的礼物卡
主要会计项目的会计处理与列报	现金的内部控制	自然科学基金会会计贪污案等
	应收账款的坏账估计	亿阳信通、中国服装等坏账计提比例变更，大唐电信财务舞弊
	应收票据的贴现	中国有线与中电广通的票据业务
	存货的计价方法	太化股份、海得利等存货计价方法的变更
	固定资产的折旧方法	未使用
	投资的分类和计价	未使用
	预计负债、或有负债	产品保修、优惠券、积分等业务，我国上市公司担保黑洞
	库存股业务、股利业务	同仁堂的股利分配方案
	现金流量与利润的关系	凯马特、美国联合航空公司的破产案

值得注意的是，案例的提问设计不仅应考虑具体会计方法的计算、分析和解释，帮

助学生掌握会计技术，还应将会计方法对财务报告、信息使用者的具体影响纳入其中，培养学生的职业判断和分析能力。例如，在应收账款的坏账估计案例中，设定的问题既要包含案例公司坏账估计方法的识别与使用方法，又要包含坏账估计方法改变的原因分析以及对财务报表和信息使用者行为的影响分析。

2. 实践性

在符合教学内容且能达到教学目标的前提下，案例素材应来自资本市场中与上市公司相关的实际事例，这些实例可以是经典历史事件，也可以是授课期间发生的事件。如果实例公司和人物等是学生所熟知的，则更易引起学生的兴趣。这样的案例素材，可以使课程内容与实际经济生活紧密结合，让学生感到会计知识在实际经济生活中的重要性。案例的实践性要求教师养成随时关注经济新闻的习惯，培养建立经济新闻与授课内容之间关联的敏感度，及时将经济新闻变为课堂上有价值的案例。同时，要求教师关注同类教材的实际案例资源，适当改编，为己所用。

3. 单一性

对于刚接触会计知识甚至经济知识的学生，综合性案例很难有用武之地，而针对某一具体会计问题的单一性案例更为合适，学生可以直接将所学的会计原则或方法与实际经济问题相联系。根据詹姆斯 . A. 厄斯金等对案例学习难度的三维度分析①，表 1 中教学实验课题所使用的案例在分析概念和陈述维度方面基本属于 1. 1. 1 或 1. 2. 1 类型。只有一个案例接近综合性特征，即利用会计等式生成财务会计信息的惠园复印店案例，这个案例可以看作是多个简易案例的有机结合。

4. 篇幅短小

由于本课程案例的首要目的是辅助课堂讲解，在课时有限的情况下，案例的篇幅必须做到小而精，根据情况辅以图表、图片说明。这样可以放在教师课堂演示的课件中，与课堂讲授的会计概念、原则或方法衔接呈现，方便教师讲解。当然，对于背景资料较多、篇幅稍长的案例，可以印发给学生，供其课后进一步地阅读和思考。

5. 角色扮演

对于改编的实际案例，在设计问题时，最好将学生设定为与案例直接相关的某个角色，像会计信息的使用者（股东、管理人员、银行贷款员、会计师等）。这样可以让学生深入到案例的情境之中，主动站在角色的立场上分析问题、作出决策。

（二）教学案例的实施

按实施方式，实验课题中的财务会计教学案例包括演示型和互动型。由于篇幅短小，不需要学生做课前准备。案例可以作为课件的一部分，在课前发给学生，最好只提

① 分析维度 1 代表学生必须能够评估别人作出的决策，评估决策对已确认问题或事件的适用度，能够对案例中不合适的方案提出备选方案，并制定合适的行动和实施计划；概念维度 1 代表不用在课堂上进行额外的解释，参与者也必须能将单个简单的理论或概念应用于具体的案例问题或困难上，2 代表通过一些课堂讨论、解释和帮助，参与者应该能够应用合适的理论或概念或单个复杂概念；陈述维度 1 代表参与者能够正确分析一个结构明晰、没有无关信息且信息完整的短篇案例，并以单一模式进行陈述。

供背景资料，而问题在课堂上提出；也可以在上课时发放打印版或直接演示在课件中，学生只有在课堂上才能接触到案例。下面，以教学内容的第一部分（财务会计基本理论）所用案例说明具体的实施过程。

1. 演示型案例

单一性的实际案例都是演示型案例。通常在会计概念、原则或方法介绍完毕后，向学生陈述或展示背景资料，并向学生抛出与会计信息使用有关的问题，让学生做进一步的分析，发表各自观点，之后由教师做总结。演示型案例以演示为主，互动为辅，所分配的课堂时间应以教学内容的容量和深度而定。

例如，对于财务会计和管理会计两个会计信息系统及其关系的教学内容，可以使用演示型案例，所分配的课堂时间宜在 20 至 30 分钟。在以下所有演示步骤中，皆可以向学生提问，既能调动学生的积极性，又能向学生强调重点的教学内容。

首先，在课件中以形象的带文字图像展示两个会计信息系统的特点并进行比较，用时 10 分钟左右，让学生对基本知识获得初步的了解。

其次，引入新东方案例。外语类院校的学生对于新东方及其董事长俞敏洪耳熟能详，倍感亲切，但对其财务新闻较为陌生，面对既熟悉又陌生的人或事物，学生都带有极高的兴趣。

（1）财务会计信息系统的案例演示。以新东方季度财报披露业绩亏损后股价发生波动的事件为切入点，让学生体会作为财务会计信息系统的产出——财报对资本市场中投资者行为的影响，并向学生展示新东方财报以及财报中的业绩数据，财报的会计期间和编制基础，来说明财务会计信息系统的特征，即输入历史经济数据、依据公认会计原则对其加工转换、输出经营成果等会计信息，主要为投资者等企业外部信息使用者提供决策。

（2）管理会计信息系统的案例演示。展示财报中或从其他渠道获得的以俞敏洪为代表的新东方管理层面对业绩下滑所做的分析和采取的对策，以及新东方在后续会计期间的业绩变化，让学生体会管理会计信息系统的特征，即输入历史、现时和未来的经济数据，根据管理需要作出决策、计划或控制报告，以提升管理效率。

（3）两者关系的案例演示。在管理会计信息系统的案例演示中，学生已经看到管理层主要依据财报所提供的会计信息进行分析，能够体会到财务会计与管理会计的关系，即管理会计信息系统的输入数据包括财务会计信息系统的产出，教师宜通过提问，由学生自己得出结论。

在演示案例过程中，还可以根据需要进行拓展性的提问。例如，如果你是新东方的股东，面对其业绩亏损，会出售其股票吗？谈谈你对新东方管理层分析该事件的看法。如果你是俞敏洪或财务总监，看到财报中的亏损数据该怎么办？你还有哪些建议？这些类似的问题，可以进一步引发学生思考。

2. 互动型案例

互动型案例以互动为主、演示为辅。学生需要根据给出的背景资料，跟随事先设计的案例步骤，逐一分析和回答问题，在环环相扣的步骤中，体会会计概念和会计方法的应用。当问题全部回答完毕，一个脉络清晰的完整的知识框架就达成了。这类案例好似做一道综合题，但是需要在教师和学生的积极互动中、分析——质疑——解答的往复中完成。

例如，利用会计等式生成财务会计信息的惠园复印店案例。首先，对经济业务——会计等式——财务报告的关系作出初步介绍以及向学生提示在案例中应关注的知识点。然后，给出案例背景资料。惠园复印店是学生经常接触的服务单位，在案例中将学生们作为主角，由其创办并经营。由于案例兼有学生所熟悉的生活素材和创业元素，学生感觉新鲜又亲切，对背景资料的信息能够根据经验和已学知识进行解读，排除了面对陌生企业和经济业务所产生的隔阂感和畏惧感。案例互动的步骤如下：

第一步，在多媒体上显示由会计项目构成的基本会计等式。教师可以询问学生对每个会计项目的理解，作为会计要素及组成的知识回顾；询问学生每个会计项目背后可能与本案例有关的经济活动。

第二步，让学生逐一分析和探讨案例中的八项经济活动对会计等式的影响。教师在多媒体上将学生的正确分析演示出来。在分析每一项经济活动时，教师可以让学生举出更多类似的经济活动，熟悉财务会计信息系统的输入环节。最终，多媒体上显示出一个分析数据表。（无多媒体条件时，可以利用板书，板书也可由学生参加。）

第三步，向学生提出事先设定好的多个问题，让学生悉心观察第二步的过程，总结经济业务对会计等式影响的规律，让学生体会财务会计信息系统对经济数据的加工过程。

第四步，将第二步分析数据表汇总，进入财务会计信息系统的输出环节，即利用汇总数据编制复印店开业第一个月的财务报告，主要是四张财务报表。学生在案例分析之前已经学过会计要素和财务报表的知识（或可以尝试在介绍这些知识之前使用此案例），但是没有利用具体业务数据编制财务报表的经验。教师可以提供容易的方式，直接将报表项目列在多媒体上，由学生将会计数据填入；也可以采用稍难的方式，报表项目由学生分析解答。这个过程，让学生初步了解四张财务报表的关联，在现金流量表编制中进一步熟悉企业的营业、投资和筹资活动的划分，以及现金净流量和会计利润的区别。当四张财务报表编制完成时，足以让学生产生成就感，是学生自己亲力亲为，利用所学会计知识，得到了开业第一个月的经营结果。

第五步，根据四张财务报表，让学生评价复印店的经营效果，分析原因并提出建议。

此外，案例提供的信息并不完整，会有缺口，如果正向理解，则认为案例是开放的，善于分析的学生会对案例本身的内容产生质疑，引出新问题。如果问题由学生提出，可以要求学生作进一步的分析或由教师解惑；如果学生未发现问题，教师要适时做追问，引起学生的注意。例如，在第一步，学生可能会提出给定的资产、负债等会计项目不足以反映惠园复印店的全部经济活动，教师可作拓展性的讲解，说明因复印店刚开业，涉及的会计项目不多，会计项目会因经济活动性质变化而作出相应的增减或改变，让学生感受会计并不是死板的知识，与经济活动紧密相关；在第四步和第五步，学生会怀疑财务报表的作用，因为有些经济活动发生了却没有反映在报表上，如学生发现所买的纸张在复印服务中耗用，在利润表中列为了费用，而所购的复印机在复印服务中使用，在利润表中却没有相应费用的反映，对于学生的发现，教师应承认案例信息的遗漏，未在经济业务中给出复印机使用的具体说明，鼓励学生思考不完整会计信息可能造成的危害，同时可以追问，学生如何计量复印机使用而发生的费用？如果平时没有记录这项费用，该如何解决这个问题？将学生带入对会计确认、计量和报告方面的进一步思考。

这个互动型案例的核心是帮助学生了解会计信息生成的过程和全貌，教师可以根据需要在某个节点上作出拓展性的提问，所以案例在课堂上的使用时长由教师把握。这一案例还可以在后续的教学内容中不断提及，将学生从仅仅关注某个会计项目、某种经济业务的琐碎记录中拉回，重新面对财务会计信息系统的整体框架，不断审视后续的学习内容在整体框架内的位置。

四、中级财务会计课程的教学案例应用

中级财务会计（ACC213）的教学目标是让已经具备基本会计知识的学生能够深入理解会计概念和原则，并运用它们分析和解决会计实务问题；其教学内容包括财务会计概念框架、主要会计项目相关业务的会计处理与列报、更为复杂的财务报表编制及其技术分析。中级财务会计课程属于双语教学。教学对象是大学二年级或三年级学生，先修过财务会计基础课程，有的已经用过原版教材，多为必修或辅修会计专业的学生。教学班级规模一般在 60 人至 90 人之间。教学周课时为 3 课时，一学期有效教学周为 15 或 16 周。

（一）教学案例的设计

由于该课程使用原版教材，教材在每章练习中提供了大量简短且有针对性的案例，教师在教学中直接选用了这些案例。案例内容可以参见本课题的案例汇编。

可以注意到，原版教材编选的案例问题一般包括两个方面：一方面涉及案例的计算和判断问题，需要学生用刚学过的本章会计概念和方法；另一方面涉及案例在经济方面（economical）、法律方面（legal）和道德方面（ethical）的影响分析，每个案例在这两方面各有侧重。

原版教材案例将参与分析的学生定位为企业会计人员，帮助管理者寻找更为适宜的问题解决方案。让学生发现与案例相关的多个会计信息使用者，分别站在他们的角度探讨对经济、法律和道德方面的影响。此外，案例更强调职业道德因素，让学生处于道德困境中分析问题，非常接近实际会计人员的处境。原版教材的案例中有单独的职业道德案例，许多单独涉及会计项目内部控制的职业道德案例编写得很好，可以直接使用。但是，涉及会计确认、计量和报告的职业道德问题，不宜单独编制职业道德案例，最好在案例中先行设计经济方面及会计技术方面的问题，再触及可能的职业道德问题，以避免

案例陷入生硬的道德说教。

由于本课程更注重提升学生在会计领域的职业技能、职业判断能力和职业道德水平，案例最佳设计的标准是能够达到全方位锻炼和考察案例分析者的上述能力。在以后的案例使用中，教师还可以根据情况对原版教材的案例问题进行补充，提高案例考察职业能力综合性的作用。

（二）学生演示案例的管理

本课程案例应用的难点在于案例的实施，包括前期准备、课堂演示、后续评估三个阶段。

1. 前期准备

由于采用学生分组讨论以及课堂演示的授课形式，教师必须提前组织学生进行分组，将案例分配给小组，发放案例资料，制定案例演示时间以及演示和报告标准。为了让学生有充分的锻炼机会，也为防止人数过多导致的“搭便车”现象，一般要求每组成员 3 人到 4 人，小组成员全部参加课堂演示，案例报告应注明分工情况。

大部分学生对于案例教学表现出来的是积极的态度。案例小组由学生自愿组合，由此来自不同专业的学生有了具体的交流渠道，教学过程不再是教师——学生单一、两点模式的交流，而转变成教师——学生、学生——学生的多点网络模式，教师与学生能从中获取更多的教学资源和支持。同时，教师还要关注不积极的学生，促使其尽快找到有接纳意愿的小组，让其尽快融入案例教学中。案例小组要求设有组长，以便小组顺利展开讨论、演示和报告，协调小组成员关系和工作。

对于案例演示和报告标准，教师应专门在课堂上进行说明，引起学生的足够重视，也是做好课堂演示和后续评估的保证。

根据班级规模和每组人数规定，两个班级的案例小组数分别为 28 个和 25 个，对于一周只上一次课、每次课时为 3 课时的课程来说，时间确实有限，教师必须做好周密的安排，要保证演示案例的时间处于相关知识讲授的时间之后，以便学生应用所学知识。在知识学习难度不高的情况下，也可以将学生的部分案例演示作为课堂知识讲解的一部分，由学生通过案例帮助教师完成部分教学任务。在课堂上，教师应提醒下次进行案例演示的小组。对于基于合理理由的演示时间变更要求，教师基本上予以满足，并在教学内容安排和讲授进度上作出及时调整。由于小组数较多，一个班级的最后一次课也进行案例演示。但是，我们发现越接近课程尾声的案例演示，效果越不好，一个重要因素是学生已进入到期末复习阶段。建议案例演示结束时间要早于课程讲授结束时间。

2. 课堂演示

每个案例的课堂演示时间被限定在 12 分钟，保证了小组的每个成员平均拥有 3 到 4 分钟的陈述时间。小组内的具体陈述内容和时间分配问题留给小组自身解决。可以看到，有的小组让语言表达较好的同学拥有更多的演示时间，有的小组作出了平均分配时间的选择，即便语言表达不流畅的同学也尽可能地锻炼自己，甚至事先写好发言稿，以便演示时参考。教师应该帮助学生控制演示时间，并在演示之后给出及时的点评。

在课堂上使用以小组为单位，由学生填写的案例评价反馈表有两个目的：一是让学生从反馈表的项目中了解演示过程应注意的问题，包括小组成员参与度，演讲的清晰、完整、流畅及发音标准程度，演示文稿的完整和清晰程度，对时间的控制程度，与听众的眼神交流以及问题互动情况。二是促使学生认真听取、比较分析和总结其他案例小组的演讲，提高本小组的演讲水平，比如在案例反馈表中让学生自愿填写从每次演示中学到了什么。教师提示学生对每次演示的评估应保持一致的评价标准。表 2 是一次课堂案例演示的评分均值情况。

表 2　　acc213-0 第 1 组和第 2 组案例演示评分均值

Case No. /Group No.		2. 3/1	2. 4/2
Participation		9. 8	9. 8
Speech	Completeness	9. 5	9. 7
	Clearness	8. 9	9. 4
	Fluency	9. 0	9. 2
	Pronunciation	8. 6	8. 7
PPT	Completeness	9. 5	9. 6
	Clearness	9. 2	9. 5
Time control		9. 6	9. 2
Interaction	Eye contact	8. 6	9. 2
	Question	9. 0	9. 1
Total		91. 6	89. 9
The best you may learn from presentation			

从表 2 可以看出，两组在参与度、演讲和 PPT 内容的完整性上获得了认可。

第 1 组时间控制较好。第 1 组不足的地方表现在发音、演讲过程中与听众的眼神交流以及演讲的清晰度上，第 2 组不足的地方表现在发音和向听众提问环节。此外，在反馈表中留有让学生自愿填写的课堂演示所得收获。

3. 后续评估

案例教学的后续评估工作可以帮助教师和学生不断改进教法和学法，是案例教学必要的组成部分。本实验课题中后续评估工作做得较少。例如，上面提及的反馈信息越接近课程后期越少，这与对反馈的处理有很大关系。在教学实验中，只注重学生将反馈交给教师的环节，教师却没有将反馈发给演示小组，如果教师能将每次的学生反馈情况发给演示小组，并将反馈评分作为学生平时成绩考核的部分依据，更能促使学生积极参与案例教学，提升案例教学的有效性。但是，后续评估也面临着困难。一方面，汇总评分和信息较为繁琐，加重了教学负担；另一方面，该课程存在其他教师授课的平行班，在成绩评定上不能与其他教师存在较大的差异。

此外，如果能够在课程结束时向学生发放案例教学效果的调查问卷，统计学生对本次案例教学各个方面的满意度，汇总学生对案例教学的新需求，更有利于改进以后案例的设计和实施。

五、结论及展望

使用案例教学法，能够培养具有较强思辨能力和职业判断能力的人才。对于本科会计课程，案例教学应该成为必要的教学方法，与传统教学法相辅相成。

本次教学实验研究是在以往教学实践基础上作出的进一步尝试。在财务会计基础课程中，由过去少量加入案例讲授，变为在重要知识节点尽量提供案例教学。在中级财务会计课程中，由过去不涉及小组案例与演示，到学生全员参与案例分析，案例贯穿整个教学过程。在教学实验中，对案例资源作出了初步的系统整理，建立了案例库，为实施案例教学的教师提供了基本参考资料；逐步理清了本科初中级财务会计课程的案例教学体系和特点，增强了教师利用多种教学法提升教学质量的能力，同时也惠及学生。

在以后的财务会计教学中，会不断充实案例库，根据具体情况，尽量做到教学相长。在条件允许的情况下或创造条件，将案例教学引入到高级财务会计课程中。教学无止境。

在此，感谢 MBA 会计教材、国外原版教材的编写者们，提供了有营养的教学资源；感谢商学院给予笔者参与 AACSB 认证工作（中级财务会计课程组）的机会，使得笔者先期获得了案例教学的有益经验。感谢两位专家对本文的悉心点评和中肯的修改建议。

参考文献

[1] 傅永刚，王淑娟．管理教育中的案例教学法．大连：大连理工大学出版社，2008.

[2] 詹姆斯．A. 厄斯金，等．毅伟商学院案例教学，黄磊，赵向阳，译．北京：北京师范大学出版社，2011.

[3] 杨有红，胡燕，谢萍．关于财务会计案例教学的调查分析．北京工商大学学报：社会科学版，2005.

[4] 欧亿容．会计专业课程案例教学的适用性及其教学方式探讨．中国大学教学，2011（6）.

[5] 王青梅，赵革．国内外案例教学法研究综述．宁波大学学报：教育科学版，2009.

[6] 颜莉．基于案例教学的会计本科教育方法改革．财会通讯，2010（2）.

[7] 苏新龙．论中国高校会计本科的案例教学与模拟实验教学．第四届会计与财务问

题国际研讨会——会计教育改革与发展，2004.
[8] 赖丹．面向本科层次的财务会计课程案例教学法研究．会计之友，2013（1）.
[9] 吴超．案例教学法在会计课教学中的尝试．华中师范大学硕士论文，2008.
[10] 刘婷．案例教学及其在会计专业课程中的运用策略．湖南师范大学硕士论文，2007.

金融工程专业实验实践类课程教学环节的设计

（对外经济贸易大学金融学院）

冯建芬　王春蕾

摘　要：本文总结金融计算、金融建模、金融数据处理技术和金融工程学等课程的实验教学经验，对如何设计实验实践教学环节以期最大程度地提高学生的动手能力、连续思考和创新能力方面进行了探讨，并总结出过程教学、逐步推进、多重实践手段相结合的实验教学模式。

关键词：金融工程　实验教学　实践教学　教学环节

一、引言

金融工程专业的培养目标是复合型应用性金融人才，在培养模式上体现课堂教学与实验、实践教学相结合。国内高校在本专业的课程中或者设置了部分实验、实践类课程，或者将实验教学、实践教学模式融入传统课程教学之中。如郭敏、刘立新和余湄通过深入比较分析国外三所知名高校和国内高校金融工程专业的培养目标和模式，总结出金融工程人才应该是复合型人才，注重金融计算、金融建模的训练，强调课堂教学与实验、实践相结合的教学模式。这一点在国内高校的金融工程学科建设研究中得到充分体现，如张元萍、周元总结了天津财经大学金融工程专业的实践教学体系，王晋忠、王鹏分别对西南财经大学金融工程专业的学科建设、人才培养和实验教学体系进行了深入研究，何启志结合其在安徽财经大学的教学经验对如何提高金融工程学科的实验教学效果进行了研究。当然，也有一些研究特别针对金融工程学科的一些具体课程，如对金融工程学、金融衍生工具等的实验教学及教学模式进行探讨。现有文献没有对如何更有效地实施实验、实践教学的问题进行深入分析，本文结合金融计算、金融建模、金融数据处理技术和金融工程学等课程的实际教学经验，对如何设计实验实践教学环节以提高学生的动手能力、连续思考和创新能力方面进行探讨，从过程教学、逐步推进、多重实践手段相结合等几个教学环节的设计入手，希望能为金融工程专业实验实践教学模式改革提供一点参考。

本文所提及课程可分为三类：一类是计算机技术类课程（如金融数据处理技术），此类课程需要学生在掌握某软件平台的基础上学习金融数据的处理技能，即有针对性地进行软件学习，一般在本科低年级开设；一类是模型创新与实践类课程（如金融建模、金融计算），此类课程通常在本科高年级开设，要求学生已经掌握了一定的金融量化理论和模型，教学目标主要是培养学生如何将模型用于实践，如何将实际金融问题进行量化建模，进而通过计算机付诸实施，最终给出问题的解决方案，锻炼学生运用知识解决实际金融问题的实践能力和创新能力；一类是金融工程专业的基础课程（如金融工程学），主要以讲授金融工程的基础定价理论和风险管理方法及其应用为主，理论性和应用性较强，辅以模型实验、案例分析与研讨可提高学生的学习积极性和知识的认知深度。三类课程目标各不相同，但在实验教学环节上可相互借鉴。具体如图 1 所示。计算机技术类课程是学生进行金融工程学内容实践和实验的工具，而模型创新与实践类课程以计算机技术为工具，以金融工程专业基础课为理论基础。三者虽然培养目标不同、层次有别，但同样具有实践和实验的要求，只是各有侧重，计算机类课程在实验教学上注重计算机技术的掌握；金融工程专业基础课以实验和实践为辅，加强对基础理论的理解；模型创新与实践类课程侧重利用金融理论和量化技术综合解决金融实际问题能力的培养。

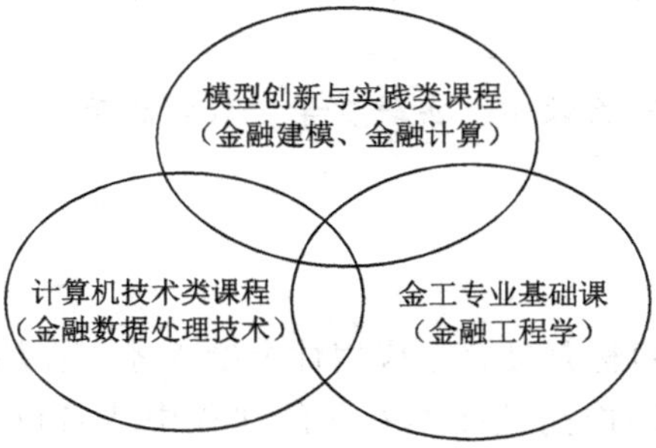

图 1 金融工程实验实践类课程关系

为此，我们在文中针对三类课程的实验和实践教学环节进行了部分差异性的设计。文章内容安排如下：第二部分以《金融数据处理技术》为例进行计算机技术类课程的实验教学环节设计；第三部分以《金融计算》和《金融建模》为例进行模型创新和实践类课程的教学环节设计；第四部分以《金融工程学》课程为例，进行专业基础课实验教学和实践教学环节的设计；第五部分是对文章内容的小结。

二、计算机技术类课程的实验教学环节设计

《金融数据处理技术》课程的培养目标是通过大量案例，借助数据处理和分析软件，学习处理金融数据的方法和技术，弥补学生在数据处理环节的不足，提高其金融数据处理与分析能力，为金融计算、金融时间序列、金融风险定量分析等后续课程学习及金融实践提供技术支持，为提高本科生的科研能力和实践能力排除障碍。为达到上述目的，简单地学习一门数据处理软件课程是不足的，必须融合大量的金融数据处理案例，

针对金融实践和研究中遇到的问题（如高频数据的数据清洗、日期数据匹配、随机抽样技术实现、基本统计量计算、从多个文件中抽选数据、数据查询方法、原始数据的初步处理、不同软件间数据的传输、通过软件操作系统命令、大量数据文件的批处理技术等）有针对性地开展软件教学。

由于金融工程专业的培养方案中缺少计算机编程基础课程，因此选课学生大部分没有编程基础，学生缺乏编程思维和对数据结构的认知是本课程学习的第一个困难，2 学分的课程设置又造成了学习时间紧张的第二个困难。如何在 36 课时内让学生熟练运用一门软件处理各种金融数据确实需要对教学环节进行精心设计。经过 6 轮教学的尝试与修订，我们设计出如下环节：

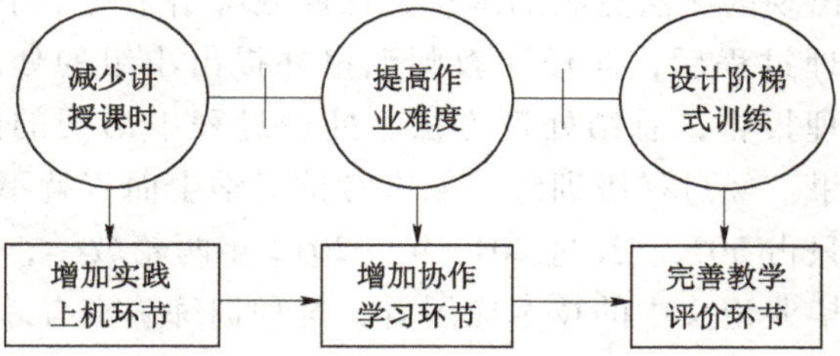

图 2　计算机技术类课程教学环节设计

1. 缩减讲授课时，增加实践上机环节

软件学习内容是环环相扣的，如果前面的学习内容学生不能很好地掌握，后面的内容就无法熟练应用，即使平时安排答疑时间，金融学的部分学生常幻想等到期末一起解决，这必然弱化了该类课程的教学效果。由于课时限制，这类课程在金融学科是没有专门的上机时间的。为此，我们自 2011 年起压缩教师讲授时间，加快讲授速度，将原来两次课讲授的内容压缩到一次课，节省出来的时间进行课堂实践，增加学生课堂上的动手实践比重。每讲完一部分数据处理技巧，便安排 2 课时的课堂实例操作部分，每堂课布置几项数据处理任务，要求当堂完成并上交。这样即使前半部分对软件和数据处理技巧掌握不牢，经过后半部分的实际操作和重复训练，也能够更好地使用软件和数据处理技巧进行金融问题的解决。在课堂实践中，教师的角色就是答疑解惑，帮学生解决处理数据过程中程序出现的问题。通过课堂实践及时答疑解惑可夯实学习内容，为后续内容的学习做好铺垫，也能提高学生学习的能动性。为了更好地达到这一效果，除了允许学生课堂走动和讨论外，我们还在每轮选课学生中以毛遂自荐的方式选出两名学生做助教，帮助解决课堂实践中学生出现的问题。当然这两名学生的课堂实践任务需要课前完成，教师批改指正完毕方可为其他学生做指导，在期末对于助教视其表现给予适当奖励。这种做法可提高学生的自主学习积极性。

2. 增加作业难度，设计协作学习环节

课堂实践任务以熟悉基本数据处理技巧为目的，不适宜完成完整的数据处理任务，任何实际应用的程序都需要思考的时间和空间，这在课堂内很难完成。因此在结束相对完整的技巧讲授部分（一般以一讲为界）后，我们给学生布置课下需要完成的作业。

作业通常是金融研究和实践中遇到的完整的数据处理问题，实践性很强，难度高于课堂实践难度，覆盖已讲章节的所有数据处理技巧。需要学生思考如何将这些技术有机结合方能很好地解决问题。根据以往经验，依靠个人能力，一半的学生只能完成作业的一半。因此提倡协同合作，但非抄袭。在作业批改完毕后与学生共享作业的参考答案，这些作业的解决方法往往能给学生更多的启发。

3. 设计阶梯式训练，完成教学评价环节

课程的期中考试在一定指导下分组完成，每小组综合运用全部课程内容，完成选定的金融数据处理问题。这些问题大部分来自学术文献的数据处理部分，部分来自金融机构的数据处理案例。针对学术文献，让学生完成原始数据的整个清洗流程。为了应对学生在处理过程中可能出现的无法克服的困难，任课教师给予每个小组一次指导机会，在小组成员初步商定处理过程后，向任课教师汇报并提出小组的处理难点。教师予以指导。最终形成数据处理报告，总结处理方法、处理过程中出现的问题、问题的解决方法，以及最终处理结果。经过梯级训练，期末考试对学生而言就不是主要的成绩衡量标准了，因此期末成绩只占 50%。经过 2011 年、2012 年两轮教学，从学生成绩、学生课程评定，以及学生在毕业论文中的技术应用看，这种训练确实有效提高了该课程的教学效果。

三、模型创新与实践类课程教学环节设计

模型创新与实践类课程（如《金融建模》和《金融计算》）属于高年级课程，《金融建模》允许大三、大四学生选修，为荣誉学士课程；《金融计算》为金融工程专业大四选修课程。虽然两门课程的授课内容、授课对象不同，但均与金融模型的计算机实现密切相关，因此在教学环节设计上有共同之处。

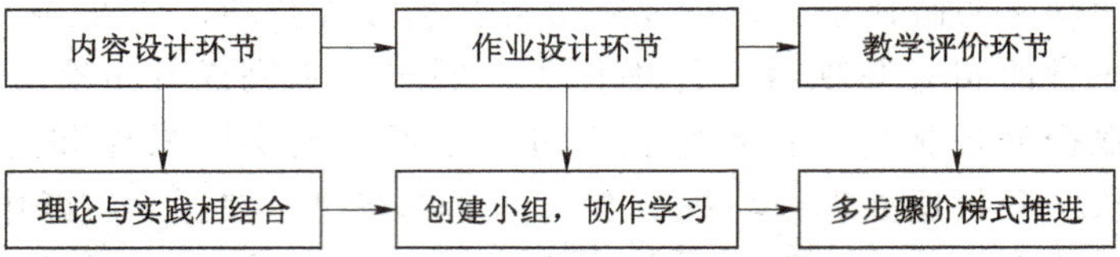

图 3　模型创新与实践类课程教学环节设计

1. 理论与实践相结合，设计多层次教学内容

首先在内容设计上必须对学生已学的金融模型进行回顾和梳理，然后需要对各种模型的计算机实现进行指导，因此两门课程将每章内容讲授环节分为四个模块：理论学习与回顾、算法构思与实现、计算程序设计、结果分析与讨论。所有章节的内容都展现了一个研究项目的相关计算，既有金融理论又有实际应用背景。

2. 建立学习小组，设计协作式学习任务

小组协作可优势互补，但人数不可过多，一般 3~4 人比较合适，防止搭便车现象。课程每部分内容都需要学生动手实践，完成一个完整的模型建立、结果分析过程，因此

学期初即让学生建立小组，小组任务可分为平时作业、期中作业、期末论文、课堂演示等多个层次，小组成员多次合作，一可增加作业难度，不致顾此失彼；二可让小组成员多磨合，尽力发挥各自优势；三可促进学生的渐进式共同进步。

3. 学习逐步深入，设计多步骤教学评价

学生虽有创新思维，但需要激发和指导。学生对期末论文最为看重，但如果在期末布置，由于面临期末考试，学生精力分散于各个科目，很难用心完成，质量较差。因此我们在这两门课程授课学期中期就向学生分配了期末论文设计的选题，选题涉及当前的热点金融问题，如在 2011 年《金融计算》的教学过程中，我们安排了理财产品的风险分析问题、Basel III 要求的 CVA 的度量问题、利率风险和汇率风险的防范问题、通货膨胀环境下的资产配置问题等选题，每个选题是一个大方向，学生可以通过研读文献确定选题方向和更细致的研究方向。另外允许学生依照兴趣自主命题，选择上述选题之外的题目。而解决上述问题的量化方法可以使用本课程以外的任何合理技术。这样可以提高学生综合运用各种量化技术的能力。整个论文的完成在课程中分三步实施，并为此安排三次课堂研讨。第一步是初步确定选题，进行文献综述和研究的框架设计，确定选题的可行性和难易程度；第二步是对研究过程跟进，汇报初步的研究成果及遇到的困难，进一步确定可行的问题和研究的问题；第三步是汇报问题解决方案和解决方案的实施效果（即实证分析），基本类似于一篇文章的初稿，这部分工作在整个课程内容讲授完毕后进行。在各小组演示过程中，其他小组成员和教师都可以随时提问，这也为每个小组下一步的工作提供了很好的意见和改进措施。这部分任务的完成充分发挥了学生的团队协作精神和主观能动性，激发了学生的研究热情，同时也提高了期末论文的质量。这种非一局定胜负的方式可以让学生在逐步的探索中更有效地提高实践能力。

四、金融工程专业基础课程的实验教学和实践教学环节设计

金融工程专业基础课程与上述课程最大的不同点是课程容量差异，上述课程虽然实践性强，但属于选修课和实验课，课堂规模小，容易组织实验教学。但专业基础课通常选课人数达数百人，如何有效地组织这种课程的实验教学和实践教学是本部分需要解决的问题。这里以《金融工程学》为例，《金融工程学》是金融工程专业的专业必修课，讲授金融工程的基本定价理论和风险管理技术，虽然是专业基础，但其涉及内容在金融实践中应用广泛，因此与金融实践密切相关。在授课过程中增加实验教学，结合金融工程案例和经典文献研讨进行实践教学可加深学生对金融工程的认知和金融工程技术的理解。为了提高教学内容的实践性，该课程的教学环节设计如图 4 所示。

1. 采取逐步推进，过程教学的案例教学方式

课程中对案例的讲解并非一步到位，也不是全部由学生自己整理完成的，而是通过逐步推进的方式提炼案例的价值，加深学生对案例的剖析。具体地，在第一讲金融工程引论中通过引入大量案例吸引学生对金融工程的学习兴趣，如深南电对赌协议的案例、中航油巨亏的案例、麦当劳风险管理的案例等，但案例内容并不完整，需要学生课下搜

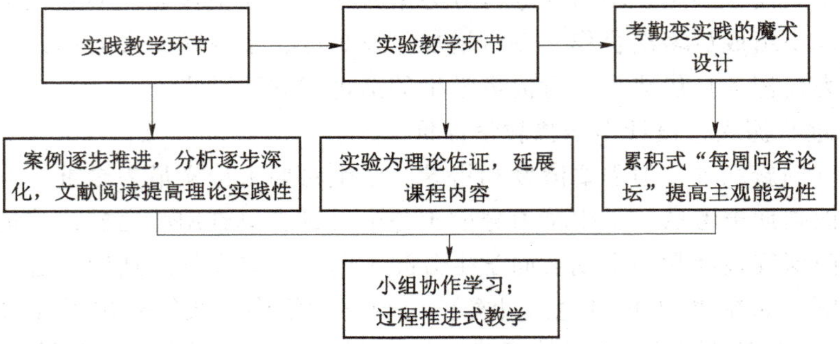

图 4　金融工程基础课程教学环节设计

集这些案例的详细资料并进行整理，这样学生通过动手能够对案例的详情有所了解；然后在第二讲金融产品的结构化技术部分，针对第一讲案例中涉及的产品进行产品结构的剖析，让学生掌握分析结构化产品的方法；最后在讲解完金融工程的定价理论和套期保值方法之后，让学生利用这些方法对部分案例中的产品进行估值和风险分析，让学生掌握金融工程技术在金融产品分析中的应用。这样学生将整个课程的学习与案例认知过程紧密结合，既可以增加学生的学习兴趣，也可提高课程的教学效果。

2. 通过实验教学深化和延展课程理论，提高学生学习积极性

比如在介绍期权价值的影响因素时，在本科金融工程学中通常只针对普通的股票期权进行介绍，很少介绍其对奇异期权如障碍期权、回望期权等的影响效果如何，因此学生对这些影响因素的理解具有一定的机械性和片面性。另外，在介绍期权的定价方法时，如二叉树模型，学生在课程中一般只了解了这个方法的手动计算过程，最多到三步二叉树，很难理解其背后的原理以及与 B-S 模型之间的关系，也很难理解为何使用下一步是两种可能性的这种模型去建模标的资产价格，所有这些疑问和不足都可以通过实验教学来弥补，让学生自己去发现和总结。在讲解了期权定价的影响因素和二叉树模型之后，可以通过二叉树模型实验让学生了解欧美式期权价值的差异、二叉树步数增加对估值精确度的影响、各影响因素对不同期权（包括普通期权、障碍期权、回望期权）的影响程度有何不同、更改参数时如何考虑参数的合理取值范围。在我们的教学实践中发现，这种实验对模型实验软件有一定的要求：一是软件操作简单，不给学生增加软件学习负担，因为这不是计算机课程；二是实验软件具有一定的灵活性和自主性，不能仅仅是演示版，且不能把所有的事情为学生做好，要让学生发挥一定的自主性。如对参数的取值学生可以自主选择，对二叉树步数学生可以自主选择，对于各影响因素的分析报告要让学生自己去生成和书写等。这样每个学生的实验结果可能会有差异，但他们确实能够发现很多课堂上发现不了的问题。对于这些问题通过教师适当地跟进解答，学生能够获得更多的收获。同样在期权的套期保值环节，也可以通过设计类似的实验来增加学生对动态套期保值的认识。

3. 通过经典文献导读让学生品尝理论的原汁原味

Black-Scholes-Merton 期权定价模型是金融工程期权定价理论的基石，单纯的课堂

讲解对于没有随机分析理论的学生记住最多的就是 B-S 欧式期权定价公式，无法了解他的理论背景和他的实践性。以小组的方式布置文献阅读任务、进行文献阅读总结能够让学生通过自主阅读 B-S 模型的原始文献，包括实证检验文献和理论推导文献，深入理解该模型的推导原理和在实证中的威力。另外加入 Cox、Ross、Robinstein 文献，能够让学生了解二叉树模型的理论背景。这些经典文献的阅读能够让学生品尝金融工程经典模型的原汁原味。

4. 将考勤变成实践的论坛问答环节

《金融工程学》作为专业基础课，选课人数较多，无论何种实验和实践教学方式都无法使每个学生全情投入，总会有搭便车、睡懒觉、混日子的学生，即使堂堂点名考勤也无法避免。为此，为了节省课堂时间，同时提高学生自主学习的能动性，我们在这里推荐网络写作学习方式。将课堂考勤转移到课外，要求学生必须在课程教辅平台（对外经济贸易大学的本科教辅平台称之为 tas 平台）的论坛中对与已学内容相关的知识进行提问，并通过学生是否提问来作为考勤的依据。而问题的解答主要由负责本周“问答论坛”的小组成员负责，提倡其他同学积极参与。之后在下次上课时，由负责本周论坛的小组提交论坛问答记录，包括参与学生名单、学生问题总结和问题解决情况。教师针对未解决问题与学生进行集中讨论。这样学生既可以对未掌握好的课程内容进行提问，也可以对与金融工程相关的实际市场问题进行提问，一方面迫使学生通过“考勤”学习课程内容，另一方面让学生能够有机会在教学过程中利用课程内容解决实际问题，缩小书本与实践的距离，最后，学生自主解答问题，可提高学生的自主学习能力。由于“每周问题论坛”的提问内容是累积式的，因此随着课程内容的累积，学生能够提问的广度和深度都是在增加的，这也避免了期末突击、“临时抱佛脚”的学习方式。当然这种教学环节不但可以用于《金融工程学》的教学，也可以用于其他课程的教学环节中。

五、小结

总结上述不同类别课程的教学环节设计可以看出，虽然教学目标不同、教学对象层次有异、教学内容也许并无关联，但在实施实验教学和实践教学时，都同时采用了过程教学、逐步推进的教学方式，并将多种实践手段相结合，相互辅助。从该教学方式的教学实践效果看，学生的成绩和对知识的掌握程度确实获得了明显提高。当然上述教学过程设计尚有很多不足之处，望各高校同仁指正，并能够共享实验、实践教学经验，共同提高金融工程专业人才培养质量。

参考文献

[1] 郭敏，刘立新，余湄. 财经类院校金融工程人才培养目标与模式. 财经科学，2004.

[2] 张元萍，周远. 金融工程专业实践教学体系构建. 金融教育研究，2011.

[3] 王晋忠. 金融工程学科建设探讨. 财经科学, 2004.
[4] 王晋忠. 不同层次金融工程人才的知识结构与培养模式. 金融教学与研究, 2004.
[5] 王鹏. 金融工程专业实验教学体系探索. 中国证券期货, 2012.
[6] 何启志. 金融工程实验教学探讨. 中国证券期货, 2011.
[7] 郭燕飞. 提高金融工程教学质量方法探析. 2012.
[8] 尹哲, 李恺. 论《金融工程》课程教学存在的问题与解决建议. 大学教育, 2013.
[9] 李霜.《金融工程》实验教学模式研究. 教育教学论坛, 2013.
[10] 姚瑶. 高校课堂教学改革探析——以《金融工程》课程为例. 教育教学论坛, 2013.
[11] 魏洁, 杜维君. 基于行业标准的《金融工程》课程教学改革研究. 中国证券期货, 2013.
[12] 张虹敏. 金融工程专业金融衍生工具课程设计的研究与探索. 商业经济, 2012.

国际化教育发展战略下高校来华留学生教育工作的管理与思考[①]

（对外经济贸易大学保险学院）

蔡学燕　谢远涛　孙立娟　陈　茵

摘　要： 创新和发展来华留学生教育是国家利益和国家战略发展的需要，同时也是国内各研究性大学国际化战略发展的重要内容。随着中国经济的快速发展和国际地位、国际影响力日益提高以及汉语文化的博大精深，来华留学生教育取得了前所未有的发展成就。新形势下留学生教育管理面临巨大压力和挑战。提高留学生教育管理人员素质，创新管理思维，改变工作方法，提升教育效度，成为国际化教育战略下全面发展来华留学生教育的新要求和新任务。本文基于对留学生教育工作的管理和实践，提出新形势下的留学生教育管理者应具备“五心”素质和四项工作原则。

关键词： 高校　来华留学生　教育管理　国际化战略

随着中国经济的快速发展，综合国力的不断提升，中国国际影响力日益增强，汉语成为世界各国政治、经济发展的重要需求和发展手段，已为全球共识。大批海外留学生不远万里到中国来学习交流。中国来华留学生教育事业顺势得到迅速发展，高校成为留学生培养教育的集结地。

来华留学生教育事业的高速发展，一方面适应和满足了国家政治、经济、文化、外交等事业发展的需要，另一方面确实为高校带来可观的经济效益与社会效益，同时迅速提升了高校国际化教育水平和国际教育影响力，优化了高校管理组织结构，从而进一步推进了高校国际化教育事业的发展。但与此同时，高校留学生教育管理工作面临着巨大的压力和挑战。来自全球各个国家的留学生由于思维方式、文化背景的不同，知识基础的差异，环境以及学习模式、行为习惯的改变，给来华留学生教育管理工作带来了困难。特别是当下留学生人数规模的剧增，国别数量的加大，给留学生管理工作带来的影响绝不仅仅是算术加法效应。提高留学生管理人员的素质，创新留学生管理理念，以人为本，关注来华留学生特点，有效实施留学生教育管理，成为直接影响留学生教育发展

① 本文系对外经济贸易大学本科教学实验研究课题《本科毕业论文（设计）质量控制与管理研究》（项目号：X12514）的资助；为对外经济贸易大学本科教学实验研究课题《教学实习与创新人才培养实证研究》（项目号：X13512）、研究生教学研究项目《数学优化方法》（X14134）的阶段性研究成果。

的重要因素。本文基于对留学生教育管理工作的实践探索，提出了国际化教育战略目标下，留学生管理工作人员需具备的“五心”素质要求和四个工作原则。

一、留学生教育是国家发展的战略需要

留学生教育是国家繁荣昌盛、文明进步的一个重要标志，大力发展留学生教育已成为各国教育改革与发展的一项重要举措。它不仅为留学目的国带来巨大的经济效益，同时还在传播本国文化、提高本国国际地位等方面有着重大意义和深远影响。

中国政府早在 1950 年，以接受第一批来自东欧国家的 33 名留学生为标志，开启了外国来华留学生教育事业，并把留学生教育作为全球发展的一项战略国策，培养识华、亲华、友善待华的国际友好人士，并将其作为广泛传播中国文化的重要途径。

历经 60 多年的岁月、数代人的艰辛奋斗，中国来华留学生教育经过四个阶段发展壮大起来，为发展和巩固我国同世界各国的政治、外交和经贸关系，开展文化、教育和人员交流作出了积极贡献。

第一阶段是 1950~1979 年，这是来华留学生工作的起步阶段。在此阶段，来华留学生教育主要是为国家政治、外交服务，留学生的生源国主要是那些与我国建立友好关系的社会主义国家，学生则基本上都享受中国政府提供的政府奖学金来完成在华的学习和生活，其中越南和朝鲜留学生占绝大多数。

第二阶段是 1979~1990 年，是来华留学生教育的恢复与发展阶段。1979 年国务院批准高校开始接收来华自费留学生，打开了来华留学生生源范围和渠道，留学生的数量规模快速增长。到 1982 年，中国来华留学生总人数达到 4 500 人。而到了 1990 年，留学生数量上升为 7 000 多人，招生的高校多达 110 所。

第三阶段从 1991~2000 年，这个阶段为来华留学生教育的大发展阶段。此间中国改革开放深入发展，经济腾飞，综合国力与日俱增，国际政治影响力日益加强。在外交领域，中国与世界上绝大多数国家建立了外交关系，使得来华留学生数量大幅度增加，从 1992 年的 1.4 万余名，发展到 1996 年的 4.1 万余名，年均增长速度超过 30%，留学生层次也明显提高。到 2000 年，全年共有来自 166 个国家的 5.2 万余名各类来华留学生在我国 31 个省、自治区、直辖市（不含我国台湾、香港、澳门地区）的 346 所高等学校学习。

第四阶段是跨越发展阶段，时间自 2001 年至今。2001 年中国加入 WTO，成为其第 143 个成员国，这为中国来华留学生教育提供了飞跃式发展机会。开放、宽松的政治氛围，密切往来的经贸活动，造就了全方位、多层次的对外开放格局，为来华留学教育的进一步发展奠定了基础。

另外，为吸引学生来华学习，我国政府以及相关政府部门，专门设置了来华留学生管理机构，并配置了大量国家和地方奖学金。2000 年，就有来自全球 130 个国家的 1 664 名留学生新生获得我国政府奖学金，加上已在校学习的学生，2000 年，共有来自 148 个国家的 5 362 名在华留学生享受中国政府奖学金，占全年留学生总数的 10.28%。

对外经济贸易大学每年都会接受较大数量的国家政府奖学金生和北京市政府奖学金生。

在多种有利措施的推动下，来华留学生教育事业得到了极大的发展。今后我国将继续坚持积极的来华留学政策，预计未来的10年，我国来华留学生教育将达到10%的年增长率，远超世界留学生5.5%的年平均增长水平，我国将成为亚洲最大的留学目的地国家。

二、留学生教育成为高校国际化发展的重要标志

在全球政治经济高度国际化、一体化的今天，高等教育国际化发展成为必然的发展趋势。高校在办学理念、学生培养、师资队伍、课程体系、管理服务机制等方面的国际化发展水平，一定程度上决定了社会国际化发展进程，而留学生教育对我国高校国际化发展有着深远的影响，成为高校国际化发展的重要标志。

首先，留学生教育使高校教育对象的结构发生变化，实现了多元化和国际化目标，营造了多元化文化氛围。中外学生的相互沟通、相互交流、相互学习、相互促进，带来了中外学生多元化的双赢结果：思维活跃、视野开拓，提升了创新意识和国际发展理念。国际文化节活动是典型的国际文化的大碰撞、大交流和大融合。中外学生充分享受国际文化带来的愉悦。

第二，一个国家接收留学生规模、一所高校留学生的数量集中体现了国家和高校的国际竞争力与影响力。我国留学生教育的迅速大发展，是中国国际地位和国际影响力上升的见证，也是对高校国际化成就的肯定。因此，留学生的数量规模是高校国际化水平高低的一个重要表现。

第三，来华留学生教育改变过去单一的教育模式，促进高等教育理念的国际化发展，面向现代化、面向世界、面向未来的要求，改变和调整教育内容、手段和方法。国际化教育离不开高水平、国际化的教师。教师国际化的发展，进一步深化高等教育的国际化教学改革，推进了高校国际化进程。

第四，来华留学生教育的快速发展，对高校的国际教育管理提出了更高的国际化要求。留学生规模的扩大，促使高校完善组织管理机构，强化与来华留学生教育发展相适应的组织管理体系，细化管理职责，提高管理效益。随着来华留学生教育市场的激烈竞争和发展，高校来华留学生管理理念已悄然发生变化：由教育管理型逐渐向服务型转换，留学生工作管理者角色逐渐向服务者转换。种种变化，是高校留学生教育发展的成果，也是高校向国际化迈进的表现。

留学生教育成为高校国际化发展的主要指标之一，成为衡量一流大学的重要标准。国际上众多的研究型大学纷纷将留学生教育列入国际化发展目标。

对外经济贸易大学早在1954年就开始发展留学生教育，并将留学生教育发展作为学校国际化发展的重要举措，在加大人力财力物力投入的同时，学校优化资源，引入国际教学理念，理顺留学生管理机制，建立促进留学生成长发展的激励环境；修订培养方案，搭建学校交互平台，完善留学生教育的软硬件环境。一系列适宜学校国际化战略发

展的留学生发展举措，促进了留学生教育的健康发展，各专业留学生规模层次稳步上升。以保险学院为例，从2007年开始招收首届留学生起，留学生教育几年来从无到有，从小到大，培养的专业由最初的保险（风险管理与保险）一个本科专业，发展为保险（国际风险管理）、保险（风险管理与精算）、劳动与社会保障专业（员工福利与社会保障）三个本科专业，培养层次也由单一的本科培养发展成为本硕博层次齐全、结构合理的留学生教育体系。目前留学生教育仍然面临许多发展中的困难，但发展速度、发展成就足以印证高校留学生教育发展的正确决策。毫无疑问，留学生教育是高校国际化的集中体现，是高校实施国际化办学战略的突破口，更是反映高校核心竞争力的重要标准。

三、创新发展留学生教育工作的管理与实践思考

质量是发展的生命力。留学生教育可持续性发展直接取决于留学生教育质量与管理质量。所有留学生管理人员都会对留学生管理有深刻的体会，每一位留学生的成长都沁入了他们辛勤的汗水。留学生的教育发展，留学生管理人员功不可没。

但是面对高校国际化教育发展视角下的留学生教育，简单的管理方式、工作方法很难适应快速发展中的来华留学生教育需求。正确认识留学生特殊群体特征，积极创新留学生教育管理方法，提升留学生管理者的素质，积极理解和信任广大留学生同学，帮助他们解决学习生活中的实际困难，提高管理质量和效度，成为直接影响留学生教育发展的关键。

留学生作为特殊群体，有着普适性特征：因身处异国他乡，孤独寂寞，情绪高度不稳定；生活环境变迁、文化背景差异，众多留学生长时间无法适应；汉语学习的压力，专业基础知识的欠缺，给留学生的学习雪上加霜。良莠不齐的学生素养，涣散的行为习惯，成了留学生的代名词。激增的办学规模也给留学生管理工作带来新的困难和挑战。

结合几年来留学生教育管理工作的体会，笔者认为留学生教育管理者须首先具备“爱心、细心、耐心、恒心、知心”的品性，才可能做好来华留学生的管理工作。“爱心”是基础，“细心”体察留学生学习和生活，“耐心”地指导帮助留学生学习和生活，持之以恒坚持为留学生服务，为管理工作负责，真诚相待，获得留学生的信任，做留学生的“知心”朋友，是做好留学生管理工作的前提条件。

在留学生具体教育管理工作中，管理者还须贯彻执行以下四个工作原则：

1. 尊重与包容原则

留学生管理工作者注重尊重和包容不同的文化，并在此基础上寻找中外文化的结合点和共通之处。特别关注留学生的个性特点，做到因人而异，管理得当。充分尊重不同国家的文化，文化有差异，但无优劣之分。同时也需注意避免强行灌输某一特定的文化价值理念，牢记润物细无声道理，教育来华留学生同学以开放的心态，积极学习和适应新文化环境中的生活。

通过组织留学生参加各类文体、联欢和公益活动，定期举行座谈会，促使中外学生

在学习、生活上交流互助，帮助留学生了解和学习中国文化，在潜移默化中感染留学生，“化殊为同”，让其有认同感、归属感，对学校和中国的感情随之加深，从而顺利度过跨文化心理适应期。

2. 沟通交流原则

在留学生这个特殊群体里，宗教信仰各不相同，缺乏留学生同学之间的沟通交流，很可能造成文化冲突，不利于留学生学习和生活。

集体活动是学生相互认识、相互理解的最好桥梁。语言关则是准确进行沟通与交流的钥匙，有效开展语言交流学习活动，构架沟通平台，提升语言表达能力，培养集体意识，增进留学生间的感情，为学业活动的有效开展奠定基础。保险学院建立的中外学生“一对一”结对活动平台，不仅增进了中外学生的交流与友谊，更加促进了中外文化的传播与融合，增强了全体留学生的集体意识和凝聚力。

3. 平等信任原则

留学生管理人员更多地进行人文关怀，理解外国留学生的文化习惯和文化差异，关心他们的兴趣爱好、心理状态，建立相互尊重、相互信任、协调融洽的管理与被管理的关系。留学生管理人员既是留学生的管理者，也是留学生的朋友。平等信任关系更容易帮助留学生接受管理，更好地解决文化、环境不同带来的各种问题。

4. 完善制度原则

规范管理依赖于完善的制度体系。建立一套完整的切实可行的留学生教育管理规则和制度，是留学生管理工作的客观要求和制度保障，也是使留学生管理工作规范化、合理化和提高管理效率的有效手段。“没有规矩，不成方圆”，严格合理的规章制度对促进良好学风的形成，提高管理工作效率和培养留学生良好的行为习惯有着举足轻重的作用。要让留学生从开始申请学校时就了解并熟悉这些制度，为以后管理打下良好的基础。

中国经济的迅速发展和博大精深的汉文化底蕴，吸引了大量留学生来华学习交流，来华留学生教育具有极大的发展潜力。来华留学生教育不仅加快了高校国际化进程，也为高校带来了收益，同时也对留学生管理工作提出了更高的要求。认真研究新形势下留学生教育管理的新思路和新方法，提高留学生管理人员的素质，探讨改善留学生跨文化适应能力的策略，营造具有国际竞争力的学习环境，对留学生教育的持续发展是有深远意义的。

参考文献

[1] 李立国，胡立芳，周平，来华留学生发展趋势与战略选择. 复旦教育论坛，2010(8).

[2] 孟长勇. 陕西外国留学生教育50年，西安：西安交通大学出版社，2007.

[3] 舒志定. 高等教育国家化的内涵、特征与启示. 外国教育资料，1998.

[4] 发展留学生教育，全面推进高校国际化办学. 剑南文学·经典教苑，2009(8).

[5] 论来华留学生管理中需要正确处理的几个关系. 中国校外教育·理论，2011(3).

[6] 来华留学生教育管理工作的思考. 出国与就业·就业教育，2010(16).

我校留学生数学课程教学内容及模式的探索

（对外经济贸易大学统计学院）

刘桂芳　柴文义

摘　要： 留学生教育是我校人才培养的重要组成部分，教学工作是留学生教育工作的重要组成部分，教学质量的高低与我校留学生事业发展以及学校国际声誉等息息相关。留学生数学课程是留学生教学体系中的一门重要课程，也是高等院校数学教学工作的一个重要组成部分。我校总结了多年的留学生数学课程教学经验，并在课程结束后进行留学生数学教学的调查问卷，基本掌握了留学生数学教学中面临的问题及尝试的解决方案，文章进行了留学生的学情分析和留学生数学课程教学模式和方法改革的探索实践。

关键词： 留学生　数学课程　教学模式　考核方式

目前，我校有来自126个国家和地区的3 100余名来华留学生在我校学习，其中攻读学士学位的学生有2 300余人，每年学习数学课程的学生数近400人。留学生教育是我校本科人才培养的重要组成部分，教学工作是留学生教育工作的重中之重，教学质量的高低与我校留学生教育事业的发展以及我校国际声誉等息息相关。留学生数学课程是留学生教学体系中的一门重要课程。但是，由于留学生数学教学起步较晚，基础薄弱，另外，生源国不同造成学生基础差异较大，使得留学生数学教学工作面临许多亟待解决的问题。因此，根据留学生的实际情况，探讨一种适合留学生自身特点的、满足基本教学要求的、切实可行的留学生数学教学模式已成为当务之急。

学校对于留学生数学教学非常重视，2013年校级实验课题立项，专门对留学生数学教学内容及模式的探讨给予支持。我们总结了多年的留学生数学课程教学经验，积极思考在留学生数学教学过程中遇到的问题与不足，认真梳理留学生数学学习特点，在课程结束后进行留学生数学教学的调查问卷，基本掌握了留学生数学教学中面临的问题及尝试的解决方案，进行了留学生数学课程教学模式和方法改革的探索实践。

一、留学生数学课程教学现状

由于我校留学生生源差异较大，留学生普遍存在行为举止差异、语言障碍、基础薄弱等问题。学生对数学课程学习态度各有不同，导致我校留学生数学课程教学存在着问题与不足。

（一）留学生学习差异

1. 行为举止差异

留学生来自不同国家，遍布亚洲、欧洲、非洲、北美洲等。受地理位置、社会结构、民族风俗等影响，留学生在思想、行为、举止方面均存在差异，留学生在课堂上不注重课堂纪律，缺勤、迟到、早退现象严重，课上不听讲、聊天、玩手机现象普遍，教师在教学过程中需用较大精力来维持课堂秩序，导致教学效率不高。

2. 语言障碍

目前，留学生的汉语水平只局限于日常交流，尚未达到运用汉语进行数学课程学习的水平。在课堂上，教师反复强调学习目标，但是大部分学生都无法准确理解，只有少数学生能按教师要求完成学习任务。而在高等数学课程教学中，课程内容本身就很难理解，这对教师完成教学任务，留学生达到学习目标，并熟练地掌握课程的基本技能提出很大挑战。

3. 基础薄弱

受文化教育背景以及学科专业设置等方面的影响，留学生数学基础普遍较为薄弱，加上缺乏最基本的数学运算训练，导致数学运算能力较低，缺乏基本数学思维，稍微复杂的问题不能理解。有些学生甚至达不到初中水平（部分学生对因式分解以及三角函数、对数函数等基本初等函数非常陌生）。试想没有学过基本初等函数，如何能够学习以函数作为研究对象的高等数学呢？

（二）留学生对数学课程的学习态度

由于以上原因，留学生对待数学课程的态度主要分为三种：

1. 想学且认真学

这部分学生一般中文相对来说好一些，有一定的数学基础，对数学课程有兴趣，能够按照老师要求去做。

2. 想学但学习困难

这部分学生要么中文比较差，要么数学基础薄弱，从而，听课比较吃力。因此上课经常是一个内容要反复讲，还要反复做题，加大课堂练习力度，还要经常有同国籍同学帮助讲解，使得课堂教学进度缓慢，对这部分学生要制定适合他们的教学内容，使之能够理解，产生学习兴趣。

3. 对数学没兴趣，学不会

这部分学生有些不具备汉语日常交流、沟通能力，有些高中数学根本没学会，因此用中文讲数学内容根本听不懂，导致不来上课，即使上课也不听讲，聊天、睡觉、自由出入，干扰了正常教学秩序。对于这部分学生要花费时间和精力加强管理。

二、留学生数学课程教学模式探讨

（一）理论基础

每一种教学模式都是在一定的教学思想、教学理论指导下建立起来的。现代教学理论对数学教学过程的研究，对学生数学学习特点、心理特点的研究为数学教学模式奠定了基础。例如近年来关于数学概念学习、数学命题学习理论的系统研究，数学思维、问题解决以及数学课程改革的理论与实践，为数学教学模式的实践与研究提供了直接的理论基础。留学生数学教学的特殊性和重要性要求教师在教学过程中量体裁衣，根据留学生的实际情况进行教学设计。

（二）教学内容的选择

我校留学生数学课程教学内容的选择经历了三个阶段：

第一阶段：财务数学（4 学分），主要讲授资金时间价值，特点是数学运算简单，语言描述多，由于语言障碍，效果不太理想。

第二阶段：数学（4 学分），主要讲授一元函数微分学，为了帮助数学基础差的学生，用一些时间讲授基本初等函数内容，这样做效果也不太好，基础差的学生还是学不会（没有主观学习意愿和良好的学习习惯），会的学生失去了学习兴趣。

第三阶段：数学上、下（8 学分），2012-2013 第二学期开始实施。

在留学生数学课教学过程中，我们针对教学中发现的一些问题，不断完善教学内容。由于留学生来自不同国家，而国外的数学教材多样，不同程度的学生努力程度又不同，从而导致留学生的数学基础参差不齐。根据留学生的情况调整教学内容，许多内容都是第一次尝试，没有适合留学生的教材，需要教师在教学过程中及时更新教学内容。

考虑到留学生基础薄弱，我们确定留学生数学（上）教学内容分为两部分：高中数学与微积分上的部分内容，这两部分内容各占一半学时。通过一学期的教学实践表明，高中数学部分，大部分学生能够掌握基本知识，但缺乏数学技能训练。微积分部分，除了少部分学生具有较好的数学基础外，大部分学生的基础知识不够扎实，数学技能较差。另外，大部分学生希望能够学到更高深的数学知识。因此，在第二次教学中，我们调整了留学生数学（上）教学内容，开学前两周复习高中函数内容，让留学生熟悉用汉语表达数学相关术语，之后学习高等数学知识，降低难度，遇到问题随时解决。使部分学生学到、大部分学生了解了一些高等数学运算、思想、方法，受到多数学生的欢迎，而且大部分学生能够达到教学基本要求，也为他们的后续学习打下了基础。留学生数学（下）介绍一些微积分在经济问题上的简单应用边际和弹性，及行列式、矩阵、线性方程组求解等线性代数的一些基本内容。一学期下来，得到了大多数学生的认可。

（三）教学方式的转变

由于生源国不同造成的教育背景、教育经历、学习习惯等差异，使留学生对于知识的接受与理解存在很大不同，再加上语言文字的理解困难，因此教学不能满堂灌，讲一讲，练一练，增加与学生的交流机会。大部分留学生表现出对数学知识的渴望，他们的学习热情较高，就是由于语言障碍和数学基础薄弱导致学习效果较差。因此，我们在教学中，一方面充分肯定他们的学习热情，一方面加强基本知识的反复训练和强调，增强他们的理解水平和实际解题能力。另外，针对他们中文水平有限，许多数学术语和语言习惯不熟悉，课堂听讲吃力现象，我们不断调整教学进度，放慢讲课语速，多作基本题型练习，不断提高他们在课堂上的沟通能力。留学生在课堂上表现活跃，富于表现力，一旦有问题会随时提问，与教师有很好的互动，课堂气氛比较活跃。基于这个特点，教师可随时掌握学生学习状况，及时调整教学进度，对个别学生课后可进行有针对性的辅导。大部分学生都希望得到老师的关注。不求知识讲多少，但求学生能够学到一些知识。

教学方式采用教师讲授，学生练习，再讲授，再练习，反复多次，直到有学生掌握，再通过学生之间讨论加深理解。教学以板书为主，多媒体为辅，讲课时不仅需要把数学演算过程写出来，便于学生学习做题时应用，习题讲解还需要写出详细解答过程，而且还要把一些术语的汉字书写出来，并反复重复几遍，兼顾学生学习数学知识、汉语文字、汉语发音的需要。

（四）评价模式改革探讨

结合留学生特点，改革成绩评估办法。

具体来说，考查中应弱化因基础薄弱出现的较大差异，最大限度保护留学生学习积极性；改变单一的考试模式，结合出勤、课堂讨论、课后作业、考试成绩等情况，综合评价学生。突出对数学学习能力与态度的考评，使成绩能真实反映学习情况，学生也能在较轻松的环境中最大程度发挥主观能动性。2012-2013 第二学期留学生数学（上）考核方式：考察学习能力占比 60%，考察学习态度占比 40%。考试成绩与总评成绩对比如下图所示：

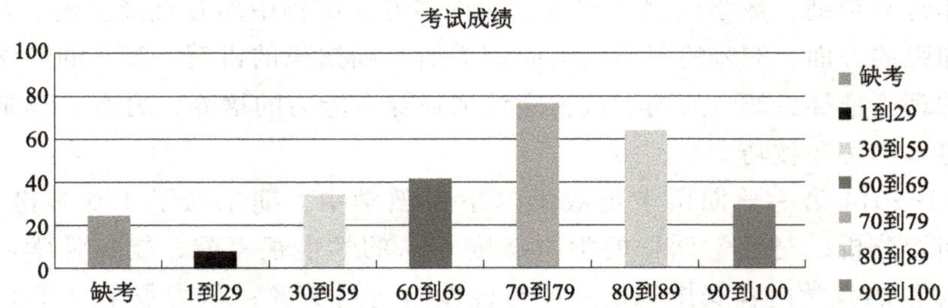

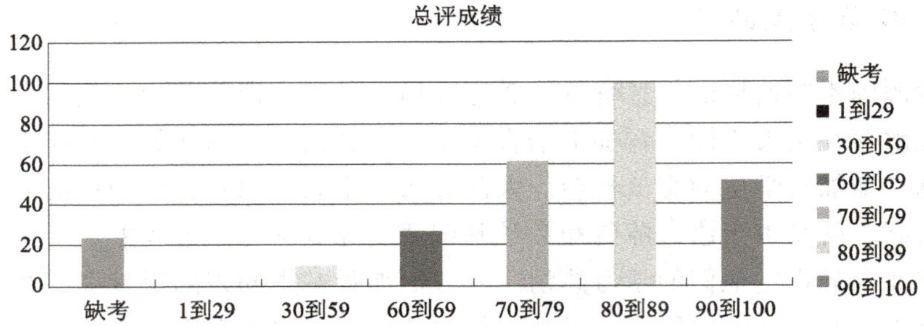

通过与学生交流，2013－2014 第一学期留学生数学（下），两种能力考察各占 50%。学期结束通过调查问卷的反馈，得到了绝大部分学生的认可。

（五）课后交流的补充

单独授课的留学生，缺乏与国内学生的交流沟通，既不利于双方增进了解、共同进步，也将对留学生更快融入校内、国内环境形成障碍。课后可安排校内学生（尤其是外语学院学生）与留学生结对学习，增加交流沟通，相互取长补短，留学生可以提高汉语能力和数学水平，中国学生则将提高外语会话能力。相互学习，取长补短，如果能够实施将会使留学生和外语专业学生双方都受益。

三、留学生数学课程教学改革成果

为了调查留学生对于数学课程教学的看法，我们专门设计了《关于〈留学生数学〉课程教学的调查问卷》，通过此问卷将广大学生对数学课程教学的态度和看法进行量化分析，进而帮助我们改进数学教学活动。

留学生数学（上）调查问卷结果表明，大部分留学生对数学课程感兴趣，也比较重视数学知识在今后的研究与实际应用。对于目前数学课程教学难度，44% 的同学认为很难，22% 的同学认为较难，同时也有 28% 的同学认为难度适中。教学内容上，55% 以上的同学认为目前本课程的教学内容安排和课时分配合理。26% 的同学认为学习数学对专业学习是有帮助的，有利于对专业课程有更清晰的认识；20% 的同学认为学习数学对专业学习非常有帮助，数学的概念和方法在许多专业课程中均有直接应用。对于数学教学中应该加强的方面，34% 的同学认为应该增加基础知识的讲解，25% 的同学认为应该有更严格的理论推导，23% 的同学认为应该加强综合能力的培养，另有 17% 的同学认为应该传授更多的解题技巧。

在 2013-2014 第一学期留学生数学（下）教学中，期末做了 150 多份调查问卷，通过调查问卷分析，对数学课程的学习态度 65% 的学生很喜爱，能自觉学习，认为数学（下）课程的教学内容安排非常合理与合理的达到 93%；认为数学（下）课程教学内容难度较难与适中的为 74%；20% 的学生认为很难；认为数学（下）课程考核方式（考勤 20%、作业 20%、课堂表现 10%、期中 10%、期末 40%）安排合适的占 82%；

有旷课和迟到，通常是因为有时对自己要求不够严占 32%；认为本课程在学习中存在问题是听不懂中文占 22%，是数学基础差占 44%，是教学内容难占 21%。

根据多年的留学生数学教学经验，及学生反馈的信息，我们将不断改进留学生数学课程教学，逐步完善留学生数学课程建设。

参考文献

[1] 崔庆玲．来华留学教育现存问题及原因分析 [J]．高等教育研究，2008，25（1）：9-13.

[2] 陈兴荣，苗秀花，刘鲁文．关于留学生高等数学课程教学的若干思考 [J]．当代教育理论与实践，2012，4（12）：72-74.

[3] 张美云，刘开南．关于加强来华留学生教学与管理的几点思考 [J]．中国高教研究，2007（5）：68-69.

[4] 徐文莉．对提高留学生数学能力的研究与思考 [J]．科技创新导报，2009（34）：134-135.

附：

对留学生数学（上）做了 50 份调查问卷，调查问卷主要包括三部分内容：

第一部分对数学课程的兴趣及态度的调查。

第二部分对现行数学课程的评价及存在问题的调查。

第三部分对数学课程教学的建议和看法的调查。

在 2013-2014 第一学期留学生数学（下）教学中，期末做了 150 多份调查问卷，内容如下（各选项后面的数字，是统计出来的选择该项的人数）：

1. 学生基本信息：

性别（男 78　女 68）　现所在学院________现在专业________

国籍________

2. 你对数学课程的学习态度

A. 很喜爱，能自觉学习 98　　B. 无所谓，不喜欢也不讨厌 38

C. 不喜欢，硬着头皮学 11　　D. 从心里讨厌，不学 2

3. 你认为数学（下）课程的教学内容安排是否合理？

A. 非常合理 46　B. 合理 93　C. 不合理 9　D. 非常不合理 1

4. 你认为数学（下）课程教学内容难度如何？

A. 很难 29　B. 较难 47　C. 适中 64

D. 容易 11　E. 太容易 0

5. 在数学课程的学习中，你认为哪点对你最重要（你对哪点最感兴趣）？

A. 分析解决问题的思想方法 73　　B. 解题技巧 37

C. 清晰严密的逻辑思维训练 20　　D. 为后续课程做准备 14

6. 你认为数学（下）课程考核方式（考勤 20%、作业 20%、课堂表现 10%、期中 10%、期末 40%）安排________

A. 合适 122　　B. 不合适 18

C. 你认为考核的项目（比例）为：（　　）11

7. 你认为本课程对你的专业学习是否有帮助？

A. 非常有帮助，数学的概念与方法在许多专业课程中均有直接应用 31

B. 有帮助，有利于对专业课程有更清晰的认识 70

C. 说不好，目前没看出本课程与专业课之间的联系 43

D. 没帮助，本课程仅仅是一门数学课而已 11

8. 如果你有旷课和迟到，通常是因为（可以多选）

A. 有时对自己要求不够严 47

B. 觉得上课听不懂，作用不大 18

C. 不上课自己也能看书，而且能看懂 12

D. 与其他课或事由有时间冲突 15

E. 从没有过旷课和迟到 52

F. 其他原因 16

9. 你认为本课程在学习中存在哪些问题（可以多选）

A. 听不懂中文 33　　B. 数学基础差 65

C. 教学计划（进度）安排不合理 13　　D. 教学内容难 31

E. 没有用，不想学 8　　F. 其他 16

10. 你认为数学教学中应加强哪方面内容（下面内容可以多选）

A. 更严格的理论推导 28　　B. 更多的解题技巧 28

C. 更多基础知识讲解 60　　D. 更多的课堂练习 52

E. 其他 5

11. 你还有哪些意见和建议请写在下面：

留学生汉语学习焦虑现状、原因及应对策略

——以对外经济贸易大学为例

（对外经济贸易大学国际关系学院）

朱晓婷　刘利琮

摘　要： 本文运用定量分析的方法，对我校留学生本科学历生群体进行问卷调查，主要从当前留学生汉语学习焦虑情况、原因、应对办法和个体因素对焦虑的作用几个方面进行调研和分析，客观地展示焦虑对于留学生在华学习效果的影响，本研究充分地认识到在国内学习时留学生可能遇到的难题，并最终为我国留学生教育实践提供参考意见。

关键词： 留学生　汉语　焦虑

一、研究背景

（一）外语焦虑的定义

学术界对外语焦虑的定义并不完全相同。Horwitz（1986）认为语言课具有相对的特殊性，而由此引发的能让个体在学习第二语言过程中产生显而易见的自我认识或行动的情结，即外语焦虑。MacIntyre 和 Gardner（1994）则指出外语焦虑是和学习外语的语言环境存在着不同于一般联系的恐惧感觉。

个体在学习外语时通常没有能力把自己运用第一语言进行的所有考虑转换为第二语言并成功地完成表述，正是由于这种个体认知的“真实自我”与学习第二语言时无法阐述的“残缺自我”的差异性，导致大多数学习者时常感受到不一样的害怕和担忧。所以外语焦虑即使被归类于学习焦虑的一种，也不能和另外的学术焦虑一概而论。

（二）研究现状分析

20 世纪 70 年代开始，外语教学界不再一味强调对教师教学法的讨论，而是开始以学生为重点，针对个体区别进行探究。为了了解外语学习者在不同教学环境下的语言焦虑差异和联系，国外以 Horwitz、Scovel、Young 等学者为代表人物的语言教学界开始对语言焦虑进行研究。

在参考国外研究结论的基础上，为了更深层次地探究，尽可能将这些理论运用于实

践之中，从而推动中国英语教学的进步，国内的许多学者也开始了对相关问题的讨论与探究。

另外，以钱旭菁为代表的对外汉语教学界也曾经进行了一些关于留学生汉语学习焦虑状况的研究，可惜的是由于种种原因这些研究都不太全面和深入，因而该方面的探究到现在还有待完善。

二、研究方法

为了全面深入地了解留学生在汉语学习过程中的焦虑状况，考察引起焦虑的原因和应对办法，本人采用分层抽样法在对外经济贸易大学做了一次问卷调查，具体情况如下：

（一）调查工具

为了对来自世界不同国家并使用不同语言的留学生进行调查，本文所使用的问卷均使用中文版、英文版、俄语版和韩语版四个版本进行表述，保证了各国留学生均能毫无障碍地读懂并完成调查。本次调查一共发放问卷 249 份，回收 217 份，其中 198 份有效，有效率为 91.2%，符合此类研究标准。此外，为了避免留学生隐瞒自己真实状况的现象，在问卷开始之前均由相关教师告知本次调查与成绩无关等信息，以期获得最真实有效的研究结果。

此次研究所使用的调查问卷主要由留学生基本资料及相关量表组成，其中后者又包含焦虑程度、原因和应对办法量表三个内容：

留学生外语学习焦虑量（FLCAS）表最早由 Hortwitz 设计，包括 33 题，从已经投入使用的大量研究表明，该量表具有较高的内在信度和效度，在本文中用于考量留学生汉语学习的焦虑程度；留学生汉语学习焦虑原因调查问卷和应对办法量表分别由 18 和 21 道题组成，每道题都有五个表示不同认同度的答案供留学生选择。

（二）调查对象

我校目前在读留学生（学历生）1 500 人，笔者在有留学生就读的 11 个学院中，采用分层抽样的方法，分别在各个学院中按照 6：1 的比例进行抽样，共计选取了 249 名留学生进行问卷调查。其中主要包括韩国学生 96 名，印尼学生 20 名，哈萨克斯坦学生 26 名，俄罗斯学生 13 名，越南学生 10 名，还包括阿尔巴尼亚、朝鲜、法国、吉尔吉斯斯坦、柬埔寨、利比亚、马来西亚、缅甸、日本、瑞典、塔吉克斯坦、泰国、土耳其、乌克兰、乌兹别克斯坦、新加坡、伊朗和英国的留学生。在 198 名完成有效问卷的留学生中，年龄最大的 46 岁，最小的 17 岁，平均年龄为 21.9 岁。

三、留学生汉语学习焦虑状况及相关个体因素研究

此次研究所使用的量表 Cronbach alpha 系数为 0.923，焦虑总分最低为 46 分，最高

为 135 分（分值越高代表焦虑程度越高），平均分为 89.52，标准差为 19.84。笔者按统计学上高、低、中组各占 27%、27%、46% 的比例将留学生分为三个组别，发现虽然 26.77% 的留学生在学习汉语的过程中没有感到强烈的焦虑，但 46.51% 的留学生感到中等程度的焦虑，更有 26.72% 的留学生感到较强的焦虑，这说明留学生在学习汉语的过程中或多或少都经受着焦虑，值得引起我们重视。中低焦虑组的留学生在考试时感到最焦虑，高焦虑组的留学生在课堂上用汉语进行口头表达时感到的焦虑最强，与中国人交往时的焦虑最弱。

（一）留学生汉语学习焦虑状况

通过分析留学生得 4 分或 5 分人数最多和最少（分值越高代表焦虑程度越高）的五个题项，笔者发现：

1. 留学生感到最焦虑的题项

他们感到最焦虑的是第 10 题，49.5% 的留学生认为“我常常会担忧中文测验失败”；35.35% 的留学生不认同第 8 题“中文测验时我一般都比较放松”。这可能是因为考试作为评判汉语能力的标准，成绩不好就有可能会被老师和家长批评，同时也会影响在班上的成绩排名，所以他们时常因此而感到焦虑。

83 名留学生认同第 33 题“如果老师问到我毫无准备的问题时我会觉得很害怕”，这一结果显示，发言前准备不充分是最容易导致留学生焦虑的原因之一。大多数留学生接触汉语的时间不长，还没有习惯和形成汉语思维，在面对老师突然地提问却没有准备好的时候就会害怕。

第 29 题“如果我没办法明白老师讲课时所用的每一个词语时，我就会觉得很焦虑”得到了大约 40% 留学生的认同，这是因为不能听懂老师说的每一个词就可能意味着自己的学习没有成果，从而感到沮丧。

另外，67 名留学生选择同意第 7 题“我常常会认为其他同学的中文水平比我高”，这表明大多数留学生在学习汉语时比较自卑，因而形成了焦虑的情绪。

2. 留学生最不焦虑的题项

第 26 题“汉语课比其他课程更容易给我造成压力”最不会引起留学生焦虑。这是因为由于语言能力的关系，很多留学生并不能完全理解其他用中文讲授的专业课程或者选修课程，因而语言课和其他课的区别并不是特别大。

同意第 17 题“我不太愿意上汉语课”的学生只占总人数的 15.66%，说明虽然汉语的语法和词汇学习起来较为困难，但多数人不会因此选择逃避而拒绝上课。

对于 31 题，同意“我十分害怕其他同学会嘲笑我的汉语发音”的学生只有 32 名，说明绝大部分留学生并不担心自己的发音会受到其他同学的嘲笑和轻视。这可能是因为他们相信同学大多是成年人，比较理智，不会肆意嘲笑别人。

第 19 题“我对老师给我的每一次纠错感到很担忧”也同样较不会引起留学生的焦虑。作为成年人，很多留学生能意识到自己说汉语时会犯错误，他们希望老师能够及时指出自己的错误以便得到改正和提高。

（二）一些个体因素对留学生焦虑程度的影响

1. 自我汉语能力评价

钱旭菁（1999）的研究证明了自我评价比较高的学生焦虑比较弱，学生对自己汉语能力的评估在相当程度上会对其焦虑状况造成影响，且对自己能力评价越差的留学生往往更加容易焦虑。

在参与此次调查的对象中，自认为汉语水平“很好”、“好”、“一般”、“差”的留学生分别占总人数的 14.65%、29.80%、46.46% 和 9.09%，因而有一半以上的留学生对他们的汉语能力评价都一般。与此同时，这些留学生的汉语焦虑程度随着自我汉语能力评价等级的降低而呈现增长趋势，这可能是因为焦虑是对目标的未实现状况的担忧，对自己汉语能力的评价越差的留学生往往没有达到最初学习的目标，因而更加容易焦虑。

另外从统计学的角度来讲，除了第 1 组和第 2 组外，其他组别之间的焦虑程度均存在着显著差异，并且第 1 组和第 4 组、第 2 组和第 4 组和之间的差异最显著，均值差达到-0.776 和-0.698 分。这说明自我汉语能力评价结果相差越大，焦虑状况也相差越大。由此可见，自我汉语能力评价对留学生焦虑程度的影响很大，两者呈现显著的负相关关系。

表 1　各组留学生焦虑程度比较

组别关系	均值差	平均分标准误	显著性	95% 置信区间	
				下限	上限
第 1 组和第 2 组	-0.078	0.127	0.537	-0.330	0.173
第 1 组和第 3 组	-0.500	0.122	0.000	-0.741	-0.259
第 1 组和第 4 组	-0.776	0.180	0.000	-1.139	-0.413
第 2 组和第 3 组	-0.422	0.086	0.000	-0.592	-0.251
第 2 组和第 4 组	-0.698	0.129	0.000	-0.955	-0.441
第 3 组和第 4 组	-0.276	0.134	0.042	-0.542	0.305

2. 期望值

从普遍的认识来说，期望是个体对某种事物预先制定的标准，一个人指定的目标越高，其由于在实现过程中产生的挫败感或不能达到目的的结果而造成的压力感就会越明显。

在参加此次研究的 198 名留学生中，打算参加和不打算参加 HSK 考试的留学生分别占总人数的 90.91% 和 9.09%，其中，希望通过 1-2 级的有 2 人、3-4 级的有 10 人、5-6 级的有 168 人。

表 2　不同打算留学生焦虑状况对比

组别关系	均值差	平均分标准误	显著性	95% 置信区间	
				下限	上限
第 1 组和第 2 组	-0.495	0.143	0.001	-0.776	-0.214

注：组 1 为打算参加 HSK 考试的留学生，组 2 为不打算参加的留学生。

笔者首先根据留学生的不同打算把他们分为两组，发现第 1 组的焦虑平均分要高于第 2 组，这说明不打算参加 HSK 考试的留学生不易焦虑，这大概是由于这群学生没有较大的学习压迫感。另外，从统计学的角度可以知道，两组学生表现出的焦虑状况存在显著的差异，所以是否参加 HSK 考试是影响留学生焦虑状况的因素之一，这一结果印证了上一部分考试是造成焦虑的因素之一的结论。

表 3　　各组留学生焦虑状况对比

组别关系	均值差	平均分标准误	显著性	95% 置信区间	
				下限	上限
第 1 组和第 2 组	-0. 199	0. 432	0. 655	-1. 160	0. 763
第 1 组和第 3 组	0. 027	0. 413	0. 948	-0. 789	0. 843
第 2 组和第 3 组	0. 226	0. 190	0. 235	-0. 148	0. 600

笔者又根据留学生对汉语学习的期望值把他们依次分为 3 个组，发现每组的焦虑平均分呈中间高、两边低的趋势分布，期望值处于中间的留学生焦虑程度最高。但是，几组留学生的焦虑程度并无显著性差异，因而期望值对留学生焦虑程度有一定的影响，但是影响不大。

3. 学院对比

不同学院在师资力量、教学水平、教学氛围等方面都有所区别，留学生由于所学专业不同，也可能导致其对汉语学习的焦虑状况不同。

在参加本次调查的 198 名留学生中，来自公管、英语、外语、信息、法、经贸、保险、中文、商学院的留学生分别占总人数的 15. 66%、12. 63%、6. 06%、6. 06%、4. 04%、17. 17%、11. 11%、9. 60% 和 17. 68%。我们将留学生按学院依次分为 9 组，具体情况如下：

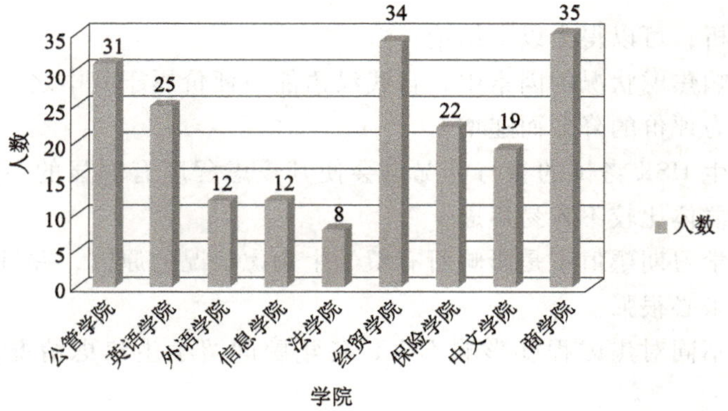

图 1　留学生学院及人数分布图

表 4　　不同学院留学生焦虑基本状况统计表

组别	人数	平均分	标准差	95% 置信区间		最低分	最高分
				下限	上限		
1	31	2.869	0.590	2.653	3.085	1.61	3.94
2	25	2.898	0.618	2.643	3.153	1.45	3.82
3	12	2.859	0.615	2.468	3.250	2.00	4.09
4	12	2.692	0.517	2.363	3.020	1.42	3.39
5	8	2.296	0.513	1.867	2.725	1.67	3.18
6	34	2.545	0.641	2.321	2.768	1.39	3.64
7	22	2.689	0.667	2.394	2.985	1.42	3.88
8	19	2.840	0.452	2.622	3.057	1.52	3.21
9	35	2.766	0.530	2.584	2.948	1.76	4.00
总数	198	2.742	0.593	2.658	2.825	1.39	4.09

表 5　　不同学院留学生焦虑状况对比

	平方和	df	均方	F	显著性
组间	4.480	8	.560	1.636	.117
组内	64.686	189	.342		
总数	69.166	197			

从统计结果可以看出，各学院间留学生焦虑差异并无显著区别，所以不同学院对留学生焦虑状况有影响但影响并不显著。

4. 小结

根据以上分析，可以得出以下结论：

第一，在影响焦虑状况的因素中，自我汉语能力评价属于其中之一，并且焦虑状况随着自我汉语能力评价的降低而递增。

第二，留学生 HSK 考试的参与情况也会使其焦虑程度有明显的不同，不打算参与这个考试的学生群体比较不容易焦虑。

第三，汉语学习期望值不是影响所有留学生焦虑状况的原因，并且即使个体期望值偏高其焦虑感也未必很强。

第四，学院不同对焦虑程度影响不大，各学院间留学生焦虑情况并未形成显著性差异。

除了以上个体因素以外，笔者还根据学生基本情况的调查，分析了性别、年龄、国别、性格和已学汉语时长等几个因素对留学生的焦虑程度是否会造成影响。通过对各群组间留学生焦虑程度的比较发现，在统计学上不构成显著性差异，留学生焦虑状况与以上因素关系较小或无关。并且，笔者通过对获取数据的整理和分析，还发现了一些比较容易焦虑而值得引起注意的特殊群体，例如女留学生、年龄偏大的留学生和性格内向的留学生。

四、焦虑原因和应对办法分析

（一）焦虑原因

1. 最容易导致焦虑的五个原因

本文使用的调查问卷共 18 题，包括七大类原因，在统计了全体留学生各题的得分情况后，认为平均分最高的五个题项是最容易导致焦虑的原因，结果表明：

学生们觉得最会导致他们焦虑的原因是属于“所学内容”的第 8 题：“对我来说中文不易发音，词汇量大，语法也很复杂。”这主要是由于汉语独有的书写、发音和语法系统不论对于欧美学生还是日韩学生来说，学起来都不太容易。

一旦考试失败，留学生将有可能面临家长的责备、老师的批评和同学的轻视，因此“如果被告知第二天将会有汉语测试时，我就会感到很焦虑。”得到了大约 40% 的留学生的认同。

第三容易引起留学生焦虑的题项“若被老师再三纠错后我仍然不知道错在哪里，我就会觉得十分压抑”，有将近 40% 的学生存在这种情况，此题反映了师生之间交流存在的某些问题。从对之前的分析来看，留学生并不惧怕教师纠正他们的错误，但是，如果教师纠正了学生某一问题的错误，可他仍然无法正确理解时就会导致心理压力增大，因此对教师来说应该注意纠错方法的使用。

位居第四位的是第 17 题，“我认为在上课时的表现没有其他同学好是一件十分没面子的事情”，这说明留学生对自己的汉语水平自信心不足，课堂竞争始终存在，此题与绝大多数留学生觉得自己汉语能力一般的结果一致。

在五个原因中排名第五的是第 3 题，留学生一旦知道自己可能会被抽到回答问题时就会感到很紧张，甚至会发抖，这说明在全班同学面前回答老师的提问是课堂教学环节中最容易导致焦虑的活动之一。

2. 最不容易导致焦虑的五个原因

最不容易引起焦虑的是第 13 题，“老师教授汉语的方法对我来说不是很适合”，这说明教师虽然可能不一样，但其使用的教学方法都相对科学、合理，与大多数学生的学习习惯相吻合。因此，即使在不同的院系也不太可能引起焦虑，与前文的结果一致。

“我对学好中文没有足够的自信”位居第二，此题考察本身情感因素对汉语学习的影响，与前文中超过 80% 的学生足够自信愿意参加 HSK5-6 级考试结果一致，说明留学生对待汉语学习在大多数情况下都非常乐观并充满自信。

“我不太能够接受或欣赏中国的文化以及中国人思考问题的方法”只得到了极少数

人的赞同，说明不同的文化背景差异对他们的负面影响极小，相反的，绝大部分留学生对中国式的文化及思维习惯表示欣赏。

有效的学习方法可以提高学习效率，帮助留学生取得更好的学习成绩，从而使他们比其他留学生更有自信。所以第 14 题“我没有找到适合自己的高效的学习方法”作为很不容易引起留学生焦虑的原因之一说明了留学生基本没有学习方法正确与否的困扰。

至于第 10 题“我很难接受所在班集体老师教授的内容，因而学习效果经常不能跟班里的其他同学保持一致”只有 20.20% 的留学生认同的现象表明，目前学校采用的都是科学分班的方法，留学生大多被分配到一个与他们水准相当的班集体学习，因而不会因为与同学间水平有差异而感到焦虑。

3. 最容易引起不同焦虑组留学生焦虑的五个原因

笔者统计了高、中、低焦虑组留学生得 4 分和 5 分人数最多的前五个题项，将它们视为最容易引起不同焦虑组留学生焦虑的原因，研究结果发现：

高焦虑组留学生大多数焦虑都来自于课堂，不能听懂老师教授的内容，不会回答老师提出的问题，更害怕在全班同学面前说汉语。由此说明，该组学生如果想要改变焦虑状况要及时解决课堂上的问题。

中、低焦虑组都认为第 10 题“ 所在班级的学习内容对我来说太难了，我觉得很难跟上”和第 12 题“在全班同学面前说汉语时，我觉得很紧张”不会引起他们的焦虑。前者说明中、低焦虑组留学生较高焦虑组更倾向于认为自己的水平与班级相匹配，后者说明中、低焦虑组留学生对于说汉语有更多的自信。

（二）焦虑应对办法

1. 焦虑应对办法量表

在这一部分中使用的“留学生汉语学习焦虑应对办法量表”由 6 个因子，共计 21 道正面或负面的题目组成，对于五个认同程度不同的选项，属性为正面的 10 道题依次计 1~5 分，属性为负面的 11 道题依次计 5~1 分。留学生在此部分中得分越高说明他的应对办法越趋于成熟和积极。

表 6　因子分类统计表

因　子	属　性	题　项
解决问题	正面	1，4，11，12，13，19
求助	正面	2，5，16，20
回避	负面	3，6，14，15，17
空想	负面	7，18
忍耐/合理化	负面	9，10，21
其他	负面	8

表 7　焦虑应对办法量表基本情况统计表

	人数	最高分	最低分	平均分		标准差	方差
				均值	标准误		
总分	198	82	45	64.92	0.572	8.047	64.751

表 8　量表相关度分析

		应对办法量表总分	课堂焦虑量表总分
应对办法量表总分	Pearson 相关性	1	-.180 *
	显著性（双侧）		.011
	N	198	198
课堂焦虑量表总分	Pearson 相关性	-.180 *	1
	显著性（双侧）	.011	
	N	198	198

* 在 0.05 水平（双侧）上显著相关。

表 7 的数据解释了本次研究调查的基本情况，从高于平均分的学生人数为 102 名的情况看来，初步可以断定留学生较多使用的是正面的应对办法，情况比较乐观。但从以上相关分析中两量表呈显著负相关的结果却可以得出，焦虑程度越高的留学生往往越倾向于采用负面的应对办法，这一点尤其值得引起教育从业者的注意。

2. 留学生最常用应对办法分析

表 9　应对办法量表平均分最高的题项

排名	题项	平均分	因子	属性
1	1	3.444	处理问题	正面
2	20	3.441	求援	正面
3	13	3.426	处理问题	正面
4	5	3.354	求援	正面
5	2	3.338	求援	正面

从表 9 可以看出，留学生在遇到困难和问题时最常使用的方式都是正面的，均属于“求援”和“处理问题”类，且前者使用得更为频繁。

第 1 题“我坚持每天课前和课后学习书本内容”作为正面处理问题的应对办法的一种，是留学生最常使用的应对办法，说明通过回顾和预览，不但可以更好地理解已经学习的内容，还可以为下一课做好准备，从而减少学习的焦虑。

第 20 题“我常常通过查阅字典解决在学习过程中遇到的问题”平均分位居第二，这是因为自己查阅词典既便捷又不用担心被老师或同学看不起，当问题得到解答后他们就会感到轻松和放心。

第 13 题“我坚持收看中文电视节目，收听中文广播电台，或者阅读中文报刊杂志”是留学生第三常用的应对办法，这可能是因为要学习汉语必须要有相应的语言环境，留学生能够使用中文的地方不多，而他们通过这种方式能够使自己更多地使用中文，这是成熟积极的应对办法。

第 5 题“我常常向老师和同学请教不懂的问题”和第 2 题“我通过与其他同学交谈来交流学习中文的经验与方法”也是留学生常用的应对办法，属于求援类，说明留学生在遇到问题时会选择请求老师和同学的帮助。老师是教授他们汉语知识的人，所以能够从他们那里得到准确的回答，这是很多人处理问题时爱使用的方法；在课后与同学交流学习汉语的经验、互相帮助也可以降低焦虑感。

3. 留学生最不常用的应对办法

表 10　　应对办法量表平均分最低的题项

排名	题项	平均分	因子类别	属性
1	16	2.706	求援（反向）	负面
2	6	2.777	逃避	负面
3	3	2.796	逃避	负面
4	7、10	2.818	空想，容忍/合理化	负面
5	21	2.884	容忍/合理化	负面

从表 10 可以看出，留学生最不常用的应对办法全部都是负面的，这也证明了他们最常使用的都是正面的这一点。

第 16 题“我几乎很少向他人表露自己内心的恐惧或焦虑”不是留学生对付焦虑最常见的方式，这表明学生绝大多数是通过谈话和沟通来发泄，而不是自己憋在心里。

第 6 题“遇到很难立即处理的困难，我会选择先暂停学习，休息放松一下”和第 3 题“为了减弱学习过程中的焦虑感，我会选择尝试几种轻松的锻炼项目来缓解压力”都是负面的，学生不常用的应对方式，表明大部分学生觉得逃避并不能解决根本问题，有困难就要立即解决它。

问题 7“我会通过幻想出自己学好汉语的情景来鞭策自己”是第四个不符合学生应付焦虑习惯的方式，这表明学生更注意的是眼前的现实而不是遐想的状态。此外，第 10 题说明学生大多拥有正视和处理问题的勇气。

绝大多数留学生都不用第 21 题“我通过与中文水平没有自己好的同学交谈来使自己感到放心”的应对办法，说明留学生对于学习汉语比较有信心，与前文分析结果一致。

4. 各焦虑组应对办法异同对比

一方面，在分析各组最常使用的应对办法属性后发现，低焦虑留学生组并没有像我们想象的那样，多采用正面的应对办法；中焦虑组最常用的应对办法一半以上是积极的，且“处理问题”的方式用得最多、最频繁；高焦虑组最常用的应对办法包括“逃避”、“求援”和“处理问题”三种。由此可见，低焦虑组汉语学习焦虑程度低的原因并不是他们能够成功解决遇到的困难和问题；中焦虑组在认识学习困难的同时会积极地找到办法应对；而高焦虑组虽然能意识到问题和困难的存在，但却不能解决，需要求助字典、老师和同学，他们有时甚至还会采取“逃避”的应对办法来暂时躲开这些阻碍。

另一方面，各焦虑组最不常使用的应对办法有着些许共同之处，中、高焦虑组都不常用的应对办法相同的就有四种，而此四种中有三种却是低焦虑组最常使用的负面的应对办法，包括逃避、空想和容忍/合理化三大类。这说明中、高焦虑组留学生懂得如何正面地看待自己遇到的问题并尝试用成熟的方法去解决它。

5. 小结

从以上四部分的分析不难看出，留学生在面对问题时大多采用正面的应对方式，而相反的，负面的应对方式基本都是留学生最不爱使用的。这说明留学生大多具有良好的心理素质，能够理性地看待问题并试图正确地解决它们。

五、对对外汉语教师的一些建议

通过本文的分析，我们发现留学生大多都承受着不同程度的汉语学习焦虑，为了帮助对外汉语教育从业者更好地解决这些问题，特提出以下建议：

1. 因材施教，戒一概视之

教师应意识到学生间存在个体差异，对容易焦虑的学生应多加关心。例如，对待害怕提问或怕不知道老师在纠正什么错误的留学生，应多鼓励他们发言并及时表达认可和肯定；教师应考虑到女学生易害羞的特点，采取适当的方式并更加耐心和温和地减轻女学生的焦虑；教师还应多鼓励汉语学习能力较差的学生，让他们逐步建立学习中文的信心。

2. 营造轻松的学习氛围

首先，教师应该正确对待学生的学习焦虑，防止由于混淆焦虑和学习能力、态度和效果而造成的不公正的评判。其次，教师可以通过注意和改变自己的教学行为而减少由此给学生造成的焦虑，例如课堂提问切忌过长、过难，请学生回答问题时不站到学生身边，并多给予肯定的目光等都可以达到很好的效果。再次，教师可以通过采用小组讨论等合作探究的方式替代单独演讲等竞争意识较强的教学活动，从而减轻由此带来的学习压力。最后，教师应注意纠错时机的把握和方法的使用，对于学生的回答不应一味苛求语法，特别是在对待一些容易焦虑的留学生的错误时，应在课下对其进行单独辅导，切忌上课时把他们作为错误的典型而进行教育。

3. 帮助留学生学会应付容易产生焦虑的环境

教师可以通过为留学生提供有针对性的帮助而改变现有的焦虑状况，例如和学生面对面探讨或组织学生讨论相关问题，纠正他们不正确的观点和看法并让他们知道学习焦虑是一种广泛存在的，可以通过努力减轻的已知现象，从而帮助尽可能多的留学生达到高效率学习的目标。

参考文献

[1] Horwitz E K, Horwitz M B, Cope J. Foreign language classroom anxiety [J]. The Modern language journal, 1986, 70 (2): 125-132.

[2] Arnold, Jane, ed. Affect in language learning. Ernst KlettSprachen, 1999.

[3] Young D J. Creating a Low-Anxiety Classroom Environment: What Does Language Anxiety Research Suggest? [J]. The modern language journal, 1991, 75 (4): 426-437.

[4] Phillips E M. The effects of language anxiety on students' oral test performance and attitudes [J]. The modern language journal, 1992, 76 (1): 14-26.

[5] 杨利娟. 泰国留学生汉语学习焦虑研究 [D]. 西南大学, 2010.

[6] 张海芸. 中职生英语学习焦虑现状及其相关影响因素的分析 [J]. 中等职业教育: 理论版, 2008 (8).

[7] 姚瑶. 主题式教学在美国大学生高级汉语综合课上对学习焦虑的影响及分析 [D]. 华东师范大学, 2011.

[8] 李娜. 中亚留学生初级汉语口语教学现状及策略 [J]. 语文学刊: 外语教育与教学, 2010 (1).

[9] 李敏. 外语学习焦虑及其对策 [J]. 重庆科技学院学报: 社会科学版, 2011 (8).

[10] 韩文莉. 英语学习焦虑: 非英语专业学生英语学习策略使用的研究 [D]. 陕西师范大学学报, 2002.

构建三位一体的金融专业本科留学生人才培养模式

（对外经济贸易大学金融学院）

汤　婕

摘　要：本文针对金融专业来华留学生人才培养现状，提出构建“以专业知识为基础、实践能力为导向、外语水平为支撑”三位一体的本科留学生人才培养模式，并提出该模式的具体实施方案，以培养具有扎实的经济金融理论基础、较强的跨文化交流能力和业务操作能力的金融领域国际化人才。

关键词：金融专业留学生　本科人才培养模式　三位一体

一、引言

随着中国金融业的逐步开放，中国金融业加速与国际接轨，全球信息化进程加快，世界各国的金融业联系越来越紧密。与此同时，中国高等教育国际化步伐日益加快，高等教育对外开放程度不断提高，我国来华留学生的数量和规模也在不断增长。来华留学生教育成为高等教育的一个重要组成部分，也是衡量一所高校国际知名度的重要标志；接收与培养来华留学生是提升学校教育能力、促进教育国际化与现代化的重要途径。留学生人数，尤其是本科留学生人数的增加，极大地推动了学校留学生教育事业的发展。但如何培养适应市场需求的高素质金融专业留学生，这对留学生教育管理工作提出了更大的挑战。来华留学生群体作为高等院校特殊的学生群体，由于其来自不同的国家和地区，文化背景和教育背景差异较大，授课教师、管理老师需要更多的时间和精力与他们增加沟通和了解。而在培养金融专业的本科留学生过程中，更是需要迎合经济全球化、金融国际化的大趋势，结合金融学的学科特色，构建适合其发展，并能为商业银行、证券公司、保险公司等金融机构输送合格国际人才的培养模式。因此，结合学科特色，建立更适合金融专业来华留学生发展的人才培养模式，是培养金融专业留学生教育管理工作的重要任务。

二、现有的本科留学生人才培养模式现状分析及存在的问题

（一）教学偏重理论，忽略实践

金融专业培养的是应用型人才，这一定位要求学校必须注重培养学生的专业技能和实践能力，使学生在校期间能够顺利完成实习和实践训练，并积累一定的实践经验。然而，在面向留学生的金融学专业课程的教学过程中，任课教师仍以传统的教师、课堂、教材为中心的教学模式为主，缺乏案例教学，尤其缺乏与当下金融改革、金融创新相关的案例，导致留学生在一定程度上面临理论与实践的脱节。相比中国学生，留学生因文化背景、综合素质、适应能力上的差异，且缺乏对中国实际情况的了解，在实践和实习工作中经验的缺乏表现得更加明显。

（二）留学生外语水平不足

留学生外语水平的不足，主要体现在汉语和英语两方面。就读中文项目的留学生来中国的首要任务是学习汉语。然而，尽管学校在留学生培养方案中针对汉语课程进行了优化，汉语教师在授课过程中也非常注重学生汉语水平的提高，但从培养效果来看，留学生对汉语的掌控能力偏弱，尤其在写作方面，语法和词汇的欠缺表现得更加明显。汉语水平的不足，一方面，导致学生需要花大量的时间和精力在汉语理解上，而忽略对专业知识的深入理解；另一方面，由于专业课程的教科书和参考书都是汉语编写的，这在一定程度上又限制了留学生英语水平的提高。在当今金融全球化的大趋势下，外资金融机构逐步进入中国金融市场，中国金融行业国际化进程加快，金融行业对专业人才的素质提出更高的要求。无论是汉语还是英语，外语水平的薄弱都会给留学生的就业带来诸多限制，掌握两门或两门以上外语的金融专业人才更具有竞争力。

（三）申请英语类课程免听现象普遍，课程设置有待调整

2012、2013级留学生培养方案中增加了不少英语类课程，如基础英语、商务英语、商务英语写作等。增加英语类课程的数量和种类，是为了满足留学生学习英语的需求，提高学生的英文水平，而事实证明，每学期有不少学生办理了此类课程的免听手续。这让我们不得不考虑，留学生申请课程免听的原因除了学生母语是英语以外，是否对授课教师的课堂教学成效有较大异议，是否应增加金融类专业性更强的全英文课程，提高所开设课程对学生的吸引力。如果上述的课程设置需要做调整，必将对我校英语和金融专业课授课教师的外语水平和专业技能提出更高的要求。

（四）在华实习和就业困难重重

随着金融体制改革的不断深入，各类银行、证券公司、保险公司等金融机构日趋制度化、规范化，而中国金融行业具有专业性和排他性，不便接收学生，特别是接收外国

留学生进行实习，这使得留学生在中国的专业实习受到限制，即使找到合适的实习岗位，也不能深入到金融工作的细节方面。调查显示，尽管相当多的留学生希望在中国公司、银行等机构实习或工作，仍有 33% 的留学生在中国无法找到合适的实习岗位。为了完成培养方案中规定的实习学分，约有 11% 的留学生直接寻求父母、亲戚朋友的帮助，获得实习机会。这样一来，近 45% 的留学生在自己国家或者亲戚朋友的公司完成实习学分，学校和培养学院很难对其实习成果和质量进行全面有效的监督和评价。

三、金融专业本科留学生人才培养模式的构建

（一）金融专业本科留学生人才培养模式的定位分析

高等院校的金融学留学生培养模式应当以培养应用型人才为基本目标，将学生专业知识、实践能力、外语水平作为人才培养的主要着力点，并融合金融学的学科特色和来华留学生的特殊性，以创新为源泉，不断探索和构建适合金融专业来华留学生发展的人才培养模式。具体说来，培养的学生应具有如下特点：

1. 专业知识方面：要求学生掌握扎实的专业理论知识，完整、科学、全面的知识体系，有自己独特、专业的见解和一定的学术研究能力。学生专业知识的学习和掌握程度，与学校、培养学院以及任课教师对教学，特别是本科教学的重视力度息息相关。这也与高等院校本科教育最根本的教学目的相契合：注重教学质量，夯实理论基础。

2. 实践能力方面：要求学生积极发挥其主观能动性，将书本上的理论知识灵活地运用到实际工作之中。留学生在毕业之前应当通过兼职、实习等社会实践活动获得初步的金融实践能力、实际操作能力和知识运用能力。其中，金融实践能力是决定金融专业留学生就业竞争力的重要因素。

3. 外语水平方面：要求学生熟练掌握一门以上的外语，具有扎实的外语基础、熟练的外语技能、较强的跨文化交流能力和创新精神，了解中国的经济、文化、政治和历史，适应全球化需要，具备一定的国际竞争力，并能将外语作为语言交流和信息沟通的工具，熟练从事经济、金融等领域的工作。

（二）金融专业本科留学生人才培养模式的要素分析

随着中国融入国际金融步伐的加快，金融业逐渐显现出其经济核心的地位，也成为与日常生活紧密结合的行业。“以专业知识为基础、实践能力为导向、外语水平为支撑”三位一体的金融专业本科留学生培养模式的提出，是为了适应知识、技术、智力高度密集型金融行业的改革与创新。该模式的基本要素可概括为：以保证本科教学质量为人才培养的核心，夯实理论基础；以提高实践能力为人才培养的目的，为社会输送合格人才；以提升外语水平和技能为人才培养的推动力，全力打造高素质的金融领域国际人才。

在知识、实践、语言三位一体的人才培养模式下，三个要素自成体系，又紧密相

联，其中，知识是基础，实践是导向，语言是支撑。教学环节作为本科人才培养的重要环节，发挥着至关重要的作用，学生只有掌握了扎实的专业知识，打下了牢固的理论基础，才能将理论知识灵活地运用到实践之中。另一方面，包括社会实践在内的各类金融行业的实践活动，反映了整个行业对人才的需求方向。金融机构和市场的发展状况、人才架构、供需情况等要素决定了一定时期内整个行业对金融类人才的需求状况，也决定了金融专业人才的社会实践方向。人才的培养应当以实践需求为导向，形成一套稳定发展、动态调整的培养标准和计划。因此，金融学教学科目的设置、师资力量的配置、教学手段的运用，都应当围绕这套动态的人才培养标准和计划，适时调整方式、方法，以培养社会需要的人才。同时，要求学生掌握并熟练运用一门以上的外语，将语言作为沟通交流的工具和桥梁，在培养留学生跨文化交流能力的同时，提升其竞争力。因此，语言特别是汉语和英语作为留学生人才培养的关键要素之一，是三位一体培养模式的支撑，也是落实教学理论、提升留学生实践能力过程中不可或缺的一环。

四、三位一体人才培养模式实施方案

（一）注重知识传递的质量和方式

本科教学是高等教育体系的基础和关键，本科教学质量直接反映大学人才培养的质量，关系到高等院校的建设和发展。重视本科教学，加强和改进本科教学质量管理，是学校生存和发展的关键。具体说来，可从以下两方面着手：

1. 创新教学手段

传统的教学手段以书本知识为主，以理论解释和案例教学方式进行知识的传递。随着科技的进步和教学环境的改善，平面的、线性的知识传递方式应当更加立体化、多元化。例如利用电子金融模型，将书本知识融入模拟金融市场中，使碎片化的知识易于被学生理解和整合。

2. 建立多角度的留学生能力评价模型

留学生能力考核的各项指标中，期中期末的考试分数所占比重较大。诚然，这是考察留学生专业知识学习和掌握情况的基本标准，但不能作为衡量留学生能力的单一指标。我们应当将留学生社团活动、社会实践活动等指标纳入留学生综合能力的评价模型之中，并适当增加其权重，建立多角度的留学生能力评价模型，使留学生得到全面而个性化的发展。

（二）创造良好的实践环境

实践环节是人才培养的重要环节，实践需求确定人才培养的导向，实践能力决定所培养人才的竞争力，这一特征在金融行业体现尤为显著。具体说来，针对金融专业的本科留学生，我们可从以下三方面创造良好的实践环境，以社会实践为导向培养人才，在培养人才的过程中提升人才的社会实践力。

1. 构建提升实践能力的课堂教学模式

实践是教学的导向，课堂教学应当以牢固的理论知识为基础，发展和提升学生的实践能力。因此，教师在教学过程中应当积极引导学生参与课堂互动，多与学生沟通交流，鼓励学生发表自己的观点和意见，并适时进行引导和总结；常做一些实践方面的课题和调研项目，引导学生积极主动地查找搜集资料、整理分析数据、开展调查研究，最终得出科学的、创造性的结论和课题成果。

2. 积极开拓留学生实习基地

实习基地是培养留学生实践和创新能力的场所，是留学生接触中国社会、了解中国文化的途径。建立并开拓高质量、稳定的实习基地，可以拓宽留学生的金融专业知识，提高跨文化交流能力，增加对中国经济和金融行业的了解，提高回国或在华的就业竞争力，积累在中国实习的经验，也符合学生的来华留学期望及未来的职业规划目标。学校和培养学院应当积极利用各种社会资源、校友资源，安排企业参观、教学实践和实习活动，建立学院和企业的合作，学校和企业的联盟，并将这样的活动长期化、稳定化，争取给更多的留学生提供在中国实习和实践的机会，并对留学生的实习成果进行有效的监督。

3. 建立金融模拟实验室

随着金融业务的不断创新，现代通信技术和网络技术在金融行业被广泛运用，金融业务的处理模式由传统操作逐步向电子化操作转变。建立金融模式实验室，将理论教学与实践教学相结合，有利于培养学生的金融实践能力、实际操作能力和知识运用能力。例如，在实验室里建立投资模拟交易平台，在接近市场运作机制下模拟投资环境，加强留学生对投资理论和金融知识的理解，为其提供一个理论与实际相结合的实习环境。

（三）重视语言能力的培养和提高

当今世界，中国经济金融国际化和国际经济一体化要求金融人才熟练掌握外语，了解多种文化，具有全球意识，具备跨文化交流能力。来华留学生由于本身有着不同于中国的文化背景和生活习俗，需要在学习汉语的过程中，认识和了解中国的习俗和文化特色，在学习和生活中尽量融入中国学生团体；同时，努力学习除汉语外的第二门外语，例如英语，以适应经济金融全球化的发展，增强自身竞争力。在培养过程中，我们可以通过以下四方面提高来华留学生的汉语和英语能力：

1. 打破留学生小团体

留学生在来华之初，由于生活方式、生活习惯、文化背景等方面与中国学生不同，常与自己国家的同学为伴，而大学第一年的大部分课程都是面向留学生单独授课的，久而久之，留学生之间形成小团体，共同学习和生活，排斥中国老师和同学。针对此类现象，培养学院应当调整留学生学习方式，适当安排他们与中国学生一起上课，特别是部分学科基础必修课，并开放更多的学科基础选修课供留学生选择学习。同时，提供更多的平台与机会，促进中外学生的跨文化交流，使中外学生通过团体性活动增加认识和了解，在学习生活方面有更多的交流与互动。例如，建立中外学生联络中心，加强中外学生干部之间的信息沟通；开展中外学生课题联合研究，培养留学生的学术意识；鼓励留学生加入学生会，与中国学生一起参加学校的各项文艺活动、体育比赛等。

2. 增加金融类专业的全英文课程

留学生群体中有不少来自英美国家的学生，其母语是英语，也有很多亚洲国家的学生计划将来去英美国家留学深造，希望在中国学习汉语和专业知识的同时，提高英语水平。目前，我校提供的全英文课程多达几十门。我们可以在留学生培养方案的学科基础选修课中增加部分全英文专业课，鼓励成绩优异、英文流利的留学生选学，最大程度上给予学生选择权和决定权。

3. 多安排受留学生好评的英文教师授课

调控教学管理，优化资源配置。针对不少留学生申请英语类课程免听的现象，应当多安排受留学生好评、具有较强课堂感染力和掌控力的教师授课。只有老师的授课成果得到了学生的认可，学生主观上愿意学习，才能进一步激发学生的学习动力，调动其学习积极性，提高课堂教学质量。

4. 放宽国际交流项目申请限制

目前，我校每年有包括交换生、访问生、双学位、暑期实践等大小国际交流项目几十类，大多只接受中国学生的申请。我们应当适当放宽国际交流项目的申请条件，更多地让留学生参与其中，定期输送品学兼优的留学生前往国外优秀院校访学深造，提高学生的英文水平和跨文化交流能力，扩展学生的国际视野，从而进一步推动我校国际化工程的建设。

参考文献

[1] 刘桂梅，马洪勋，王品正．本科院校金融学专业人才培养模式创新探讨 [J]．惠州学院学报：社会科学版，2011 (8)：106.

[2] 朱红．发展中国家来华学历留学生培养模式探索 [J]．科技视界，2013 (10)：55.

[3] 马勇，魏卫，邓念梅．旅游管理专业人才培养模式构建与实施效果评估 [J]．旅游学刊，2005 (12)：62.

[4] 蔡敬民，董强，余国江．高等院校校外实习基地建设新思考 [J]．中国大学教学，2009 (2)：77.

[5] 刘自中．金融人才外语能力培养的三个层面 [J]．通化师范学院学报，2008 (7)：112.

马里兰大学商学院的科研教学启示[①]

（对外经济贸易大学信息学院）

王树西

摘　要：对马里兰大学商学院的科研、教学工作进行介绍，重点介绍了 DO&IT（Decision，Operations & Information Technologies）学系的科研、教学工作。并结合对外经济贸易大学的科研、教学情况，提出一系列的相关建议。

关键词：马里兰大学商学院　科研　教学　对外经济贸易大学

一、引言

2013 年，受对外经济贸易大学的派遣，在国家留学基金委的资助下，笔者以访问学者的身份，在马里兰大学 Robert H. Smith 商学院访学一年。在这一年里，笔者全程学习了 DO&IT（Decision，Operations & Information Technologies）学系的两门博士课程，并参与了 Health Care 方面的科研工作，深刻感受到马里兰大学商学院良好的科研、教学风气。

本文首先介绍马里兰大学和马里兰大学商学院的基本概况，并重点就 DO&IT（Decision，Operations & Information Technologies）学系的科研、教学工作，包括其风格、特色、优点进行展开式详述。最后结合对外贸易大学的科研、教学特点，提出一系列的相关建议。

二、马里兰大学

马里兰大学（University of Maryland，College Park，简称 UMCP），中文简称马大，是一所在美国排名前列，并在全世界范围内拥有很高知名度的公立研究性大学。

（一）概况

马里兰大学创建于 1856 年，位于美国东北部马里兰州大学公园市，现占地 7 300

① 本文受“对外经济贸易大学信息学院基金”、“《信息系统建设与实施》案例研究”（X12511）、“商务信息系统应用”（X10017）、“对外经济贸易大学中央高校基本科研业务费专项资金”（13YBLG02）资助。

亩，在美国公立研究型大学中名列前茅，是马里兰大学系统十四所高等教育机构中历史最久、最大、最好的一所，同时也是整个华盛顿地区最大的一所高校。目前，马里兰大学在校职工 8 000 人左右，学生 37 000 人左右。

应该指出，马里兰州是美国经济最发达的州之一，有很多大学的名称中都带有“马里兰大学”字样，但是这些大学并非马里兰大学的分校，除了名称有共同的“马里兰大学”字样，这些大学在其他各方面都是独立的，互不统属。1997 年，马里兰人民大会（the Maryland General Assembly）通过立法，决定将马里兰大学学院市分校称为马里兰大学。

目前，马里兰大学是马里兰州大学系统中的旗舰机构（Flag Ship），也是马里兰州及华盛顿大都市区规模最大的大学。马里兰大学是美国大学协会的成员之一，也是大西洋海岸会议运动员联盟的创立成员大学之一。马里兰大学的地位使其赢得了庞大的研究同盟，许多教职工都得到了各种机构的研究经费支持，如：美国卫生院、美国航空航天管理局和美国国土安全局等。

马里兰大学的校训是：Fatti maschii，parole femine.（男性的作为，女性的语言。）马里兰大学网站：http：//www. umd. edu。马里兰大学吉祥物 Testudo，是一只可爱的大乌龟。

（二）学术建设

马里兰大学下设 13 个学院，分别为：工程学院、农业与自然资源学院、建筑规划与保护学院、艺术与人文学院、行为与社会科学学院、化学与生命科学学院、计算机数学与物理学院、教育学院、健康与人类表现学院、信息学院、新闻学院、商学院、公共政策学院。

马里兰大学学院市分校有八个图书馆，分别为：McKeldin 图书馆、艺术图书馆、建筑图书馆、工程与物理图书馆、Hornbake 图书馆、表演艺术图书馆、Shady Grove 图书馆与媒体中心、化学图书馆。

马里兰大学可授予学士学位、硕士学位和博士学位，同时开设可获相关领域证书的课程。开设的主要专业有：会计、航空航天工程、农业教育、美国研究、动物科学、人类学、艺术教育、艺术史、天文学、生物化学、生物工程、化学工程、计算机科学、舞蹈、经济学、电气工程、环境健康、家庭科学、电影研究、金融、地理科学、历史、犹太研究、景观管理、语言学、数学、社会学等。

马里兰大学拥有丰厚的学术资源，其遍布全州的院校项目各有所长，加上众多校友的鼎力支持，令马里兰大学的发展如日中天。作为华盛顿地区的一所大型综合公立高等学院，马里兰大学具有得天独厚的地理优势，马里兰大学师生、访问学者及培训学员得以广泛接触联邦、州及地方各级政府及世界银行、国际货币基金组织等跨国机构、非官方组织、行业协会和文化机构。

在《美国新闻与世界报道》排名上，马里兰大学综合排名，2006 年为全美第 55 位，2007 年为全美第 54 位，2008 年为全美第 54 位，2009 年为全美第 53 位。2009 年全美理工排名中，马里兰大学名列第20位。在上海交通大学制作的世界大学学术排名上，马里兰大学2010年排名全球第36位，全美第28位。2013年美国本科综合排名中[4]，马里兰大学名列第58位。

应该指出，马里兰大学是一所州立大学、公立大学，学费低，很多本科招生指标必须面向马里兰州的学生，所以一定程度上导致本科生源不如著名私立大学。目前马里兰大学的办学经费主要包括三块：马里兰州的教育拨款、学生学费、学校老师申请的项目经费。马里兰大学的校友捐助很少，与耶鲁大学、哈佛大学等著名私立大学的校友捐助无法相提并论。

马里兰大学名列2010年《美国新闻与世界报道》“美国最佳公立大学排名”第18位，名列2010年《华尔街日报》“雇主口碑最好的25所美国大学”第8位，名列2011年《吉普林个人理财》“最具优势的100所美国大学”第5位，马大24项专业名列全美前10名，73项专业名列全美前25名。马里兰大学现有3 752位学者担任全职教授，其中包括：6位诺贝尔奖获得者，5位普利策奖获得者，51位国家科学院成员及福尔布莱特学者。

马里兰大学在全美以及全球范围内，选聘那些拥有最高学位、最高学术水平的专业人士扩充师资力量，并且要求所有教师通过学术研究获取国际声誉，运用创新性的方法进行教学，以最高质量的工作服务社会。马里兰大学的许多教师在国际学术、教育组织担任重要职务。大多数教师获得过各种奖励和荣誉称号，其中，历史学教授Ira Balm被美国总统任命为国家人权委员会顾问。

通过学术研究、经济开发以及教育项目，马里兰大学研发、传播的知识、技术、发明、专利，促进了国家、地区经济的发展。目前，马里兰大学正和加州大学柏克莱分校、密歇根大学、伊利诺伊大学、加州大学洛杉机分校、北卡罗莱纳大学建立伙伴关系，力争把学校建设成全球最著名的公立研究型大学之一。

（三）与中国的学术联系

马里兰大学在过去20年间的巨大发展，与中国留学生及华裔学者的贡献密不可分。马大首位华裔校长陆道逵（Wallace D. Loh）于2010年11月1日正式上任，马大中国学生学者联谊会有2 000余名成员，是校内最大的国际学生组织，马大现有200余名华裔教授遍及校内各系。

在马里兰大学，每个院系中都有许多师生对与中国有关的研究课题兴趣浓厚。马大目前主要的中国项目包括：（1）美华中心，为中国中高层专业人士提供公共行政管理及高等教育行政管理等培训项目，并为校内中国项目提供协调支持；（2）史密斯商学院，中国EMBA项目；（3）公共政策学院，中国行政公共管理硕士项目；（4）菲利浦·麦利尔新闻学院与浙江大学联合授予的新闻学硕士项目；（5）国家理性发展研究中心，中美两地的中国土地政策培训项目；（6）马里兰大学中国科技园，以其一流设备吸引、辅助中美企业；（7）马里兰孔子学院，推广中文学习及文化研究，这是中国在美国建立的第一所孔子学院。

三、马里兰大学商学院[①]

马里兰大学史密斯商学院（Robert H. Smith school of business-University of Maryland），是马里兰大学的13所学院之一，是由犹太人Robert H. Smith捐款兴建的，故而命名为马里兰大学史密斯学院。虽然多年来学院规模不断扩大，无论学生、老师的人数，还是学院建筑（Van Munching Hall）的面积，都在不断地增长，但是学院的名称一直未变，而且学院的一楼还悬挂着捐助者Robert H. Smith的画像，以示纪念。

马里兰大学商学院包括6个学系：

（1）Accounting & Information Assurance；

（2）Decision，Operations& Information Technologies；

（3）Finance；

（4）Logistics，Business & Public Policy；

（5）Management & Organization；

（6）Marketing。

马里兰大学商学院在其全球四个教学区均可提供学位制、证书制和个性化的教学项目，包括：亚洲（北京、上海）校区、马里兰州帕克校区、马里兰州巴尔的摩（Baltimore）校区、马里兰州雪迪·格罗夫（Shady Grove）校区、华盛顿首府校区、欧洲（瑞士苏黎世）校区以及北非（突尼斯首府突尼斯城）校区。

（一）学术概况

马里兰大学史密斯商学院在网络经济管理的教育和研究领域处于领先地位。马里兰大学史密斯商学院是国际公认的管理教学和数字经济研究的领导者，学院提供本科、全日制和非全日制MBA、EMBA、博士和主管培训等教育项目。罗伯特·H·史密斯商学院的口号是“打造数字经济的领袖”。

在以科技、全球化和新的投机机遇促进经济发展的社会中，史密斯商学院致力于培养能够在这样的社会团体里起领导作用的毕业生。学校的学术项目结合了商业纪律核心和一些具有交叉功能的核心问题，如电子商务、会计学、金融工程、全球管理知识、企业家精神和供给链的管理。

马里兰大学商学院获国际先进商学院协会（AACSB）的授权，该机构是商业管理和会计类学士、硕士和博士学位的首席认证机构。

马里兰大学商学院的很多学科都名列前茅，例如信息管理专业（Management Information Systems），一直稳居美国同类专业的前5名。《美国新闻与世界报道》杂志评选出的2009年美国商学院各专业的大学排名，马里兰大学的管理专业名列第五。2013年，马里兰大学商学院的学科排名如下：EMBA第13名；PHD第17名；Undergraduate

① 学院网址：http：//www. rhsmith. umd. edu/。

第 21 名；MBA 第 23 名。

目前，马里兰大学商学院有教师 150 人左右，学生 5 000 人左右，绝大多数学生都是本科生和硕士生，博士生只有 150 人左右。因为学生众多，所以教室、办公室非常紧张。甚至有些老师合用办公室，这在美国大学中是很少见的。

因为马里兰大学是一所公立大学，马里兰州每年向学校划拨教育经费，所以马里兰大学的本科招生受到一定的限制。例如，必须面向马里兰州招生一定比例的本科生，而且对本州本科生收取的学费较低（每年学费 8 000 美元左右）。但是硕士招生就不受这些限制，不但可以面向全世界招收优秀生源，而且学费要高很多。为了面向全世界招收优秀的生源，同时为了增加学院收入，马里兰大学商学院除了办 EMBA、MBA，还设立了很多的硕士项目，面向全世界招生。一般来说，每个硕士项目的学制为 1.5 年左右，学费 5 万美元左右。这些硕士项目不但从全世界招收了大批优秀的生源，而且为马里兰大学商学院带来了滚滚财源，马里兰大学商学院的经费主要来自于这些硕士招生项目。

马里兰大学各学院中，商学院被普遍认为是最富有的一个学院。在马里兰大学所有学院中，商学院教师的工资基本上是最高的，助理教授（assistant professor）、副教授（associate professor）的年薪在 15 万美元左右，正教授（professor）的年薪在 20 万美元左右。

商学院的教师分为两个系列：教学系列、科研系列。教学系列的教师（讲师、高级讲师）主要从事教学工作，对科研的要求很低，相应的工资待遇也较低；科研系列的教师（助理教授、副教授、教授）主要从事科研工作，教学任务非常少，相应的工资待遇较高。虽然这两个系列的教师工资有差别，但是差别不是太大。

根据 2008 到 2012 年统计的结果，马里兰州的年均收入在美国各州排名第一。即使在经济如此发达的美国马里兰州，商学院教师的工资仍然属于很高的收入，因为马里兰州的平均家庭收入是 7 万美元左右。

（二）与中国的学术合作

马里兰大学史密斯商学院，由中国教育部和国务院学位委员会批准，于 2002 年与对外经济贸易大学（UIBE）合作开展 EMBA（高级工商管理硕士项目）。此项目在北京于 2003 年正式启动，这是一个里程碑，这也是史密斯商学院进入中国市场的标志。北京项目（对外经贸大学 EMBA）的成功，是史密斯商学院在中国进一步发展的动力，2005 年 11 月，史密斯 EMBA 上海项目正式推出。

马里兰大学商学院中国 EMBA 课程，强调管理的文化多元性。这也是中国在迅速成为世界经济的推动力过程中，企业管理的一个关键要素。史密斯的中国学员将有机会在北京、上海与史密斯商学院在美国及世界其他分部的学生一同开展项目并参与模拟操作。史密斯学院是为数不多的，由中国教育部批准的在中国开设 EMBA 项目的国外商学院之一。所有课程均由史密斯商学院本部教授每月到中国来讲授。应该指出，北京项目（对外经贸大学 EMBA），史密斯商学院目前仍然是在亏本运营。

马里兰大学商学院，特别应中国及在中国的跨国企业需求，设计了个性化的 EMBA

项目。中国发展最快的跨国公司之一奥蒂斯电梯（中国）公司，是参加马里兰大学商学院特别设计的个性化 EMBA 项目的企业之一。马里兰大学商学院的教授，在天津奥蒂斯这个世界级培训中心教授相关课程。

史密斯商学院在中国的合作伙伴是中国双威通讯公司。该远程学习（e-learning）公司已经与许多中国大学合作建立了一个全国远程学习网络。这项合作使学院的课程可以通过卫星覆盖整个中国。这些项目主要集中在供应链管理、银行管理等领域。现在，史密斯商学院在中国拥有第一批 100 多位校友，数量在不断增加。

四、决策、运营和信息技术学系

马里兰大学商学院的决策、运营和信息技术（Decision, Operations & Information Technologies, DO&IT）学系，是马里兰大学商学院的 6 个学系之一。其中，DO&IT 学系的信息管理专业（Management Information Systems），在美国同类专业中一直稳居前五名。学系网址：http://www.rhsmith.umd.edu/faculty-research/academic-departments/decision-operations-information-technologies。

学系的愿景：

（1）教育方面：教育学生成为行业的领导。

（2）研究方面：开展与政策、实践相关的，具有重大影响的研究工作。

（3）协作方面：与企业、政府协作，共同培育决策、运营和信息技术的领导者，帮助企业和政府转变思想，在技术、运营、结构和治理过程中进行平衡。

运营和信息技术学系，希望建立一支世界知名的、处于学术前沿的教师队伍，进行运营信息技术最前沿的学术研究，致力于最先进的运营、信息管理流程和工具的研发工作，并且在日益增长的数字化经济中，提供与组织管理相关的领导思想支持。

运营和信息技术学系一共有 36 位老师，其中包括 5 名专职从事教学的老师（Teaching Fellow），10 名正教授。学系的科研实力很强，每年在国际学术界公认的顶级期刊上发表多篇论文。

信息技术产业朝气蓬勃。信息技术在美国就业市场是一个广受欢迎的专业，信息技术专业的学生在美国很好找工作。很多学生反映，选修信息技术的相关课程，在找工作过程中会为自己加分很多。所以，运营和信息技术学系很受学生欢迎，学系每年招收的生源都很好。近年来，针对学生就业市场的需求，运营和信息技术学系在课程设置方面做了调整，增加了一些技术性强的课程，如：数据库课程、编程课程等。

（一）研究领域

运营和信息技术学系的研究领域比较集中，主要包括如下研究方向：

（1）收益管理（Revenue Management）

本研究通过建立博弈理论模型，研究商品打折的时机、商品打折的力度、库存量的多少，为零售商提供决策支持。比如，航空公司面临的不确定性：顾客请求座位的数量和顺序，乘客是否临时退票，如何控制舱位？

（2）外包和离岸外包（Outsourcing and Offshoring）

本研究侧重于服务外包、离岸外包的类型以及服务外包的特点，例如，比较客户、供应商的能力、经验和技巧（capabilities，experience and skills）。外包服务供应商的表现，外包中什么样的合同最有效，如何在供应商与客户之间进行协调，这都是本研究需要考虑的。

（3）数据挖掘与统计（Data Mining and Statistics）

数据挖掘，就是从数据中提取隐含的、先前未知的、潜在的有用信息。随着互联网的迅猛发展，各种信息正在以指数的速度递增，对这些数据进行人工分析是不可能的，必须深刻研究数据挖掘的技术和方法。数据挖掘可以帮助 Google 公司完善其搜索算法，也可以帮助 AT&T 公司发现欺诈行为。通过数据挖掘，还可以进行市场预测，甚至可以预测美国总统竞选的结果，这都体现了数据挖掘的价值，如爱荷华州，在政治博弈结果的预测方面较为著名，同时在预测商品销售方面，也不乏成功案例。

（4）IT 的商业价值（Business Value of IT）

统计显示，美国 50% 的资本投入到信息技术产业，信息技术产业的投资回报是很多组织所关心的，考察、计算信息技术产业的投资回报及商业价值，涉及个人、组织、行业等多方面因素。本研究的目的之一就是要了解如何管理信息技术，最大限度地发挥其对组织的贡献，例如，研究信息技术投资与产品创新、产品价值之间的关系。类似的研究包括：信息技术对企业绩效的影响、信息技术对客户满意度的影响。

（5）信息技术转型（Transformational IT）

信息技术的迅猛发展，正在促使企业、市场和行业转型。本研究试图抓住这个转型的脉搏，深刻理解这个转型的发展趋势，从而为相关单位提供咨询。例如，本研究的一个子课题就是互联网对报纸的影响，以及互联网用户何时何地、如何获取他们需要的新闻。本研究的现阶段成果已经编纂成书《The Transformation Age》，200 多家美国电视台对此书进行过报道。

（6）开源（Open Source）

开源是指志愿者自愿把代码、软件、应用共享在网络上，人们各取所需，互通有无，协作研发。在开源的世界里，一切平等，一切免费，没有商业壁垒，开源的世界是平的，在这里只有分享，只有贡献，只有对信息技术的不懈追求。开源大大促进了信息技术的交流、发展，例如，Linux 操作系统就是开源的杰作。本研究侧重于小型的开源项目，特别是研究开源项目的评测、评估标准。

（7）拍卖（Auctions）

运营和信息技术学系的老师，从多个不同的角度深刻剖析、透视拍卖的本质。从统计的角度，利用统计工具，对拍卖动态和特征进行建模，如投标人及卖方的行为。从管理科学的角度，将拍卖看作一个非平凡的优化问题并进行建模，本研究的挑战性在于设计一个实用、高效、可计算的拍卖模型。从经济学的角度，把拍卖看作一次博弈：买家分别说出自己的报价，拍卖师根据这些信息进行权衡并作出决定。

（8）机场访问权限的分配（Allocating Airport Access Rights）

本研究采用基于市场的机制，减少机场拥挤和航班延误。这项研究是由美国联邦航空署主办，涉及教师来自不同的大学，包括马里兰大学、乔治·梅森大学、哈佛大学、麻省理工学院和伯克利的一个财团。美国联邦航空局利用本研究的结果，在拉瓜迪亚机场和肯尼迪机场，分配飞机的降落时段。

（9）供应链管理（Supply Chain Management）

供应链包括很多，例如：提供材料的供应商；把原料转化为产品的组织；把产品进行分配，最后把产品卖给客户的零售商。供应链的研究，就是管理材料和信息的流动，也就是工作流、物流、信息流。供应链一旦发生错误和故障，将会对公司业绩产生严重的负面影响。其中一项研究侧重于订单，因为制造商是基于订单进行产品装配的。另一个项目关注综合生产及分销业务，以及供应链中的计划冲突与合作，同时也在研究闭环供应链，包括有缺陷的产品如何回到制造商手中，从而进行修复。

（10）如何保存医疗保健（How to Save Healthcare）

在美国，医疗保健（Healthcare）很受人们重视，发展很快，医疗保健的增长速度，超过了通货膨胀率，甚至超过大学学费的增长速度。在美国，医疗保健的资源分配很不均衡，少数人占用了很大比例的医疗保健资源，而很多穷人拥有的医疗保健资源少得可怜。此外，美国医疗保健的质量也是参差不齐。医疗保健的研究重点是如何通过信息技术，提高医疗保健服务的质量和效率。为了达到此目的，我们究竟如何设计技术，才能使得本行业的人能够接受？本研究主要侧重于电子病历，包括对电子病历的采纳、推广和使用。另外一项研究，是鼓励在行业中进行精益管理，这是为了减少不必要的浪费。对医院病人的流动进行研究，帮助医院进行设计，有效管理其医疗资源，例如，更好地利用医院的手术室，使其利用率更高。课题组一直致力于流行性疾病的预测和预警。传统疾病预测方法是通过医疗实验室以及医生的报告，能否使用新的数据源，更早、更快地预报疾病的爆发？譬如，可否通过学校旷课数据来及时发现疾病爆发并预警？

（11）优化和应用（Optimization and Applications）

本研究的目的是通过优化和应用概率，以及模拟技术，为制定决策建立模型，本研究的应用领域包括运输、制造、供应链管理、金融工程和电信。例如，一项研究侧重于喷气飞机的分时按需空中旅行，另外一项研究侧重于一系列订单的调度，从而使得成本最小化，服务和利润最大化。另外一项研究就是使得车辆路径变得高效。

（12）在线信息、社区和搜索（Online Information，Communities and Search）

本研究探讨了一些基于互联网的新现象，例如社交网络。有很多新的商业模式、信息中介和新的业务流程。互联网鼓励搜索引擎的发展，搜索引擎促进了广告业务的迅猛发展。这项技术产生了新的在线信息中介，例如，汽车零售、金融服务、房地产、保险、医疗保健。本研究试图掌握这些信息中介的影响以及在不同行业中的角色。互联网中有很多零售的在线评论，本研究探讨这些在线评论如何对销售产生影响，并对销售进行预测。其他研究致力于声誉机制，也就是说，在线评论多大程度的匿名，可以影响一个人心甘情愿地参与在线评论。

（二）研究方法

1. 确定研究方向

通过大量阅读最新文献，与同行进行讨论，请同行做研究报告（seminar），从而确定研究方向。运营和信息技术学系几乎每周都有学术报告，研究方向涉及方方面面。

2. 收集研究数据

向企业发信索要研究数据，或者从企业网站上免费获取研究数据。

3. 挑选研究方法

首先阅读大量的相关文献，借鉴别人的研究方法，然后进行改进。运营和信息技术学系侧重于统计方法，大量使用统计模型。

4. 选择研究工具

一般选用统计软件 R。

（三）教学工作

马里兰大学商学院，有两个教师系列，一个是教学系列，一个是科研系列。教学系列的老师（lecture，senior lecture），主要从事教学工作，科研任务比较轻松；而科研系列的老师（assistant professor，associate professor，professor），主要从事科研工作，发表顶级期刊的论文，教学任务比较轻松。很多教授往往一年只有一门课程的教学任务。

马里兰大学商学院运营和信息技术学系，致力于培养信息技术领域的业界领导，所以重视理论教学与统计软件的使用，不注重学生编码能力的培养。目前这种情况正在改变，正在有针对性地设置数据库、编程等技术课程。

根据学生反映，马里兰大学商学院的教学水平不低，但是教学风格很多中国学生不适应。一般来说，老师会要求学生提前预习，老师在授课过程中提纲挈领，大致讲解一下，然后让学生进行讨论，或者老师与学生进行互动。因为讲解不够细致，所以很多中国学生怀念国内老师的教学方法。

此外，因为学生太多（5 000 多名），教师太少（150 名左右），而且很多老师只做科研而不上课，所以马里兰大学商学院授课老师奇缺，很多课程的教学工作都是由外聘老师承担，甚至由博士生承担，这引起很多学生不满。

（四）科研系列老师的工作重点

马里兰大学商学院科研系列老师的工作重点是研究工作，更具体来说就是发表论文，至于教学工作，不是他们的工作重点。因为马里兰大学是一个研究型大学，在科研方面对老师的要求很高，要求老师在国际公认的顶级期刊上发表文章，否则无法晋升。在发表高质量论文这个“指挥棒”下（或者称为“论文生产力”），马里兰大学商学院老师的工作重点自然是科研工作而不是教学工作。

例如，对于新进来的老师，职称一般是 assistantprofessor，马里兰商学院要求新进老师必须在 5 年之内，在国际公认的顶级期刊上发表 3 篇以上的文章，否则就会被解聘。

对于副教授、教授等获得 tenure 的教职工，只要不犯错误，学校是不能解聘他们的。所以有些获得 tenure 的教职工开始混日子，做科研不努力，对教学工作也不上心，还有些人把主要精力放在外面的公司，做横向课题赚钱。但是马里兰商学院每三年都进行科研评测，对于热爱科研、顾及声誉的教授来说，如果科研评测结果很差，是难以接受的，所以他们没有放弃科研，一如既往地努力写论文。马里兰大学商学院对于在公司兼职的教师有限制，如果教师在公司兼职的时间超过一定时限，就会扣除这个老师在学校的工资。

（五）博士生教育

博士生教育是运营和信息技术学系的一项重要工作。马里兰大学商学院对博士生教育非常重视，对博士生源精挑细选，而且反复地询问生源："博士毕业之后，是否想去高校从事学术研究工作，是否想当教授。"对于那些并不致力于高校学术研究的生源，一般来说不予考虑录取。因为博士生教育的目的，就是为高校输送优秀的教师。

对于录取的博士生，马里兰大学商学院悉心培养。在生活上，每年给博士生 3 万多美元的生活费，让他们在生活上没有后顾之忧，可以安心做学问。博士生指导教授与博士生经常会面，对博士生进行指导。博士生的听课任务非常繁重，一般每个学期有 2~3 门课程。每一门课程，上课之前都要阅读大量的文献，作出总结，并且精读其中一部分文献，并在课堂上向大家讲解。马里兰大学商学院对博士生没有发表论文的要求，只要导师同意，博士生就可以毕业。因为顾及自己的声誉，导师对博士生的要求非常高。

五、对我校的科研、教学启示

本文的目的在于通过介绍国外高校（以马里兰大学商学院为例）的经验做法，以期对我校的科研工作有所启发。作为对外经济贸易大学的一名教师，在马里兰大学商学院访学期间，笔者一直探索马里兰大学商学院的科研、教学工作对我校的启示。

（一）对外经贸大学特色

对外经济贸易大学（University of International Business and Economics，简称：贸大、UIBE)，原称北京对外贸易专科学校、北京对外贸易学院。创建于 1951 年 7 月，位于中华人民共和国北京市朝阳区惠新东街 10 号，最初为受贸易部和教育部双重领导的高级商业干部学校，现为一所以国际经济与贸易、金融、国际经济法、工商管理、外国语言与文学等专业为主，教育部和商务部共建的，国家"211 工程"首批重点建设的重点大学。

目前，对外经济贸易大学设有 15 个学院、1 个研究生部、2 个国家级重点学科、1 个国家级人文社会科学重点研究基地、6 个北京市重点学科、1 个北京市哲学社会科学研究基地、2 个博士后流动站、4 个一级学科博士点、30 个二级学科博士点、7 个一级学科硕士点、54 个二级学科硕士点、9 个专业硕士学位授权点和 34 个本科专业。

对外经济贸易大学现有 1 500 余名教职工，其中有 780 余名专任教师。对外经济贸易大学现有 1.4 万余名各类学生，其中在校本科生有 8 000 余人，研究生有 3 700 余人，来华留学学历生有 2 800 余人。对外经济贸易大学目前设有 60 多个研究单位，其中中国 WTO 研究院是中华人民共和国目前唯一的研究世界贸易组织的国家级人文社科重点研究基地。

（二）特色大学建设

马里兰大学是一所综合性大学，而对外经济贸易大学是一所特色大学。对外经贸大学的主要科研教学方向是“经管文法”，也就是经济、管理、文学、法律，这就决定了对外经贸大学是一所特色大学而不是一所综合性大学。在经济和管理方面，对外经贸大学可以向马里兰大学商学院借鉴经验，从而有利于我校的快速发展。

与马里兰大学这样的综合性大学相比，对外经贸大学校园面积小，学生人数少，整体师资力量弱，而在经贸方面师资力量相对较强。对外经贸大学没有分校，学校负债较少，便于统一管理，这些都为对外经贸大学的特色大学建设提供了有利条件。对外经贸大学很久以前（2001 年左右）就提出口号，要“建设大学中的瑞士”，也就是人均“GDP”、人均“生产力”较高，不过分追求学生的数量，而是把学生培养成行业的精英人物。这就需要我校集中力量，加强传统优势学科建设，把我校建设成为“小而精”的特色性大学。

对外经贸大学的一个重要特色是国际化，也就是要求我校师生具有国际化视野。这就要求从课程设置、教材建设、师资力量配备等方面与国际接轨，而不是闭门造车。此外，还应该加强与国外高校的学术合作，包括：互派访问学者，请国外教授来我校参与教学、科研工作，我校教师与国外教师进行科研合作等。

（三）科研与教学的平衡

如前所述，马里兰大学商学院的教师分为教学系列和科研系列，分工相对明确，也有利于教师自身的发展。相对而言，对科研系列的教师要求高（必须短期之内在国际顶级期刊发表数篇论文，否则会因无法获得 tenure 而被解聘），对教学系列的教师要求低（只要教学不是太差就不会被解聘）。上述做法是很多国外大学通用的。

对外经贸大学在这方面有类似的做法，也设置了教学岗和科研岗，但是分工的“力度”还不够大，教学岗设置的较少，这种“特色”当然是由我校的现状决定的。但是在科研与教学的平衡方面，我们可以进一步借鉴马里兰大学商学院的做法，进一步促使教学与科研适度分离，充分发挥不同老师的特长。一般来说，刚刚走上工作岗位的年轻老师年富力强，创造力旺盛，可以少从事教学工作而多从事科研工作；工作多年的老师教学经验丰富，可以多从事教学工作。

（四）教师校外兼职

为了保证公平，马里兰大学商学院对于教师校外兼职有严格的规定：如果教师校外兼职时间超过一定时限，那么校内的工资减半。也就是说，老师如果不把大多数时间奉献给学校，那么学校没有义务给他发全部的工资，学校有权利对“校外捞金”的员工削减工资。

对外经贸大学也有个别老师把主要精力用于“捞外快”，这必然影响他们的本职工作，也会让其他专注于本职工作的老师感觉心理不平衡。应该采取措施制止这种现象，例如，给每位老师分配必要的教学、科研工作量，对教师的校外兼职情况严格控制，使得教师的大多数时间是用于教学、科研工作而不是校外兼职。

（五）论文生产力

马里兰大学商学院之所以在学术界赫赫有名，很大程度上是因为它强大的科研能力，更具体来说就是它强大的“论文生产力”，每年在顶级学术期刊上发表大量的论文。顶级论文的数量，不但奠定了马里兰大学商学院的学术地位，也决定了马里兰大学商学院各位老师的学院地位。

对外经贸大学也可以借鉴马大“论文生产力”的做法，不同的是，我们不但应该要求论文的质量，而且应该要求论文的数量，在数量的基础上追求质量。

（六）科研启示与建议

对于在顶级学术期刊上发表论文，马大商学院是非常鼓励的。教师每次在顶级学术期刊上发表论文，马大商学院就会相应地提高工资，这也在一定程度上激励教师在顶级学术期刊上发表论文。

借鉴马大商学院的做法，建议我校在科研方面采取如下措施：

（1）以科研为教师的工作导向，鼓励老师在国际顶级期刊上发表论文。

（2）凝聚老师的科研方向，集中科研力量。

（3）给老师提供宽松的科研环境。

（4）购买相关的科研资源，例如国际论文数据库。

（5）鼓励学生加入老师的科研团队。

（七）教学启示与建议

根据马大商学院的很多中国留学生反映，马大商学院教师的教学任务很重，很多课程都由教学经验不足的博士生担任；他们对待教学的态度不如国内教师严谨，讲课水平过于粗陋，很多课程主要是课程讨论，老师参与的很少。上述反映主要是针对硕士课程的。笔者曾上过马大商学院的 2 门博士课程，感觉老师的讲解水平非常高，而且让博士生提前预习，阅读大量最新的文献并作出总结，有利于学生提高科研水平。科研和教学相互促进，学生的学习状态也非常好。

借鉴马大商学院的做法，建议我校在教学方面采取如下措施：

（1）加强课堂互动，让学生有更多的学习主动权。

（2）让学生加强课前预习。

（3）课堂讲解提纲挈领，某些细节不必过于细致。

（4）提高老师教学积极性，提高老师的课时费。

参考文献

[1] http：//www. umd. edu/.

[2] http：//zh. wikipedia. org/wiki/.

[3] http：//www. rhsmith. umd. edu/.

[4] http：//usa. edutime. net/Rank/Rank1369. aspx/.

[5] http：//www. uibe. edu. cn/.